福建省线上精品课程《道德经》建设成果
厦门大学核心通识课程《道德经》建设成果
厦门大学一流本科课程《道德经》项目成果
厦门大学"课程思政"建设课程《道德经》项目成果

中华老学文库·之一

和老子一起思考

Think with
LaoTzu

谢清果 编著

九州出版社 | 全国百佳图书出版单位
JIUZHOUPRESS

图书在版编目（CIP）数据

和老子一起思考 / 谢清果编著. — 北京 ： 九州出
版社，2019.10
ISBN 978-7-5108-8410-8

Ⅰ．①和… Ⅱ．①谢… Ⅲ．①道家②《道德经》—研
究 Ⅳ．①B223.15

中国版本图书馆CIP数据核字(2019)第238825号

和老子一起思考

作　　者	谢清果　编著	
出版发行	九州出版社	
地　　址	北京市西城区阜外大街甲 35 号 (100037)	
发行电话	(010)68992190/3/5/6	
网　　址	www.jiuzhoupress.com	
电子信箱	jiuzhou@jiuzhoupress.com	
印　　刷	北京九州迅驰传媒文化有限公司	
开　　本	720 毫米 ×1020 毫米　16 开	
印　　张	16.5	
字　　数	300 千字	
版　　次	2019 年 12 月第 1 版	
印　　次	2019 年 12 月第 1 次印刷	
书　　号	ISBN 978-7-5108-8410-8	
定　　价	58.00 元	

《中华老学文库》编委会

总序

属于世界、面向未来的《道德经》

《道德经》和它的作者——老子，可谓无人不知，无人不晓。然而，多数人只是知晓有这么一本奇书，有那么一个奇人。这本奇书后来成为道家的立派经典、道教的立教圣典；这个奇人后来被塑造成道教的道祖——太上老君，甚至被尊为太上玄元皇帝。而奇怪的是，这位历史老人却从来不曾把自己神秘化，甚至他原本只想出函谷关隐居，只想化为一粒历史的尘埃，回归他曾炽热眷恋的中华大地，抑或化为一缕青烟，直上青天，融入那苍茫宇宙，司马迁因此称他为"隐君子"。却如同他自己的职业——史官一样，永远地成为历史的地标。他以自己的行动履践了他的学说。他不求留名青史，却成为历史上一座永不褪色的丰碑。真可谓"非以其无私邪？故能成其私"。一位不想留名的人，却被历史永远记住了。这大约也是"天道无亲，常与善人"的缘故吧。

一、历史呼唤高度，人类需要老子

老子离我们远去，已经有2500多年了，然而，正如我的启蒙老师黄友敬先生所言"历史呼唤高度，人类需要老子"。老子的《道德经》作为人类轴心时代的不朽经典，它不仅代表中国先秦时期的思想高度，而且代表人类永恒的思想高度。因为人类越是进步，我们就越会赞叹我们的思想与老子这样的先贤是那么相通，是那么心有灵犀。2017年10月拉斯维加斯枪案再一次告诉我们，人类离那个婴儿般淳朴善良的状态有多么遥远，然而我们却又是如此地需要这样的心灵高度。在老子看来，尊道贵德是人类必然的选择，违背这一理念，人类必将陷于无穷无尽的纷争之中。人类需要老子，道出了老子思想的跨越时空的深邃。老子说："人法地，地法天，天法道，道法自然。"人类作为宇宙之中的"四大"之一，其灵能便体现在于"法"字上。人法天地，是因为人生天地之间，天地的法则便是人天然的法则，人不能逆天而行，否则只能"不道，早已"；而只能顺道而为，方可安身立命，长生久视。

今天，我们为什么还需要学习《道德经》？这不仅是历史的追问，更是现实的考量。我的业师詹石窗教授在最新版的《道德经通解》前言中是这样介绍老子及其《道德经》的：

作为杰出的智慧老人，《道德经》作者可谓历尽沧桑。丰富的阅历和史官特有的知识相结合，使他的笔下闪烁着睿智的生命火花，而中国传统的"天人合一"观念则启迪了他本就善于联想的思维。于是，当他论养生之道时，其背后则又暗示着治国的道理。他以哲学家的伟大胸怀拥抱广袤的宇宙，寻找着化生宇宙万物的本性——"道"，感悟着大道的自然本性。他以"道"为尺度，来衡量人生和社会，往昔的生活经验和渊博知识遂被激活，这就造成了他用语的双关性和思维的象征性。[①]

说到底，学习《道德经》既是自身陶冶情操的需要，又是建功兴业的需要。

学习《道德经》，需要运用《道德经》的精神与方法。《道德经》五千余字，原本应当是一部流畅的哲理诗集。书中必当洋溢着那个时代的精神，其书内在逻辑应当是自洽的，其思想应当是一以贯之的。然而，我们与老子毕竟有两千年的历史阻隔，如果我们以今天的词汇含义去解读《道德经》，那么往往会处处生碍，因为我们没有透过历史的迷雾，走近思想真相。尤其要注意的是，不能简单凭借一般的古汉语字典便想理解《道德经》，因为中国古文字的精妙之处在于，其每个词汇的意思往往并不固定，它需要放在上下文的语境中去理解，更需要放在老子"以百姓心为心"的高度上去理解。如果把《道德经》定位为阴谋或谋略之书，那就离老子的心意千万里。虽然老子的思想可以运用或演绎为谋略，但老子的初心却是"执大象，天下往。往而不害，安平太"（第三十五章）。道行天下、以德相通应当是老子《道德经》的出发点与归宿点。对此，黄友敬先生是如此高度概括老子的历史性贡献的：

老子著书是出于他救人济世的慈爱之心和他的人生理想。他所说的都是有根有源的，是掌握古代流传下来的大道，来统御现在的一切，不是自我作古，而是继承了我国古代大道的传统。老子不是单纯的继承，而是在实践总结的基础上，吸收当时最高科学成就，把它升华为一种崭新的系统而完善的"道学"——大道科学。因为是前无古人的，所以"吾不知其名"（第二十五章）；因为是微妙玄通的，所以只能勉强为它命名、为它形容。这是老子伟大的创造性奉献，是中华民族以至全人类的一个里程碑，标志着以人之道合天之道的成熟完善。他将中华先祖从太古时代流

---

① 詹石窗编著：《道德经通解》，宗教文化出版社，2017年，前言，第3—4页。

传至黄帝以来的大道，承前启后，发扬光大，从实践和理论上，从修身和治世上，都推进到一个划时代的水平，以至古人将他和中华民族的先祖黄帝并称"黄老"，他是当之无愧的。①

当下的时代，正是黄老之学复兴的时代。黄老之学承继了中华先祖修身治世的智慧，传承这种智慧，是中华民族屹立于世界民族之林的法宝。从这个意义上讲，当下的"国学热""老子热"如同吹响了中华民族伟大复兴的号角，高亢悠远。

二、道自道中悟，道外勿谈道

学习《道德经》当涵养赤子之心，体悟老子质朴的语言，体会老子把他的真心放在读者的手心，以期心心相印的大道情怀。老子慈心，他希望读者朋友不为后世司马迁评价为"微妙难识"的辞称所困扰，应当将自己的生命体验代入到《道德经》的阅读中来，例如第六十四章便是具有历史感和生活气息的一章。这一章可谓独具匠心，没有"道可道，非常道"的玄奥，却有着"千里之行，始于足下"名言的亲切，读者易于接近与老子的心灵距离。"为之于未有，治之于未乱"理应为立身处事的至理名言。而且"慎终如始则无败事"的训诫，让我们记忆犹新，发人深省。总之，读老子的书，能够让我们感到，他著述《道德经》，是有情怀的，是融入自己的生命体验的，是用生活的感悟来引导世人走进《道德经》。《道德经》是媒介，就像当代的智能手机一样，一本在手可以沟通天地，可以自我心灵对话，可以古今对话，可以中外对谈。总之，只要读者对人类抱有真诚的爱心，那就一定与《道德经》的思想有共同语言。因为，从根本上讲，《道德经》是一本培养圣贤人格的圣经。《道德经》这部经典，不仅是用来读的，而且是用来实践的。真所谓"道自道中悟，道外勿谈道"。那些只想用《道德经》的章句来装点自己门面的人，他永远无法领悟《道德经》，更无法走进老子的心灵境界，以跨越时空，与老子对话，促膝长谈。道本就是走出来的。老子曰："上士闻道，勤而行之。"上士正是真读，真信，真行"道"的人，这样的人才能明白老子所言"修之于身，其德乃真"的意蕴，那就是"道"便是我们的心。心中有道，处处是道。而这样的心是"涤除玄览"以至于"无疵"的心，这样的心才能"明白四达"，才能"求以得，有罪以免"，才能行天下且大顺天下。

我一直以为学习《道德经》，只要是正经正读，不歪读歪用，都是值得肯定的。《道德经》一本正经，可修身齐家，可治国平天下，完全可以也应当成为当代人的

---

① 黄友敬：《老子传真》，海峡文艺出版社，1998年，前言，第3页。

良师益友。尽信书，则不如无书。任何一部解读《道德经》的著作都是其作者学习的心路历程，都是独特的，有益的，只要是真心，诚心去读《道德经》，那即便理解得不太准确，不太到位，但能够起到鼓舞人奋进的书，都是好书，都值得学习。当然，读者学习任何研读《道德经》的作品，都应当本着对话的态度，把自己的生命体验摆进去，读出心得，读出趣味，读出"学其书，欲见其人"的兴致，那将是读者与作者皆大欢喜的结局。

当今的时代，"老子热"正在兴起，从根本上讲，是因为《道德经》是有问题意识的，那就是针对社会失道败德而言，换言之，道行天下，是老子的初心。古今许多研老的人们都以他们自己的理解，来条分缕析《道德经》章句，试图引领读者进入《道德经》之殿堂。当前书店里有许多本所谓新解《道德经》，或新编《道德经》，许多作者自认为只有他自己理解的《道德经》是唯一正确的，自己重编的《道德经》才是《道德经》原本的样子，甚至以诸多各类名称的"第一"自居，俨然成为"老子天下第一"，甚至比老子还老子，认为《道德经》中这里错，那里不通，把老子看成小学生一般，而自己成为不可一世的先生。这样的人，这样的书都与老子精神相去甚远，甚至是背道而驰。读过《道德经》的人，都知道，《道德经》其书的思想特性在于柔弱、处下、不争、无为。如果读了《道德经》之后，尤其是钻研《道德经》有年的人，还是夸夸其谈，与人相较高下，甚至毁谤圣贤，那一定是正经歪读，而且很可能是走上了邪路而不自知。因此，评价一本研读《道德经》的作品是否有益，就是要从字里行间去品味，作者是否有颗宽容的心，有颗慈心。如果行文平和，流畅，导人向善，鼓舞人心，虽未必是上乘之作，至少是开卷有益、给人启迪之作。正是本着这样的精神，我们主编这套《中华老学丛书》，意在以进阶的思想方法与读者一同深入学习《道德经》，而不仅仅停留在个别章句的理解上，而是希望能够既能照着讲，又能接着讲；既尊崇一本正经，又发扬一本正经。只有能够发扬《道德经》精神，并用于当下的社会生活的学习实践才是正确的学习方法。因为"道"是用来走的，如果在当下无法走通的"道"，一定不是古道，不是正道，自然不能达道。为此，我们提倡精读《道德经》，围绕其中的概念与命题，进行深入考究，并结合古今中外的注本，理解《道德经》在两千多年的传承中是如何汇入中华民族精神和品格之中，是如何与国外思想文化对话，从而如何展现了中华文化软实力的。从 2019 年开始，我们将尽可能编撰《老子词典》《老子章句研究》《老子思想的概念基础》《古今老子集注》（均为暂名）以及其他老子思想研究性著作，从而形成一套《中华老学丛书》。

三、学道的人生，必当是精彩的人生

回想自己学习《道德经》的历程，其实，读懂、读通《道德经》没有太多的技巧，唯有多读，反复地读，久久功成。那种企图听一两次专家讲座，就想明白《道德经》的人，往往都会以失望告终。因为心态错了，结果总不会好。学习方法如果用《道德经》中的话讲就是："为学日益，为道日损。损之又损，以至于无为，无为而无不为。"（第四十八章）意思是说，从事学习要天天有所收益，从事修道，要天天有所减损。不断地减损，直至无为。做到无为了，就能无所不为，潇洒自在。学习《道德经》当有计日程功的精神，一步一个脚印地学，一遍又一遍地学，做到读书百遍，其义自见。不仅如此，在读的过程中，要对照自己，要努力将学到的"道"的精神原则贯彻到自己的工作、学习和生活中，以"吾日三省吾身"的精神来要求自己，不断克服自己的弱点，如此坚持下去，终有习惯成自然的一天，即把修道与学习生活化了，融入自己生命之中，就能达到"求以得，有罪以免"大道境界了。

老子在第三十三章用座右铭式的句子，告诉我们一个成功的人生应当是这样的：

> 知人者智，自知者明。
> 胜人者有力，自胜者强。
> 知足者富，强行者有志，
> 不失其所者久。死而不亡者寿。

读完这一章，如果还会说老子的思想是消极无为，那么他如果不是偏见，便是固执。这一章处处流露出中华圣贤安身立命、建功立业的思想。"知人论世"本是古人对智者的定义，智者必当能够把握时势，并能"与善仁"、与志同道合的人一同协作，共创事业。通常，一个人的思想境界水准，我们往往通过他所结交的朋友可见一斑。但一个达者，则不仅如此，还能作为一个"自知"的明白人。在古人看来，明哲方可保身。一个人如果在正常的情况，连生命都无法保全，那绝非一个聪明的人。因此，我猜想，老子所以出关隐居于秦地，必定是以一个史官的睿智，洞察到秦国必将崛起，而一个强盛的国家当是可以安居之地。因此，我认为老子自身便是自己学说的履践者，因此，他才会独白道："吾言甚易知，甚易行……言有宗，事有君。"（第七十章）《道德经》字字珠玑，绝无虚言。读者宜深思之，力行之。

老子并不是要世人都成为碌碌无为的人，而是都能够在某一方面发挥自己长处，能够胜人之人，从而能够成为"不失其所"的人。也就是能够充分利用上苍

给予我们的天然禀赋，做回自己，使自己立于不败之地。这样的人，不会以自己的弱点去跟别人的长处去比，而是会找到自己的长处，并发挥到极致，做到最强，做到独一无二，那便是能"胜人"了，从而为自己的生存保有了可靠的能力。而要达到这一境界，关键在于"自胜"，因为世人常常感叹命运的不公，为什么人家生长于富贵之家，而自己却成长于贫穷之门，诸如此类。殊不知，上苍在关上一扇门的时候，也打开了一扇窗。每个都是独特的存在。只要善于发挥自己所长，充分利用各种机会，你定能闯出一片属于自己的天地。而这一切靠的是"自胜"。

读过《道德经》的人往往有种感觉，那就是老子的思想很辩证，不走极端，而是要"守中"。老子讲完人当"自胜"的时候，又马上讲"知足者富"，就是提醒世人，凡事不能太过，"自胜"这一点也是如此，都要适可而止。反之，"祸莫大于不知足"，不知足，便过了，过了，便危险了。而真正要做到这一点很难，所以老子接着说"强行者有志"，有志之才立长志，能够不断克服人性中的弱点，能够时常反省，在知人与自知、在自胜与胜人、在知足与强行之间保持一种必要的张力，此儒家所谓"引而不发，跃如也"的从容与自信。做到了如上这几点，你的人生便有了根基，就像一棵小树，已经深根了，有自己的根据地了，而且扎牢于大地，永不动摇，就会枝繁叶茂，长长久久。能做到这样的人生，才会如老子一般，2500多年的岁月，让《道德经》的思想历久弥新，这便是"死而不亡者寿"的深意所在。人是必然会死的，但是伟大之人的精神却是永垂不朽的。这样的不朽的人生，才是值得过的人生。

感谢这个多彩的时代、神奇的时代，我虽与许多研老的朋友未能谋面，但是这不妨碍我们在微信上、QQ上、邮件里交流。甚至我还没来得及跟他们有更深的思想交流，而只是零星地读过他们在一些地方分享的学老心得。我们感佩他们思想的敏锐，每每给我们不少的启示。而我们主编的这套丛书正是站在许多前辈学者的肩膀上而成就的，因此，这套书虽然是由我们而实现，但是它却是古今中外无数研老的师友共同智慧的结晶，我们在此代表读者向他们表示敬意。

厦门大学老子道学传播与研究中心已出版过《紫气东来——太上道祖圣传》《老子大道思想指要》《和老子学传播——老子的沟通智慧》《和老子学管理——老子的组织传播智慧》《和老子学养生——老子的健康传播智慧》《大道上的老子——〈道德经〉与大众传播学》《生活中的老子——〈道德经〉与人际沟通》《〈道德经〉与当代传媒文化》《中国道家之精神》《先秦两汉道家科技思想研究》《道家科技思想范畴引论》等10余部著作，但是学习《道德经》永无止境。《道德经》中许多章节，我们至今还不能透彻理解。我们以为理解《道德经》需要历史的同情，那就是尽可能回到老子生活的那个时代，尤其是要理解诸子百家的思想。当然，理解《道德经》有时也需要抽象地继承，那就是将《道德经》的章句脱语境地理解和运用。虽然《道德经》的思想自有其内在的思路，但是《道德经》同时也是开放的，它是百科全书式的著作，几乎所有的学科都可以从中汲取智慧。而汲取智慧不是说许多学科的思想老子都说过，而是说老子的思想，尤其是思维方法和精神境界可以为各个学科的发展提供不可多得的指导。道虽唯一，但是理却万殊。或者说，常道如常，而可道可名却是变的，因此，只有秉持"反者道之动，弱者道之用"的精神要旨，我们就一定能在各个学科，各个岗位上创造出不朽的历史功勋。

"总之，老子学说无论过去、现在还是未来都是世人修身养性、建功立业、治国安邦的圭臬，因为《道德经》揭示了天地人三才共通的基本法则，万变不离其宗。"[①] 期待读者诸君，能够秉承老子"惟道是从"与"唯施是畏"的精神，走出自己辉煌灿烂的人生，以无愧于祖国走向繁荣富强的伟大时代。

是以为序！

谢清果

厦门大学新闻传播学院教授，博士生导师

厦门大学核心通识课程《道德经》主讲人

厦门大学线上课程《道德经》主持人

厦门大学老子道学传播与研究中心主任

华夏老学研究会副会长

2019 年 1 月 5 日

---

① 谢清果：《道德真经精义》，宗教文化出版社，2015 年，第 8 页。

序

新时代学习与传播《道德经》的几点思考

党的十九大报告明确指出，要"坚守中华文化立场""坚持创造性转化、创新性发展，不断铸就中华文化新辉煌"。《道德经》作为中华文化的优秀经典，是全世界的共同精神财富。《道德经》所蕴含的"以百姓心为心"的民本思想与新时代"以人民为中心"有着天然的契合；《道德经》所倡导的"反者道之动"思维品格有助于激发全民族的创新精神；《道德经》所追求的"惟道是从"与共产党人的"踏石留印、抓铁有痕"的精神异曲同工……时代呼唤高度，世界需要老子。在此背景下，如何把握正确地学习和运用《道德经》的智慧，就显得尤为重要。

《道德经》作为一部传世经典，是中华民族心灵智慧的标杆，乃至有后世学者"不读《道德经》，就没有中国智慧"之感叹。《道德经》乃人类"轴心时代"的标志性成果，它的横空出世既是对中华先祖修身治世思想的理论升华，又开启了后世人类文明和谐共处的"玄同之道"的大门。老子之道的神妙就在于"道可道，非常道"。用现在的话说，大家都可以去谈玄论"道"，如诸子百家都各有各的"道"，但大家都如盲人摸象一样，只能窥测"道"的部分。因为庄周有言："吾生也有涯，而知也无涯。以有涯随无涯，殆已！"生命是有限的，而知识是无限的。因此，如果企图用有限的生命去追求无限的知识，而除了困顿疲惫以外，没有什么别的好结果。读《道德经》，意在如庄子所强调的："道之真以修身，其绪余以为国家，其土苴以为天下。"老子之道乃在于"知和曰常，知常曰明"，只有我们努力地去把握"冲气以为和"的中和之道，便是走在大道上。而走在大道上了，才算是明明白白走上健康自由的人生之路。因为从根上讲，一切的幸福与自由都源于对"道"的正确理解与履践。

一、以"非"为"常"，道化人生

我钻研《道德经》有年，并尽可能如老子所言"上士闻道，勤而行之"，积极运营"老子道学传播与研究中心"等微信公众号，而且还在策划主编《中华老学文库》，建构"老子传播学"研究领域，更能借助各种《金城灵宝》等传统报刊媒体谆谆不倦地传播老子大道智慧。尤其是以厦门大学老子道学传播与研究中心、"中华文化与传播大讲坛"和厦门大学核心通识课程——《道德经》为平台，常年开设《道德经》系列讲座，并且撰写成文，求教于天下好道之友。于是，便有《道德真经精义》《大道上的老子》《生活中的老子》等系列著作。

诚然，《道德经》作为道家之圣经，其思想具有系统性、全面性和超越时代性。但是学习《道德经》应当有老子思想，那就是老子开篇就强调的"道可道，非常道；名可名，非常名"。每个人，包括老子本人，都在探讨属于自己又超越自己的人生之路，因为大家都期待能够永远"安平泰"。老子在首章中告诉世人，不要企图把自己的一点点悟道所得当成永恒的道本身，那就离道万里了。学道离不开语言文字，但语言文字同时也是对世界真相的遮蔽，因此，悟道又需要放下语言文字，不可执着。这也是为什么老子认为将来到了"小国寡民"的新时代，或许未来的人们将在更高的层次上"复结绳而用之"，因为汗牛充栋的典籍并没有给人类减少苦难。古来圣贤读书就有从厚读到薄，从薄读到厚，从有字读到无字，从无字悟出有字，循环往复，不断超越。未来的社会并不是要消除文字，但一定不会拘泥于文字，而应该充分运用人的身体本身。因为身体本身就是最好的交往媒介。无论是有声无声的表达，有形无形的交流，一定是融媒体的，全媒体的。未来的社会，劳动必将成为人们的第一需要，自然地，作为劳动的行动者——人自身的身体，也必将成为最精密、最自如、最真切的传播媒介。再先进的科技，也无法取代人类的亲身在场的全息性意义。再强的智能机器人，也无法取代人类基于自身身体所生发的丰富多彩又深刻隽远的情感。无论是长叹一声，还是此时无声胜有声的沉默，都会让我们欣喜若狂，也可能黯然神伤。正如《庄子》就启发世人"道毁于小成，言隐于荣华"。学习《道德经》可以从第一章开始，也可以从最后一章开始，更可以从任何一章开始。如果我们从第八十一章开始读起，而不是从第一章开始，也是一种读法的创新，颇合老子"反者道之动"之要旨。世间学者习惯性地从头开始，而第一章又是"玄之又玄"，往往让初学者不得其门而入，而从第八十一章开始，则先让读者明了老子思想的内在逻辑正在于"推天道以明人事"，即以人道合天道，方可大顺天下。

究其实质，道与俗的重在差异便在于"不"字上。老子说："信言不美，美言不信。善者不辩，辩者不善。知者不博，博者不知。"有道之士的言在"信"不在于"美"；他的行道在于"善"，不在于逞口舌之强；他的智慧在于切身实践，不在于求广博之名声。而这一切皆源于圣人为人处事的本质在于反俗，因为"圣人不积，既以为人，己愈有；既以与人，己愈多。"圣人没有自己恒常的心意，他是为天下"浑其心"，是"以百姓心为心"。正是因为圣人有"无身"之念，方能为天下百姓"乐推而不厌",成为"社稷主""天下王",这也是老子所言"以其无私,成其私"的大道辩证法的高妙所在。最后老子归纳指出:"天之道,利而不害。圣人之道,为而不争。"(第八十一章)这句话也可以理解为《道德经》思想的核心之一所在。圣人之道的基本范式即是"为而不争",即奉献天下,而没有一丝一毫与民争利争功之念。而圣人正是以其"不争"方成就其"天下莫能与之争"的万世不朽功业。可以说,只有非常之人,方可建非常之功。圣人,就是这样的非常之人。当然,圣人能如此作为,纯粹是因为他是明白人,他明白了天道,即宇宙的根本法则是"利而不害",抑或为"道法自然"。天地万物都以其自己本性各安其命地生存着,是谓"天地不仁,以万物为刍狗"(第五章)。圣人不去干预天地万物的生存,而是"辅万物之自然而不敢为"(第六十四章)。圣人是自然秩序的维护者,而不是创造者。他谨守自己的本分,不做越位的事。如此看来,第八十一章可以视为《道德经》圣人观的缩写版。感悟老子在此章中流露出的慈心济心情怀,有助于我们以一颗善良的心灵来阅读《道德经》,从而为《道德经》的智慧流淌入我们虔诚的感恩的内心创造良好的心理环境。从这个意义上讲,老子从"非"字入手,"破"字当头,无为无执,故无败无失,走自然逍遥的人生之路。

二、以"五修"学说为目标,道通天下

《道德经》第五十四章有言:"修之于身,其德乃真;修之于家,其德乃余;修之于乡,其德乃长;修之于国,其德乃丰;修之于天下,其德乃普。"此"五修"学说,诚乃每一位修道弘道者共同的理想目标与人生之路。我自己钻研《道德经》二十余年来,尤其是工作之后的十几年来,我努力在厦门大学开设了"中国道家之精神""道德经与人际沟通概论""老庄研究""老子传播思想研究"等硕士和本科生课程,尤其是作为厦门大学的核心通识课程《道德经》,自己感觉越教越有乐趣,越讲越有思路,真所谓"独乐乐不如众乐乐"呀。于此,我深切体悟到老子所言"既以为人,己愈有;既以与人,己愈多"的真意。

同时,这些年来在与众多学习《道德经》的道友交往的过程中,我能感到他们或慈爱,或天真,或真诚,他们视野开阔,心胸开朗,往往以道行天下为宏愿。对这样的道友,我为他们能够履践老子的精神,感到由衷的钦佩。他们不仅自己修身,淡泊名利,又能以道养生,推己及人,努力在生活中义务传播老子思想,吸引更多的人参与到学道、行道的行列中去,在我看来他们所行之道当是老子所指引的康庄大道。因为在老子看来,真正的修道是"五修",即不仅自己要修道,而且还能带领家人修道,让自己的家庭,都能感受到《道德经》的"子孙祭祀不辍"的传家功能。家庭其乐融融,因此修道者的德性就是富余的了。以道与

人分享，道便能越发富有，越发深沉。许多道友在复兴中华传统文化的伟大时代，自然继承中华传统，开坛讲学，合众人之力，有场所者免费提供场所，主讲人或自己出路费，不收讲课费，甚至还赠送书籍，为的就是道通天下，德在人间。足见他们用心之良苦。人能弘道，非道弘人。老子之道要传扬天下，一个个人能够体道，悟道，行道，便是传播《道德经》的最生动的媒介。人即媒介，媒介即人；道即人，人即道，道我合一，道在脚下，道在心中，道在天下。

当下的中国，大江南北，许多有识之士，许多好道者创办各种各样的老子学会，研究会，学习小组等形式多样的民间团体，并以此为基地，开讲《道德经》，交流学习心得，此乃"修之于乡"之盛举，把周遭的朋友汇集在一起，并同时通过传统媒体和新媒体多渠道传播，将其所体悟的老子智慧与当地百姓，乃至天下好道者分享。因此，他们的德性是能不断成长的，他们的声望日隆，此老子所谓"无私成其私"，这样的好道者不想成名都不可能。与此同时，许多好道者还积极应邀在全国各地讲学。可以说，是将他们的学老体悟和他们的好道情感向全国播撒的实践，并能不断地生根发芽，开花结果。因此，可以说，他们的德性是日益丰厚的。当然，我们也相信，老子是无国界的，《道德经》虽然诞生于中国，而它却注定是属于世界的，属于天下的。因为"道"是没有国界的，因为道必定是通天下的，天下有道者也必定会因为有《道德经》这个媒介而心心相印。同时，那些好道者的弘道进程必将不断地走向天下，开展文明交流互鉴。因为《道德经》的智慧是可以超越任何语言，任何文化。任何文化中都有道，只不过表达方式不同而已，因此，都会找到对话的契合性。我们深信这些民间的弘道活动，是在为中华民族乃至全世界人民传承一份道脉尽心尽力。传道活动，日复一日，年复一年，只要传道不已，道通天下的一天终会到来。这样，弘道者的德性自然就普及天下了。当然，天下本就是个江湖，修之于天下，其实就是要"相忘于江湖"（《庄子·大宗师》）。正如老子所言"善行无辙迹"（第二十七章），善于以道行世的人是不留下车辙马迹的，其喻义在于人与人，家与家，国与国都臻至"夫两不相伤，故德交归焉"（第六十章）的道境。

三、以"大成若缺"的心态，行弘道之路

老子于《道德经》第六十四章中警示后人："民之从事，常于几成而败之。慎终如始，则无败事。"其意涵如同《诗经》所言"靡不有初，鲜克有终"。世上之人，常常是虎头蛇尾，其兴也勃，其亡也忽。老子以其历史智慧启迪我们，传道的事业要避免行百里半九十的悲剧。对此，老子早已有言"自伐者无功"（第二十四章），贪功者丧其功。众所周知，现在全国上下大有"老子热"之势，其中不乏

许多世俗推崇的所谓"大师""名师"涌现，他们中的许多人在鲜花与掌声之中不知不觉地成为老子所批判的"智者"。那些"智者"是"不贵其师，不爱其资，虽智大迷"（第二十七章）。老子于此希望修道者、传道者，能够把握这样的"要妙"，即"善人者，不善人之师；不善人者，善人之资"的精神要旨。永远处下，不争，永远以善为道者为老师，永远以不善为道者为资鉴，才能摆正自己的位置，即："居善地，心善渊，与善仁，言善信，正善治，事善能，动善时。"（第八章）如此，便有"夫唯不争，故无尤"的善果。

许多通俗的《道德经》译本，许多高大上的《道德经》研究佳作都是一本本好书，相信它们都会是一本本传世之书。但作为这些作品作者的弘道者，我希望他们能够以老子的"不敢为天下先"为教，自觉地抵制各种形式的虚名。不要去跟人比名声多高，比粉丝多少，比收入多高……因为老子从来不曾自称"天下第一"，甚至在他隐居的时候也并不想留下《道德经》，只是在好道者——尹喜的恳请下，才写下了影响后世两千五百年的不朽经典，最终成就了"老子天下第一"的美名。于此可见，老子以他自身的经历，为后世留下了"夫唯弗居，是以不去"（第二章）的典范。

学习《道德经》是要用生命的历程来学，要饱含热情来学，而且往往"老来多能悟道"，年龄越大，悟道越快。弘道者的人生阅历本身就是一笔财富，而当这笔财富融汇入《道德经》的解析中去的时候，就让史家司马迁尚且以"辞称微妙难识"来指称的《道德经》以平白朴素的语言流淌入读者的心底。正所谓《黄帝内经》所言"知其要者，一言以终，不知其要者，流散无穷"。仅仅五千言的《道德经》可谓是做到了这一点。其中的任何一句话，都能够供后人好好思考。

不过，任何一本或一篇《道德经》的研究成果，也一定不会是完美无缺的，甚至不可能是完美无缺的。老子自己就曾说过"大成若缺"（第四十五章）。《道德经》历史上存世的有两三百种注本，到了近现代，几乎每年都有为数不少的译本面世。千百年来，许多好道者都在注解《道德经》，都在追求将《道德经》普及化、大众化，尤其是近代以来，《道德经》的普及本不断涌现，甚至也有发行数百万册的普及本，至少港台都有许多很好的普及本。何况俗语说得好，"没有最好，只有更好"。我们不用去追求哪一本最适合老百姓，因为老百姓本身就千差万别，或许只有老百姓自己用身心实践写就的《道德经》才是最适合自己。任何一本研究《道德经》的书都只能代表他自己以《道德经》传家的开始，而不是结束。更不会是所有天下老百姓唯一的读本。因为最好的读本，一定是由每个家，每个人自己去读《道德经》，自己去写《道德经》感悟，无论是用笔写，还是用家庭的实践来写的无字的《道德经》读本，才是属于自己的《道德经》读本。当然，读读前辈们的一些《道德经》注本，应当会是每个读者开始书写自己的《道德经》修身版的开始，只要他们是个真正的读者，而不是叶公好龙的读者。

四、中国的老子，世界的《道德经》

像《道德经》这样的书，借用《庄子》书中的一句话来说："万世之后而一遇大圣，知其解者，是旦暮遇之也！"就是说，万世之后如果能够遇上一位大圣，能够知晓书中之真义，那还就如同白天与黑夜的相遇那么短暂。《道德经》一书不仅属于过去，更属于未来；不仅属于中国，更属于世界；不仅属于每位研老者，而且更属于每一位行道者。《道德经》的智慧具有普世的价值。无论他们读过没读《老子》，只要他们能够"道法自然"，能够真心真意地做个"真人"，他们就都是当下的"老子"。那些宣称自己读通了《道德经》的人，殊不知，当他说这话的时候，他已经不懂老子了。因为，老子的信条是"希言守中"。《道德经》的智慧，如果没有在自己的身上行过，那就不算真懂《道德经》。

笔者也有幸，从1994年至今，蒙黄友敬、詹石窗等各位老师开我以至道。多年来，我奉行"写是最大的功德"的教诲，边学边研究，不知不觉间出版了《紫气东来——太上道祖圣传》《老子大道思想指要》《和老子学传播》《和老子学养生》《和老子学管理》《大道上的老子——〈道德经〉与大众传播学》《生活中的老子——〈道德经〉与人际沟通》《〈道德经〉与当代传媒文化》等10余本书，以记录了自己学习《道德经》的心路历程。尤其是近年来在厦门大学开设《道德经》核心通识课程，带领本科生、硕士生、博士生共同学习《道德经》，并以自著的《道德真经精义》为教材，主持《道德经》线上课程建设，该课程在"爱课程"平台上推出后，广受欢迎，并被评为福建省线上精品课题。能与道友们谈玄论道，是我的人生追求。

在新年来临之际，谨以此书与道友们一同行于大道，"尊道贵德"，一同沿着老子指引的"惟道是从"与"唯施是畏"的行道之路走下去，并以习近平总书记在2018年元旦贺词中所引用的"九层之台，起于累土"自勉，以"为学日益，为道日损。损之又损，以至于无为，无为而无不为"（第四十八章）自励，尽心尽力将自我融入社会主义新时代的伟大洪流中，创造出属于每个人自己平凡而快乐的人生之路。

目　录

上 篇

国之利器不可以示人

《道德经》一书先后被八位帝王加以注释，其中不仅蕴含丰富的形而上学价值，独特的思想方法，而且对当前社会生活各方面具有较强的指导意义。笔者认为，老学研究应从三个维度进行："道""术""用"。"道"是指其中的形而上学思想；"术"是指其中的思想方法、行动指南；"用"是指其对各领域的具体指导。后者应向前者寻求合理性依据才能成立，才能循正道而行。笔者拟以"国之利器"这一章中体现老子治世思想的重要概念为例进行探讨，首先对老子的"器"范畴进行考察，明晰其内涵与外延，其次对古今注卷中关于"国之利器"的注解进行了系统性梳理，总结出其对应着"道""术""用"而又紧密相连的三个维度的内涵：国之政道、国之政术、国之机要，并运用三维度的分析方法对其进行评析。本文一方面明确了"国之利器"这一概念的内涵，另一方面印证了"道""术""用"三维度研究方法的可行性。

众多《道德经》文献都在引申《道德经》的本义来试图指导社会生活的某一方面，但诚如白奚先生所言，哲学命题、哲学思想的本义和引申义不可混为一谈：前者属于"道"，而后者属于"术"。[①] 笔者认为，老学研究应从三个维度进行："道""术"和"用"。本节所言的"道"与白先生观点一致，但将白先生的"术"细化成作为思想方法、行动指南的"术"和作为各领域具体应用的"用"，并认为它们不仅应独立存在，后者还应向前者寻求合理性依据。尤其"用"维度的研究必须向"道"和"术"两个维度寻求合理性依据才能成立。

本节拟以"国之利器"概念为例进行说明。研究发现，对于"国之利器"概念的解读多存于古今注家对于《道德经》全书的注解中，尚无系统性考察和历史性研究，为此本文首先对"国之利器"的上位概念——老子的"器"范畴进行系

---

① 白奚：《"道"与"术"：老子思想的本义和引申义——以"不争"和"柔弱胜刚强"为例》，《哲学研究》，2013年第1期，第51—57页。

统考察，以明确"国之利器"概念内涵可能的延展性空间。进而再系统梳理《老子集成》《中华道藏》及300多位主流学者关于"国之利器"的解读，析出其在"道""术""用"三个维度的不同内涵，并运用三维度的研究方法来对历代注家的注疏去伪存真，一方面明确了"国之利器"这一概念的内涵，另一方面也印证了"道""术""用"三维度研究方法的可行性。

一、《道德经》"器"范畴的系统考察

欲明确"国之利器"概念的内涵，首先需考察清楚老子"器"范畴的具体内涵。《道德经》"器"范畴可以由此归纳出以下义涵：

（一）作为"道"之化身的"器"

《道德经》云："惚兮恍兮，其中有象"，而《周易》提出"制器尚象"的说法，故"器"作为道的形象具有近道的可能性。商富才将"制器尚象"理解为通过物形的模仿，使"器"载"道"。[①]古人制器更多侧重于他物与"我"的相容匹配，表现出人的灵性穿梭于自然天地间，隐含着"法自然"的追求；而较少以对立的态度来实现对于"他者"的占有。[②]从这个意义上，"器"便是载道之具，具有一定的神圣性。如"大器"（第四十一章）与"神器"（第二十九章）等。故此，"器"，同样可以拥有道的属性，具有形上性质。

（二）朴散之"器"

这里所言朴散之"器"，不是在讨论"朴散则为器"中"器"的含义，而只是意在表明"器"具有"朴之散"这一特性。因此，器非道，不可迷器而忘道。"器者朴之散，才器故皆有用而不可缺。然譬犹手执而不能行，足行而不能执，皆非道之全体也。"[③]在第二十八、五十七章中，便能明显感受到"器"的不圆满性。"器"虽由道产生，却有可能发生异化。

（三）实体之"器"

此处的"器"主要观照其本义，即实体意义上的器。但本义之"器"亦包含四种不同含义。

---

① 商富才：《"尚象、尚思"思维方式与语言表达形式》，《西南民族大学学报》（人文社科版），2002年第5期，第166—167页。
② 谢清果：《先秦两汉道家科技思想研究》，东方出版社，2007年，第79页。
③ 范应元：《老子道德经古本集注》，载熊铁基编《老子集成》第四册，宗教文化出版社，2011年，第416页。

第一种是普通生产生活工具。第十一章中有"埏埴以为器"之说。正如任法融所言，这种器"是民在生息中之所必需"。①第二种是第八十章的"使有什伯之器而不用"，这是因为"便利之器械，足以助人之荒淫也"②。第三种是第三十一章的"佳兵者，不祥之器"。第四种是第二十八章所讲：朴散则为器，圣人用之则为官长。"在这里，"器"的内涵从"器皿"的本义出发被引申赋予了政治意义，指具有"刚强"和"有为"属性的统治手段，统治者不用"朴"而用"朴散之器"进行统治就称不上"大制"，就可能会伤害到百姓。因此我们应深入探讨老子的"器"论，审慎对待诸"器"。

二、追问治世之正道："国之利器"古今注解评析

将欲歙之，必固张之；将欲弱之，必固强之；将欲废之，必固兴之；将欲夺之，必固与之，是谓微明。柔弱胜刚强。鱼不可脱于渊，国之利器不可以示人。（第三十六章）

正如徐昂所言："老子言器义虚"③。上文，我们明确了老子"器"范畴之内涵并非局限于实用之器，故而"国之利器"的内涵便也具有多方向延展的合理性。本章将根据老子"器"范畴的内涵，将古今注家对"国之利器"概念的不同理解进行评析提炼，从"国之政道"（作为"道"之化身的"利器"）、"国之政术"（朴散之"利器"）与"国之机要"（实体之"利器"）三个维度对于"国之利器"概念来加以归纳、分类、评析。

（一）"道"：国之政道的形上依据

"道"维度的"国之利器"即是国之政道，它对应着"器"作为载道之具这一维度的内涵，主要指其所对应"道"的形上学属性。辛战军将"国之利器"理解为统治者柔弱处下，清静无为④。老子反对君主以谦下不争、守中无为自矜，而行刚强之政。《道德经》强调"身国共治"，治身讲究的是"豫""犹""俨""涣""敦""旷""混"；治国则强调圣人依据"道""柔弱""或存""虚静"等形而上学属性，呵护"神器"——人的清静本性，不以种种刚强有

① 任法融：《道德经释义》，东方出版社，2012年，第132页。
② 黄元炳：《老子玄玄解》，载熊铁基编：《老子集成》第十三册，第132页。
③ 徐昂：《道德经儒诠》，载熊铁基编：《老子集成》第十五册，第633页。
④ 辛战军：《老子译注》，中华书局，2008年，第141页。

为的统治手段刺激使人发生异化。统治者要自发实行无违世道人心的"无为"统治，从而使百姓真正自化自正自朴，大顺天下。

很多学者将"国之利器"理解为"柔弱胜刚强之道"，白奚认为"胜"指"优于"，是在比较"柔弱"与"刚强"何者更优越。[①] 老子曰：守柔曰强。柔弱不只是通往"强"的手段，而且其本身就是目的。当然，也有学者从反对刚强的角度对此进行论述。清世祖认为："合刚强之为害，甚于兵刃，故以利器喻之"[②]。但其内涵不如柔弱说丰富，因此本文将着重分析柔弱说。

从"国之政道"维度研究"国之利器"为何"不可以示人"则可以发现："不可以示人"不是主观上不可以，而是客观上不可能。"弱之胜强，柔之胜刚，天下莫不知，莫能行。"大道虽易知易行，但世人却难知难行，故说不可示人。国之利器"非不欲示人，实非众人所能知耳"[③]。所以，人们应从其"不可识"的一面来理解它。道虽具有能够被认知的属性，即"道可道"，但应当看到可道之道往往"非常道"，属于道的异化或应用，不可等同视之。

（二）"术"：国之政术的方法论

"术"维度的"国之利器"即是"国之政术"，它体现着"器"为"朴散"这一特性，蕴藏着转变为"刚强""有为"的可能性。"国之政术"是人们通过试图回归"道"而领悟的思想方法和行动指南，但并非"道"本身，主要指被引申理解为以柔克刚的"柔弱胜刚强"。国之政术与国之政道的区别在于它含有强烈的目的性，柔弱不再只是价值理性的范畴而发挥其工具理性。

卢育三认为老子关注了歙张、废举、弱强之间既对立又能相互转化的一面。但如何处理这种关系却要具体问题具体分析。对己方而言，应通过虚静、柔弱，为雌等方式避免事物极端化而向相反的一面转化；对敌方而言，则应为事物向负面的转化创造条件。[④] 白奚总结了前人在这方面的认识，那就是把"胜"字理解为"战胜"或克敌制胜的"克"，把"柔弱胜刚强"等同于"以柔克刚"。[⑤] 如此一来，老子的"柔弱"就成了战胜刚强的手段，老子崇尚柔弱就是以"克刚"为目的了，"柔弱"的价值下降成为手段。

---

① 白奚：《"道"与"术"：老子思想的本义和引申义——以"不争"和"柔弱胜刚强"为例》，《哲学研究》，2013 年第 1 期，第 51—57 页。
② 清世祖：《清世祖御注道德经》，载熊铁基编《老子集成》第八册，第 607 页。
③ 倪元坦：《老子参注》，载熊铁基编：《老子集成》第十册，第 365 页。
④ 卢育三：《老子释义》，天津古籍出版社，1987 年，第 167 页。
⑤ 白奚：《"道"与"术"：老子思想的本义和引申义——以"不争"和"柔弱胜刚强"为例》，《哲学研究》，2013 年第 1 期，第 51—57 页。

有一种歪曲老子原意的理解即是将"国之政术"理解为阴谋诡计。世人污名《道德经》为阴谋诡计，皆因章首强调物极必反。但老子同样说："曲则全，枉则直，洼则盈，敝则新……""故物，或损之而益，或益之而损"……老子只是在客观描述现象世界中事物对立转化的规律，并没有任何目的性。而阴谋更多应用于双方斗争的局面，但治理的对象是人民。用对敌人的方式对待人民，是完全不可取的。① 这种观点不仅将老子对现象世界的客观描述赋予了目的性，使之下降到"术"的维度，更是将这种利用"物极必反之理"的方法污名化为权谋，本文反对这种观点。

学者们对于国之政术"不可以示人"的解释大致基于以下两方面：

第一种解释是在担心国之政术示人会被奸雄、小人所用。如黄维翰所讲"若以国之利器示人，则启奸雄觊觎之心，而时有以制我，是自取败亡之祸。"② 老子对于"不善者"，是以其为"善人之资"的自省；是"其在道也，曰余食赘行"的批判；是"不善者，吾亦善之"的人道，是"而为奇者，吾得执而杀之"的坚定。"圣人常善救人，故无弃人"。老子对种种"不善者"并无防备、恐惧之心。因此，本文认为这种解释或许合乎世俗逻辑，但却不合乎老子原意。

第二种解释则是认为以国之政术示人，会使民众希望相胜，失真朴而求智巧。"仁义圣智不可强令民众所接受，否则会"智慧出，大伪兴，璞散淳浇"③。老子认为，如果统治者推行仁义，那么由于他们无法区分虚伪的仁义和百姓内心自然生长出的仁义，无法进行有效的激励，就容易使民众走向反面，诈伪横生。

权谋只可用于一时，但对于人真朴本性的伤害却是永恒的。国之政术的运用必须要在国之政道中寻求合理性依据才能成立，不可为治国的常态。

（三）"用"：国之机要的治国要素

"用"维度的"国之利器"即是国之机要，它具有实体之"器"的种种功能，它主要指财货、暴力工具、禁令赏罚和仁义礼乐等对国家治理十分最重要的东西。从和"器"范畴的对应关系上看，财货对应着"器"范畴中的民生必需之器和什伯之器；暴力工具对应着军队；禁令赏罚和仁义礼乐对应着"器"范畴中具有"刚强"和"有为"属性的统治手段。

纯阳吕仙认为，"利器，货财之类。言民心好竞徒尚财货多怀利器者，因大夫

---

① 吕锡琛：《善政的追寻》，人民出版社，2014年，第10页。
② 黄维翰：《老子道德经会通》，载熊铁基编：《老子集成》第十五册，第599页。
③ 黄传祁：《道德经大义》，载熊铁基编：《老子集成》第十一册，第514页。

之利其家，诸侯之利其国，上不修德，昏暗如此，故民若是也。"① 杨起元解释道："国之利器，若以示人，则人怀觊觎之心。"② 笔者则认为：老子希望统治者少私寡欲。统治者的行为对民众有极强的示范作用，统治者过于关注财货珍奇会使民众失其"真朴"，不再"虚其心，实其腹"。故而君主不可追求奇珍异宝，更不能使百姓生向往之心，"使民心不乱"。但将"国之利器"单纯理解为财货珍奇，有将其意涵具象化的倾向。

还有注家将"利器"解释为军队。尹桐阳认为："利器当为上所独有，用以息内患而御外辱。民若得之，则必资以为寇。"③ "国之利器"理当由国家掌管，存而不用，即"虽有甲兵，无所陈之"之意。一旦"利器"为百姓所有，即"多"，内含多用之意，即"示人"。"以道佐人主者，不以兵强天下"，不得已之时用兵"善有果而已"。"勿伐"，即不可以示人，统治者不可矜其威力以观示于天下。

韩非子认为"国之利器"即是赏罚："赏罚者，邦之利器也，在君则制臣，在臣则胜君。人君见赏，则人臣用其势；人君见罚，而人臣乘其威。"④ 笔者认为，这种理解不仅有"以我解圣"所造成的污名倾向，而且将治国理政简化为君臣权谋之争，而没有看到他们相互合作的一面。但笔者认为单纯将"国之利器"解释为刑罚是可行的。谢清果认为"国之利器不可以示人"之意在于强调统治者当葆有"道"，而非利器本身。统治者不可以刑罚治国，否则会使民众误认为统治者的恩威赏罚即是道本身。⑤ 笔者认为，其不可倚仗的原因在于其固有的刚强、有为属性。我们一定要反对滥用刑罚和"不先以道德化人而先以刑罚"⑥ 的做法。

一些学者将"国之利器"注解为儒家所强调的礼乐⑦ 或者仁⑧ 等治理工具。但须知礼仪的来源往往不是单纯的，它来自想出人头地的愿望、自尊。⑨ 民众被教化出的仁义也往往并非其德性的自然流露，而是他们通过对统治者的模拟习得的。这种模拟让他们失去了"道生之，德蓄之"的"真朴"，徒增诈伪，所以此两者不可用于治国。

老子对于种种统治工具的看法是"其政闷闷，其民淳淳；其政察察，其民缺

① 纯阳吕仙：《道德经注释》，载熊铁基编：《老子集成》第十一册，第 637 页。
② 杨起元：《道德经品节》，载熊铁基编：《老子集成》第九册，第 333 页。
③ 尹桐阳：《老子玄诂》，载熊铁基编：《老子集成》第十五册，第 142 页。
④ 韩非：《喻老》，载熊铁基编：《老子集成》第一册，第 63 页。
⑤ 谢清果：《道德真经精义》，宗教文化出版社，2015 年，第 132 页。
⑥ 刘清章：《河上公章句评注》，宗教文化出版社，2015 年，第 172 页。
⑦ 宋常星：《道德经讲义》，载熊铁基编：《老子集成》第九册，第 196 页。
⑧ 范应元：《老子道德经古本集注》，载张继禹编：《中华道藏》第十一册，华夏出版社，2004 年，第 525 页。
⑨ ［法］孟德斯鸠：《论法的精神》，张雁深译，商务印书馆，1961 年，第 30 页。

缺"，君主施行"有为"统治，可能会造成恶果。黄朴民、林光华意识到老子并非希望把持权力，而是希望让百姓不依赖君主的行政权力而能自相治理。在这种语境下，君主应当"长养"百姓，而不要去控制或统治。① 又如王弼所认为"唯因物之性，不假形以理物。器不可睹，而物各得其所，则国之利器也。"② 其哲学意蕴是一脉相承的。

总体来说，"国之机要"的各种说法都是在从具体器物的层面诠释"国之利器"，有将这一概念过度具象的倾向，而缺乏哲学上的概括总结。实际上，这些说法只是作为"柔弱"反面的"刚强"概念的几种表征。笔者认为，"国之机要"说的合理性在于认识到了种种统治工具的必要性，不过统治始终只应是"下知有之"而已。因此，君主在施行统治权力时要避免民众对其生出向往之心，另一方面要避免行政权力所造成的"有为"统治，压迫百姓。否则便可能使权力这种统治工具发生异化，走向人们良好心愿的反面。

三、"国之利器"概念的三维度分析

基于如上分析，我们可以概括出图1：

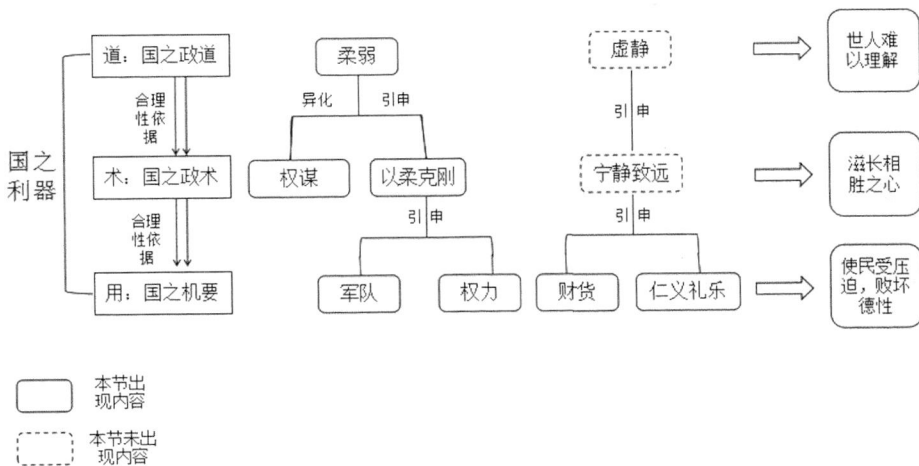

图1 "道""术""用"三维度分析框架

如图1所示，目前"国之利器"在国之政道维度的理解即是柔弱，不可以示人是因为柔弱之道世人难以理解；"国之利器"在国之政术维度的理解即是以柔克刚和权谋不可以示人是因为可能会激起人们的相胜之心；"国之利器"在国之机要

---

① 黄朴民、林光华：《老子解读》，中国人民大学出版社，2011 年，第 171 页。
② 王弼著，楼宇烈校释：《王弼集校释》，中华书局，1980 年，第 89 页。

维度的即是军队、财货、赏罚和仁义礼乐，不可以示人是担心会使民众异化，产生对于财富与权力的向往或恐惧。接下来，本文将把历代注家的上述解读放入本文提倡的三维度分析框架中，以进一步申言之。

柔弱之道向"术"的维度进行落实就是以柔克刚思想，以柔克刚思想可以在"道"的维度寻求到其合理性依据。"以柔克刚"思想向"用"的维度落实就是反战、反对倚仗赏罚的思想，亦即"国之利器"概念军队和赏罚的解释。此两者都是在强调刚强必将为柔弱所胜。但是从韩非子和尹桐阳两位注家对其观点的解释来看，无论是君臣权力之争还是防控百姓的观点都不能在"术"和"道"维度寻得依据。比如谢清果的解释就可以贯穿"道""术"和"用"三个维度，这种观点是本文所推崇的。

我们接下来分析"用"维度的财货和仁义礼乐两种观点。这两种观点的出发点并非在强调守柔和柔弱胜刚强，而是在强调使民众见素抱朴。陈鼓应先生认为，"清净"和"无欲"是密切相关的，"无欲"是要消解人们心中的机伪巧诈。[①] 由此我们可以推知，这两种解释在"道"维度的依据是老子的虚静思想。而在"术"维度，虚静思想便被赋予了目的性，即成为道家宁静致远的思想。闫续瑞和杜华解释"淡泊明志，宁静致远"时即认为用宁静的内心来提高道德修养是实现远大志向的必要条件。[②] 但值得关注的是，虚静思想和宁静致远思想都并非"国之利器"思想"道""术"维度的内涵，因此，财货和仁义礼乐只能算是次优解释。

然而由于《道德经》柔弱思想所生长出的人生态度是处下而利民[③]，而非自利，所以"术"维度的权谋思想则无法在"道"维度寻求到其合理性依据，属于是一种异化，因此笔者不赞同此说。

综上所述，我们可以看到，如果利用"道""术""用"三维度的分析方法，可以将"国之利器"概念的内涵进行系统性梳理。低维度的解释不仅不能和高维度的解释混为一谈，还要向高维度寻求其合理性依据，只有合乎"道"维度的解释，低维度的解释才能算是老子思想的正确引申义，否则只能算作是老子思想一定程度的异化。

（田子耕）

---

① 陈鼓应：《老子今注今译》，商务印书馆，2015年，第57页。

② 闫续瑞、杜华：《论诸葛亮的家训思想及其影响》，《西北师大学报》（社会科学版），2013年第3期，第87—91页。

③ 陈鼓应：《老子今注今译》，商务印书馆，2003年，第61页。

不自伐故有功

　　《道德经》以五千言传递了老子的思想，意图以此来指导统治者更好地统治国家、指导平民百姓"明哲保身"更好地生活，而每个人都是渴望"成功"的，希望能有所"建功"——所以，《道德经》也逃不开对于"何为有功"的讨论，下文将通过对"功"字的内在含义分析以及老子对于"功"的态度全面解读《道德经》中的"功"。

　　"功"字，在《道德经》中出现了 6 次分别是：

　　第二章：功成而弗居

　　第九章：功遂身退

　　第十七章：功成事遂

　　第二十二章：不自伐故有功

　　第二十四章：自伐者无功

　　第三十四章：功成而不有

　　在《老子词典》里"功"的解释是："功，名词，功业、功绩。"尽管在对文段的翻译中"功"字都可以用"功业，功绩"来解释，但是在结合上下文的理解中，我发现每个"功"的内在含义还是存在一些微妙的偏差。在经过归纳整理后，大致可根据"功"所在句的前后文的内容将"功"在段落中的特殊含义分为三类：

　　一、作为"圣人之治"的"功"

　　在第二章和第十七章里中"功"字都出现在最后一句，其前文是对"功绩"的具体内容的详细阐述，可视为对前文描述的场景的总结，而前文无一例外地都叙述了老子心目中社会理想该有的样子。因此，可将这两处的"功"并称，解释为"圣人之治"。

　　第二章中："圣人居无为之事，行不言之教"最后"功成而弗居也"，所达到的境界便是"天下皆知美之为美，恶已；皆知善，斯不善矣。有无之相生也，难易之相成也，长短之相刑也，高下之相盈也，音声之相和也，先后之相随，恒也。"《老子今注今译》中引用了钱锺书对于该段的解读："尽人之能事以效天地之行所无事耳。"从中可以看出这里的"功"是"效天地之行"，是一种将治理行为做到极致的"圣人之治"。"'功成'要求人们去工作，去创建，去发挥主观的能动性，去贡献自己的力量，去成就大众的事业。"在陈鼓应的解读中也可以看出"功"是一种"成就大众的事业"。王弼也曾对此做出解释："因物而用，功自彼成，故不居也。"可以看出王弼认为此处的"功"更接近于圣人在顺应天道的情况下获得的成就。

第十七章中："功成事遂"的"功"是治理国家的最好情形，即"太上，下知有之"和"百姓皆谓：我自然"。《老子今注今译》中明确说明了"功"即为"老子理想的政治情境：一、统治者具有诚实朴素的素养。二、政府只是服务人民的工具。三、政治权力丝毫不得逼临于人民身上"。《白虎通义》中对"自然"的解读其实也是对此段中"功"的具体含义的阐述："黄帝有天下号曰自然，自然者，独宏大道德也。"《论衡·自然篇》认为"功"是"以辅万物之自然而不敢为"的行为。

二、作为天道支配的现象的"功"

在第九章和第三十四章前文中叙述的是"道"的规律，这两章所提到的"功"非"人之功"，而是更接近"天道的造化"，描述的是客观的真相而不是想象的图景。

第九章中明确提出"功遂身退，天之道"，其前文所述便是现实生活中不可否认的现实："持而盈之，不如其已；揣而锐之，不可长保。金玉满堂，莫之能守；富贵而骄，自遗其咎。"

《老子今注今译》中解释："执持盈满，不如适时停止；显露锋芒，锐势难以保持长久。金玉满堂，无法守藏；如果富贵到了骄横的程度，那是自己留下了祸根。一件事情做得圆满了，就要含藏收敛，这是符合自然规律的道理。"《老子释义》中解释："事业成功，居功自傲，赖住不退，一定垮台；富贵亦然，自恃富贵，骄奢淫逸，必遭祸殃。成功不居，自动身退，是天之道。"

第三十四章提到"万物恃之以生而不辞，功成而不明有"，根据对其语法的分析，"功"的所有者是本句的主语，即前半句中的"之"，是万物生长所依靠的"道"。《老子释义》中对本句做出如下解释："万物依赖道而生，而道却从来不推辞。"并进一步剖析"说明道生养万物出于自然，没有私欲，没有目的。道孵育万物却不是为了主宰他们。万物都归往于道，却不知道道在主宰他们。"从而可以得知万物受天道孵育，循天道生生不息这样的客观事实就是天道的"功"。

三、作为功业、成就的"功"

第二十二章与二十四章所在文段主要讨论圣人应有的品行，"功"仅仅指代人取得的成绩。第二十二章提到"不自伐故有功"和第二十四章提到的"自伐者无功"互为否命题，而其实讲的是同一个道理，即"不自我夸耀，因此能见功；自我夸耀，反而不能见功"。其中"功"的含义较为纯粹，十分接近其字面上的意思"功劳、功绩、成就"，而更具体可以解释为"为大众所知所认可的成绩、功劳"。

针对这两处"功"的含义都可以从前后文排列整齐、结构相似的句子中推理得知。第二十二章"不自见，故明；不自是，故彰，不自伐，故有功；不自矜，故长。"第二十四章"企者不立，跨者不行；自见者不明；自是者不彰；自伐者无功；自矜者不长。"以第二十四章为例，陈鼓应的《老子今注今译》解释为"踮起脚跟是站不稳的，跨步前进，是走不远的……自逞己见的，反而不能自知；自以为是的，反而不得彰显，自己夸耀，反而不得见功。"其中"明""彰""功""长"分别对应"自知""彰显""见功""长久"，此四者为递进关系，从而可以推断得知"功"便是介于彰显个人魅力和留名青史之间的"成就功业为大众所知所认可"。

综上，"功"在《道德经》中分别以其本意及其内在含义出现。而通过对"功"的两种内在含义的推断，可以看出在老子心目中，"有功劳"意味着"顺天而行"，是自然的天道呈现出的世界，也是他所期望的遵循天道进行统治的圣人之治。因此，老子强调面对"功"，不应该自私地据为己有，"消解一己占有的冲动"（陈鼓应《老子今注今译》），"身退者，非谓必使其避位而去也，但欲其功成而不有之耳。"（唐·王真《道德经论兵要义述》）老子要人在完成功业之后，不把持，不据有，不露锋芒，不咄咄逼人。不是要人做隐士，只是要人不自我膨胀。阐释了道顺任自然而"不为主"的精神，倡导消解领导者的占有欲和支配欲。"深澈乎万物相反相成之理……万物并作，而吾不为始，吾所施焉，而不自以迹自累；功成事遂，退避其位……立于对待之先，是谓不居；超乎有无六境之外，是谓不有。"（朱谦之《老子校释》）在卢育三《老子释义》中更是直白明确地提到"成功不居，自动身退，是天之道。"认为循天道而行就是需要"功成身退"。

（郑靖怡 谢清果）

功成事遂我自然

《道德经》中有第二、十七、三十四和七十七章等四章提到"成功"，当然，老子的表述是"功成"，其含义当是一致的。为了深入理解与把握老子的成功观，我们以这四章为分析文本来探讨老子的成功观。我们认为从一定意义上讲，《道德经》是一部道家式的成功学著作。

一、功成而弗居

《道德经》第二章

天下皆知美之为美，斯恶矣；皆知善之为善，斯不善已。故有无相生，难易相成，长短相形，高下相倾，音声相和，前后相随。是以圣人处无为之事，行不言之教。万物作焉而不辞。生而不有，为而不恃，功成而弗居。夫唯弗居，是以不去。

其含义是：天下都知道美之所以为美，丑的观念也就产生了；都知道善怎么成为善，就明白了什么是不善良。有和无相互生成；难和易相互促就；长和短相互显示；尊与卑互相依存；音和声互相调和；前和后互相照应。所以有道的人以"无为"的态度来处理世事，实行"不言"的教导。让万物兴起而不加干涉；生养万物而不据为己有；作育万物而不自恃己能；功业成就而不自我夸耀。正因不居功，所以他的功绩不会泯没。

这章其实是老子辩证法和自然主义思想的体现，首先是用辩证的眼光看万事万物在相互作用间依存，而后面的功成不居，故功勋永在则是自然主义思想。

我们着重分析第二层，自然主义中的圣人行事。圣人是第二层讲圣人行事。圣人是依照客观规律行事的人，他们顺应自然，有所作为，而不强作妄为，以无为的方式去化解矛盾，促进自然的改造和社会的发展。圣人功成而不居功自傲，所以功勋永不磨灭。正如老子所言"处无为之事，行不言之教"。从强调法治到德治，只有实现法治和德治的高度结合，才是圣人修身和治国的关键所在。

二、功成事遂，百姓皆谓：我自然

《道德经》第十七章

太上，不知有之。其次，亲而誉之。其次，畏之。其次，侮之。信不足焉，有不信焉。悠兮其贵言。功成事遂，百姓皆谓：我自然。

其意义是：远古民众不知道有君王；稍后，亲近并称颂君王；再稍后，惧怕君王；再往后，就哄骗君王。君王信用不足，民众不会信任。所以，君王重视言语不随便施令。功业成就，事情顺利，百姓都说我们自然而然就会这样。

在本章中老子提出了自己政治主张。他评论统治者，是纯粹从自己道家思想出发的。他把统治者分为四类：不被人民所知的是最好的统治者（河上公注："下知有之者，下知上有君，而不臣事，质朴也。"），被人民所轻蔑的是最差的统治者（河上公注："其德可见，恩惠可称，故亲爱而誉之。"王弼注："不能以无为居事，不言为教，立善行施，使下得亲而誉之也。"），百姓拥戴并赞颂或百姓害怕的是处于中间状况的统治者。老子心中的国家政治是：统治者具备诚实守信的素养，安闲自适，很少下达命令；政府为人民服务，政治权力根本不应会给人民施加压力，人民和政府和平相处，各自生活得悠闲自在。这便是老子理想的政治生活。

三、功成而不名有

《道德经》第三十四章

大道泛兮，其可左右。万物恃之以生而不辞，功成而不名有。衣养万物而不为主，常无欲可名于小。万物归焉，而不为主，可名为大。以其终不自为大，故能成其大。

本章的意思是大道广泛，即使相对立的两面中都有它。天下万物依赖它得以生长，它却不发布命令。功业完成，它也不占有；珍惜养育天下万物，它却不做万物的主人。总是毫无欲望，可以说它渺小；万物归附却不管辖，也可以说它强大。所以圣人始终不强大，才能成就自己的强大。

这让我想起"壁立千仞，无欲则刚"这句话。就从老子所谈"大道"讲起，大道指宇宙的初始态。这是一种混沌与清晰的相互加持，处在宇宙中的人，感受到宇宙的庞大，并思考如何去理解它。从我们自身出发去看宇宙，则是一个无限的过程。从"小"出发得以认清"大"。"大"的问题也要通过"小"来解决，正如第二章里谈到的"有无相生"。

从另一角度看，本章实际上又是在谈作为"圣""侯王"所应该具备的素质。古希腊的哲学家苏格拉底就说过，首先得认识到自己的无知。这不和老子这章"以其终不自为大，故能成其大。"有异曲同工之妙吗？

四、为而不恃，功成而不处

《道德经》第七十七章

天之道，其犹张弓与。高者抑之，下者举之。有余者损之，不足者补之。天之道，损有余而补不足。人之道，则不然，损不足以奉有余。孰能有余以奉天下，唯有道者。是以圣人为而不恃，功成而不处。其不欲见贤邪！

本章要表达的是自然界的规律大概就像拉弓射箭一样吧？弦位高了，就把它压低一些；弦位低了，就把它举得高一点；弦的长度有余了，就减少一点；弦的长度短了，就增添一点。自然的法则，是减少多余的，用来补给不足的。而人类社会的现实规则不像天之道这样，它是减少不足的，奉养有余的。谁能减少有余的来奉养天下的不足呢？只有遵循上天规则的人，即得道者才能做到。所以，圣人施恩而不自恃有功，成就功业而不私自占有。大概是他不愿意彰显自己的贤能吧？

本章主要阐述了天道是"损有余而补不足"，人道是"损不足以奉有余"的道理。老子通过对自然界和人类社会的比较，得出了世间万物都是相互对立的矛盾统一体的结论。自然界的所有现象既互相对立，又互相统一。这种统一既不受外力影响又不由人为造成，而是顺其自然，在自身运动中表现出的一种和谐和平衡。正是"高者抑之，下者举之。有余者损之，不足者补之"。老子由此得出一条自然平衡法则，即"损有余而补不足"，并把这种平衡引申到人类社会当中，提出了"众生平等""人人平均"的观念。然而，我们经常是拆了东墙补西墙，通过减少不足来弥补有余的，既不正常，也不平等。他试图改变人类社上会的这种不合理现象，但是他的理想却一直不能实现，"人之道"和"天之道"始终不能统一。

从另一方面，这章在表达对统治者实行苛政的痛恨之情的同时，也对老百姓的生活艰难之境寄予了深切的同情。在这里，老子试图以"天之道"来警戒统治者，告诫他们要遵循天道。要求富人能够做到"常善救人，故人无弃人；常善救物，故物无弃物"，使社会可以达到大同社会般的理想状态，选贤举能，物尽其用。

在上述四章中，都是老子思想极具代表性的篇目文字。《道德经》中的"道"是最高范畴，也就是宇宙万物的本体，从"人地法，地法天，天法道，道法自然"

就可看出。老子于是乎就从宇宙入手，论宇宙而论人生，论人生而论政治。

　　老子喜欢用辩证的思想来看待事物。万事万物都具有两面性，这两面性也是相辅相成的。从"祸兮福所倚，福兮祸所伏"到"难易相成，长短相行"。其实成功与失败也是这样，甚至是能够相互转化的。"塞翁失马"的典故便是最好的例子。功成不居，故功勋永在，也是这个道理。

（王卓尔　谢清果）

不争而莫能与之争

不争是《道德经》的核心思想观念之一，与柔弱、清静、无为、自然成为老子思想有标志性的概念。本文笔者以《道德经》原文中的不争，并结合几位先贤的注解加以分析，以期加深对"不争"内涵的理解。

一、不尚贤，使民不争

《道德经》第三章

不尚贤，使民不争；不贵难得之货，使民不为盗；不见可欲，使民心不乱。是以圣人之治，虚其心，实其腹；弱其志，强其骨。常使民无知无欲，使夫智者不敢为也。为无为，则无不治。

其中"不尚贤，使民不争"句，几位学者解释说：

《老子新解》（杨润根）：这两句话是站在国家的立场上而言的，其意思是，国家应立足于整个世界、整个社会、整个人类的普遍无限性和历史必然性的高度，决不把财产看得高于一切，以免社会或全体人民只把财产作为其追求的唯一目标。这也就说，人类还有比财产的价值更高的价值，社会还有比追求财富更高的追求目标。如果只把财富作为社会、人生追求的唯一价值或唯一目标，那么这必然会引发人与人之间乃至整个社会的不顾羞耻、不顾正义、不顾原则的纷争。这两句话可译解为：国家不要把财富作为社会唯一崇尚的对象，以不使人民因一心追逐这些对象而引发人与人之间乃至整个社会内部的不可避免的纷争。

《老子传真》（黄友敬）：不尊尚贤能之士，使人民不争逐名位。老子说："绝圣弃智，民利百倍。"（第十九章）"是以圣人为而不恃，成功而不居也。若此，其不欲见贤也。"（第七十七章）。

《老子释义》（卢育三）："不尚贤，使民不争"，这是说，尚贤是人民竞争的原因；不尚贤，可以使人民不竞争。

《古本老子〈道德经〉新解》（何新）："不尚贤"，敦煌本作"不上宝"，贤，宝，富也。古以富为能，故贤引申有能义。尚贤与不尚贤，是战国之际贵族阶层没落、平民阶层兴起、在用人主张上的一大争论焦点。老子之政治思想是世袭贵族思想，故其反对尚贤。

《老子今注今译》（陈鼓应）：不争：指不争功名，返自然也。（河上公注）

此章的"不争"指的是不要去争逐名利。本章劝诫君王不要尊尚贤能之士，不要让人民争逐名位。贪利是惑乱人心的根源，君主要做的是让人民顺其自然地发展。

二、水善利万物而不争

《道德经》第八章

上善若水。水善利万物而不争，处众人之所恶，故几于道。居善地，心善渊，与善仁，言善信，正善治，事善能，动善时。夫唯不争，故无尤。

对"水善利万物而不争"句，学者解释说：

《老子新解》：水天生就是为了滋润万物而存在的，与万物没有丝毫利害冲突。不争：对错误的私欲和由此所引发的人与人之间、人与世界之间的矛盾、冲突和争斗的自觉否定和超越，把个人的欲求和目的提到为整个人类、整个世界的普遍无限的欲求和目的，并在与整个人类、整个世界融为一体、和谐一致的共同存在之中，在与整个人类、整个世界的目标一致的共同活动或合作之中，在实现整个人类、整个世界的普遍无限的欲求与目的之中，实现人们自己的作为世界而存在的个人的欲求和目的。

《老子传真》：水善于利益万物，而不争私利，居处于众人所厌恶的地方。王安石说："水之性善利万物，万物因水而生。然水之性至柔至弱，故曰不争。众人好高而恶卑，而水处众人之所恶也。"吴澄说："盖水之善，以其灌溉浣灌，有利万物之功，而不争处高洁，乃处众人所恶卑污之地。"

《老子释义》：水善利万物，万物靠水滋润生长。《管子·水地篇》："水者，何也？万物之本原也，诸生之宗室也。"万物离开了水，便不能生长。水所以善利万物，就在于不争。

《古本老子〈道德经〉新解》：上善，大善也。善者，喜也。同源字。《管子·水地篇》："水者，何也？万物之本原也，诸生之宗室也。"李赞说："水无形，势随物形而善变。故曰善利万物而不争。众人处上，彼独处下；众人处高，彼独处卑；众人处易，彼独处险；众人处顺，彼或处逆；众人处洁，彼或处秽；所处尽众人之所恶，夫谁与之争乎？"

《老子今注今译》（陈鼓应）：上善的人好像水一样。水善于滋润万物而不和万物相争。

本章是以水的德性入手，水善利万物而不争，处于众人所恶的地方。从而告诉我们不争的品质可以让我们无尤。

三、夫唯不争，故天下莫能与之争

《道德经》第二十二章

曲则全，枉则直，洼则盈，敝则新，少则得，多则惑。是以圣人抱一，为天下式。不自见故明，不自是故彰，不自伐故有功，不自矜故长。夫唯不争，故天下莫能与之争。古之所谓曲则全者，岂虚言哉！诚全而归之。

其中"夫唯不争，故天下莫能与之争"，学者解释说：

《老子新解》：夫唯不争，故天下莫能与之争。争：纷争，对抗，矛盾。人类与整个世界本来就属于一个和谐统一的整体，并且人类作为整个世界历史必然性的产物，整个世界天生就是人类生存的条件、人类的母亲和人类的家园。因此人与整个世界所产生的纷争、对抗和矛盾都是人为造成的。

《老子传真》：正因为不争，因此，天下无人能够与他相争。宋常星说："圣人与天地为一体，与万物为一身，曲成而不遗，爱育而不弃，何争之有？所以天下之人，与圣人合其德，与圣人合其心，闻风者诚服，沐德者心悦，乌得有争者。"

《老子释义》：不争，自居于曲、枉、洼、蔽、少，以及"不自见""不自是""不自伐""不自矜"等，都体现了不争之德；正因为不争，所以天下人没有谁能与他争。有人据此认为，老子并不是不讲斗争，而是以不争为争，只不过争的方法不同而已。这不符合老子的思想实际。所谓"以不争为争"，实际上还是不争。第七章："水善利万物而不争，处众人之所恶。"水处于人们所厌恶的地位，自然谁也不会与他争，因为谁也不愿意处于人们所厌恶的地位。虽然老子说"不争而善胜"（第七十三章），但实际上能否做到，也还是一个问题。为了达到某种目的，而又想躲开矛盾，不积极去争取，总是靠不住的。

《古本老子〈道德经〉新解》：争者，变也，比竞曰争。严可均本作"故成全"，诸本作"诚全"。义以严本为优。

《老子今注今译》：正因为不跟人争，所以天下没有人和他争。

此章我认为有两种含义解释：第一是因为有不争的态度，所以在他心里没有人在与他相争，所做的事情也只是顺其自然的。第二是，因为所处位置很高，不需要争，天下没有能与之相争的。

四、以其不争，故天下莫能与之争

《道德经》第六十六章

江海所以能为百谷王者，以其善下之，故能为百谷王。是以欲上民，必以言下之；欲先民，必以身后之。是以圣人处上而民不重，处前而民不害，是以天下乐推而不厌。以其不争，故天下莫能与之争。

其中"以其不争，故天下莫能与之争"，前人解释说：

《老子新解》：不以其无争与？故天下莫能与之争。不以：不因。无争：（与人民）超越于任何利害冲突之上。与人民没有丝毫的利害冲突。这段话可以这样译解：这岂不是因为君主始终和人民保持一致而与人民没有丝毫的利害冲突吗？所以全体人民也心甘情愿地和他保持一致，并不与他发生任何的利害冲突。

《老子传真》：岂不是由于他不争吗？因此，天下没有能够跟他相争的。《文子·道原篇》："天下归之，奸邪畏之，以其无争于万物也，故莫敢与之争。"吕惠卿说："夫以其言下之，以其身后之，则不争者也。乐推而不厌，则天下莫能与之争者也。"张默生说："他有处下居后的不争之德，所以天下人就没有能和他相争的。"

《老子释义》：这句是本章的结论。这是说，正因为圣人不争，所以天下人没有能够与他争。老子认为，上下、先后是对立统一，有上则有下，有下则有上；有先则有后，有后则有先。把这个道理运用到政治上，就是"欲上民，必以言下之，欲先民，必以身后之。"这样，人民与圣人便没有矛盾了。虽然处于人民之上、却不感到重压；虽然居于人民之先，却不感到妨害；天下人都乐于拥戴他而不是厌弃他。所谓"言下之"，"身后之"，就是不争之德的实践。不争，则没有人与他争，最终还是处上，居先。然而，这只能是老子的一厢情愿，统治者决不会这样谦下，老百姓也不会这样容易受骗。

《老子今注今译》：因为他不跟人争，所以天下没有人能和他争。

老子尊崇"道法自然"，此章鼓励得道的圣人要向大江大海学习，学他们尊卑处下的性格，才能万物归于江海。圣人的不争，是道法自然的体现，圣人不争，为道，以致天下自然没有能与之相争的。

五、不争之德

《道德经》第六十八章

善为士者不武,善战者不怒,善胜敌者不与,善用人者为之下。是谓不争之德,是谓用人之力,是谓配天古之极。

《老子新解》(杨润根):这样的国家既具有热爱捍卫世界和平并与侵略者战斗到底的道德勇气,又具有使世界各国人民在经历了战争的罪恶与苦难之后重新团结起来并和平共处、友好相待的精神力量,一个具有这样的道德勇气和精神力量的国家也就可与天地争辉、与日月争光了。

《老子传真》(黄友敬):这是叫作不争的品德。吕惠卿说:"体道者,不争。不争,则天下莫能与之争。"宋常星说:"不争则涵养必深,不争则进退有法,不争则韬略必精,不争则取善必广,谓之曰德美不争也。"

《老子释义》(卢育三):"不争之德"承上文"善为士者不武,善战者不怒,善胜敌者不与。"不争,则莫能与之争;正因为如此,所以是"善为士者""善战者""善胜敌者"。

《老子今注今译》(陈鼓应):这叫作不争的品德,在战争中讲"不争",要人不可嗜杀,这和前章在战乱中强调"慈"是相应的,这是古来的准则。

此章解释了什么是"不争"的德,不争就是不武、不怒、不与。因为不争,所以天下没有能与之相争的,因此才是善士者、善战者、善胜敌者。

六、不争而善胜

《道德经》第七十三章

勇于敢则杀,勇于不敢则活。此两者,或利或害。天之所恶,孰知其故?是以圣人犹难之。天之道,不争而善胜,不言而善应,不召而自来,繟然而善谋。天网恢恢,疏而不失。

其中"不争而善胜",学者解释说:

《老子新解》:不争:根本用不着与任何人争斗较量。

《老子传真》:【注】不竞争而善于取胜。王弼说:"夫唯不争,故天下莫能与之争。"范应元说:"天之道,不与物争,而物自化,是善胜也。"宋常星说:"惟天之道无为,乃能无往而不遂,天不与物争,物无不顺天而化,随天而运,莫有能逆乎天者,是不争而善胜也。"

《老子释义》:第六十六章"以其不争,故天下莫能与之争。"争而胜者,不能叫善胜，而且迟早走向败亡；不争则天下莫能与之争，才叫善胜。

《老子今注今译》：自然的规律，是不争让而善于得胜。

此章强调了自然的规律是不争而善于得胜，不争而善胜就是大道的规律和本性。

七、圣人之道，为而不争

《道德经》第八十一章

信言不美，美言不信；善者不辩，辩者不善；知者不博，博者不知。圣人不积，既以为人，己愈有，既以与人，己愈多。天之道，利而不害。圣人之道，为而不争。

其中最后一句"圣人之道，为而不争"，学者解释说：

《老子新解》：圣人之道：人类存在与活动的根本目的或根本宗旨。为：有目的的活动。争：冲突、倾轧、斗争。为而不争："为"被"不争"限定着，因此"为"在"不争"的限定中获得了更为确切的涵义：没有矛盾、没有冲突、没有斗争的和谐合作。

《老子传真》：圣人修身治世的大道，施为大众而不争夺。范应元说："天之道，生育无穷，未尝害万物。圣人之道，为而不恃，未尝争竞。老氏屡言无为，而此言圣人之道为而不争者，盖圣人纯于道者也，其为也，出于无为，与天同也。"宋常星说："圣人之道，亦天道也。圣人以无心而正万民，而何有于争？因物付物，顺其自然。惟无争，愈知圣人之为，愈见圣人之不积也。"

《老子释义》："为无为"之为，"为无为，事无事，味无味"（第六十三章）即"圣人之为"，其他如：为下、为后、为曲、为枉、守雌、处辱、守柔、处弱等，也都是"圣人之为"。"圣人之为"与一般俗人之有为不同，俗人之有为争上、争先、争雄、争强，圣人则为无为而不争。吴澄说："利者害之对，有利则必有害。天之道且利而不害，以不利而利之，是以不害。为者争之端，有为则必有争。圣人之道虽为而不争，以不为而为之，是以不争也。"吴澄这段话颇合老子原义。

《古本老子〈道德经〉新解》：吴澄说："利者害之对，有利则必有害。天之道虽利而不害，以不和而利之，是以不害。为者争之不端，有为则必有争。圣人之道虽为而不争，以不为而为之，是以不争也。"苏辙说："凡此皆老子之所以为书，与其所以为道之大略也。故于终篇复言之。"吴澄说："总结二篇，以见五千言之意，皆不出此。"

《老子今注今译》：老子的"不争"，并不是一种自我放弃，并不是消沉颓唐，他却要人去"为"，"为"是顺着自然的情状去发挥人类的努力，人类努力所得来的成果，却不必擅据为己有。这种贡献他人（"为人""与人""利万物"）而不和人争夺功名的精神，亦是一种伟大的道德行为。

　　此章是全文的结束章节，圣人之道，就是效法宇宙自然的大道，利于万物，而无害于万物。圣人为圣的原因就是利于众人，而无害于众人。本章阐明了"利而不害""为而不争"的道理。

（吴艺晨　谢清果）

无为而无不为

本文通过厘清"无为"在《道德经》中的思想地位，围绕"道"的特性，对于"无为"的真正内容及思想意涵进行剖析，并通过对"无为"思想的诸多隐射内容丛进一步印证分析，旨在让人们抛弃对于"无为"思想的误解，对其有正确的认识，从中了解其现代意义。

一、"无为"在老子思想的根基"道"中的地位

在老子的道家思想中，"无为"的提出是有原因的。老子通过对于万事万物的观察，把握了万事万物演化的各种对立转换："合抱之木，生于毫末；九尺之台，起于累土；千里之行，始于足下。"他认识到事物往往经历从小到大的转变过程，"有无相生，难易相成，长短相形，高下相倾……恒也。"老子对于事物的转化了解得十分透彻，在事物发展的运作当中，他看到了在以人为主导的事态中所出现的"度"的失衡，"多言数穷，不如守中"，"金玉满堂，莫之能守；富贵而骄，自遗其咎。"

老子同样也观察到了在不同规律中演变出来的畸形现象，其大致可分为两方面。从社会的层面来说："天下皆知美之为美，斯恶矣，皆知善之为善，斯不善矣。""大道废……智慧出……六亲不和……国家昏乱。"而大的方面的混乱则归结于小我的行为畸形，如："智者"的泛滥，"五色""五音""五味"令人心发狂，"难得之货，令人行妨"，"妄作自见，自是，自伐，自矜"等。从社会层面来说，这是一种失常和破坏规律的体现。从个人层面来说，这是由于个人心性方面的"遮蔽"，没有"守雌"造成的。这些矛盾以一种对立面出现，是好的方面在转化过程中所出现的扭曲，

而老子同样从转化出发，剖析了事物特性转化中的应有的适中之度，回归本真，以一种更贴近化的摹状词"道"来作为存在的即"万物的合理性"的终极代

表，而在道的隐现中所出现的秩序社会中，老子找到了一种人存在的和谐方式："无为"。老子说："人法地，地法天，天法道，道法自然。"将人与形而上的道联系在一起，而"道常无为而无不为"，道的运行规律便给人以启发，指导人以"无为"之法来顺道而行。

在这样的情况下，人以无为的方式顺从于"道"的最高特性：自然。以无为为法，顺道而行，在有无之间窥见万事万物的规律，从道出发，又复归于道，以"反"使"道"的生机在"无为"中永驻。无为既是老子应对诸多不和谐现象的生存手段，也是使道能够保持生机恒"反"的一种理想的方法。无为，与道相合，而道乃久，因此无为是一种恒常之法，其对于社会现象，个人精神层面均有调和之效。

由此从"无为"在道的思想中一种近乎方法论的角度出发，我们便厘清了"无为"与道的关系，对于"无为"的意蕴可进行深一步的探究。

二、"无为"的真正意蕴

在理解了"无为"在道的思想架构中的作用后，我们可以从"道"的几个特性出发来阐发"无为"的思想意蕴，从"道"的特性来推出人的存在范式，因为"无为"作为形而上的"道"与人发生关联的一大例证，从"道"的特性中吸取了养分。

"道冲，而用之或不盈。渊兮，似万物之宗"指出道体性虚空，生化万物，其中包含道"容"的思想，"天地之间，其犹橐籥乎？"但虚空中又包含着无限的生机，"虚而不屈，动而愈出。"而无为则体现出了"虚空之容"的特点，"无为"强调不刻意地去干某事，强调适中之度，"多言数穷，不如守中"。"无为"在此处可以理解为一种心灵空置的状态，人们在抛弃了心中的杂念与欲念后，方能更好地无不为，"有之以为利，无之以为用。"在此状态下的人可以心明而更好地去"为"。无为实则为大为，正如留白是美的，瓶子空置后才可以装水。

道的"虚空"也包含其守静的意蕴在里面，"谷神不死，是谓玄牝。玄牝之门，是谓天地根。绵绵若存，用之不勤。""不欲以静，天下将自正。""守雌""食母""夫物芸芸，各归其根，归根曰静"，静为无为提供了心灵手段，"无为"作为一种方式，勾连天道与人道，"道常无为而无不为"，"人法地，地法天，天法地，道法自然"则强调的是人如地母般守静，强调一种静的内化，以一种最为适中的心态——"静"来解决过度而不宁的心态。"无为"以娴静为度，观万物演化而不强行干预，顺应其本真状态。在无为之静中，事物自化；在君主的无为之静中，百姓自然顺应；在个人心态修养中，无为之心静则不为名利所困惑；在无为之静中，"不欲以静，天下将自正。"在无为之静中，自然地本性得到回归到"雌"。而正如《管子·心术下》中所言："人能正静者，筋韧而骨强，能戴大圆者体乎大方。镜大清者视乎大明。正静不失，日新其德。昭知天下。通于四级。"而"无不为"的源泉也来自"无为之静"中。

"大道泛兮，其可左右，万物恃之以生而不辞，功成而不有，衣养万物而不为主……以其终不自为大，故能成其大"，"道之出口，淡乎其无味，视之不足见，听之不足闻，用之不足既。"道始终以一种"润物细无声""为之于未有"的姿态运行于万物中。"无为"也强调一种隐然运行的规律，"万物将自化""大音希声，大象无形，道隐无名""为之于无有"，无为似乎在平时的细节中已经"为"了，它是在了解了事物的本质规律的基础上，对于事物的预见性指明，看似无为，实则无不为。

"反者，道之动"强调了道的循环以及生命力与留白空间。"生而不有，为而不恃，长而不宰"，以求持之以恒的发展，而在"无为"这样一种不刻意的行为的适中化，使事物圆满化的完成的背后，是道"反"其自然本性的体现，"无为"是为了更好的"反"，反乃循环，循环乃生机。循环为一个事物在一种舒适状态下的饱满的生存的表现。循环意味着有余力，"无为"是自然，是为自己留有生机空间。

"为学日益，为道日损，损之又损，以至于无为。"道既不刻意做事，认为事物的对立两面皆为自然，不可刻意去破坏其对立面的转化，"圣人……以辅万物之自然而不敢为"，得失，有无，生死，皆为自然的对立面，之间都存在着转化关系，"无为"是为了达到更高层次的有。老子看到有生于无，这不仅意味着"无"空置的状态为"有"所提供的发展空间，更是从侧面，以"反"的方式去辩证过分的有为所存在的破坏存在的平衡性方面的问题，因此以无为来解决有为后的困境，以便更好地去有为，这也是为道日损的一个体现，不断去除杂质，不断刨除有为的过于机械化，强劲化带来的不利影响，所以"损之又损，以至于无为"。

"道生一，一生二，二生三。"无为给予事物演化的空间，在了解了万事万物的规律后，对事物采取"适宜的手段，通过事物的反面出发，以相反的视角看待事物，无为中蕴含的是水一样的生生不息的生命力，水的低处哲学意味着对事物的洞悉和采取的适宜手段："将欲歙之，必故张之；将欲弱之，必故强之……"。《道德经》通篇都渗透着"化"的思想，这些都是"无为"的智慧，即为了"无不为"。也印证了这句话："道家的生活态度使人的生命富有伸缩性，帮助人去承受各种打击而不丧失生活的乐趣。"①

---

① 牟钟鉴：《走进中国精神》，华文出版社，1999 年。

三、"无为"的内容隐射丛

"无为"这个词本身以完整面貌出现在《道德经》中一共有以下几处:"是以圣人处无为之事,行不言之教。"(第二章)"是以圣人之治……为无为,则无不治。"(第三章)"是以圣人无为,故无败;无执,故无失。"(第六十四章)其体现出来的思想内涵与"道"的特性相关联,但我们也应该注意到在《道德经》中那些反复讲到了"无为"之类的以否定形式表达的行为和态度,如第二章"不言"有"不恃""弗居",第五章"不仁",第八、六十六、六十八等章"不争",第十章和第五十一章"不有""不恃""不宰",第二十四章"不立",第三十章"勿矜""勿伐""勿骄""勿强",第三十一章"不美",第三十七章"无欲",第三十八章"不德",第四十七章"不行""不见""不为",第四十八、五十七、五十八、六十三章"无事",第四十九章"无心",第五十四章"不拔""不脱",五十六章"不言",第五十八章"无欲""不割""不刿""不肆""不耀",第六十三章"无味""不为大",第六十四章"不欲""不学""不敢为",第六十八章"不武""不怒""不与",第六十九章"无行""无臂""无兵",第七十二章"不自见""不自贵",第七十七章"不恃""不处""不欲见贤",第七十九章"不责于人"[①]等等。它们作为无为思想的一种隐射意象丛,由老子惯用的一种正言若反的方式来阐释无为在事物属性转化中应遵循的规律,也让我们对"无为"的思想内涵轨迹有了明晰的了解。

从"无为"以及"无为"下出现的隐射内容丛来看,丛中体现了老子"化"的思想。在解决某问题中对立属性的转化时,都强调不刻意去干某事,要求按事物发展的规律行事,例如"骤雨不终朝"等即自然的行事,这里的"自然"指事物自主性的自行运转,这一点在老子心目中的"无为"的君民关系中有深刻体现,君主需要尊重老百姓的独立的自主性,在建立了尊重的基础上,由此更大效率地更好地实现治理,达到真正的和谐与发展,这就是所谓的"希言自然","大音希声,大象无形,大智若愚"等。

由此可见,老子在解决诸多转化过程中的扭曲的手段,其都以"无为"为核心,以求达到"无不为"的境界。最后达到"道"的最本质属性,即"自然"。由上我们可以看出老子的无为思想并非是消极的避世不作为,而是真正的入世哲学,而在静中,又保持了出世的一分"出淤泥而不染"之姿。无为发于自然,又复归于自然。无为使我们与世界以一种合适的方式共处,要求我们尊重客观规律并以静心把握它。这对于当下有极大的反思借鉴意义。

---

① 刘笑敢:《老子之自然与无为概念新诠》,《中国社会科学》,1996 年第 6 期。

四、无为思想的当代意义

"无为"的谦下"长而不宰"意味着我们懂得事物的规律，真正地明白事物的运作的成功与失败间微妙的平衡点，事物发展与停滞的微妙的规律，在"静"的心态下，在"无为"中，我们能"明"，"明"以运作万物，但这种运作并非驾驭，以敬持之，以适宜为上。

当我们以"无为之眼"环顾我们周围的环境时，看到满目疮痍的地球环境时，看到我们自食恶果，我们会对自己与环境间的关系进行反思，看到人类是以怎样的僭越的姿态去破坏本真的永久存在于万物间的和谐状态。

当我们以"无为之心"去感知时，我们便会看到当下的时代中人们因浮躁而产生的虚无感，时代的"信任裂缝"越拉越大，和谐的包容荡然无存。自然的规律处处被破坏和漠视。而在这时，我们在对"无为"有了一个明晰的认识后，我们需要反思。

（杨婧 谢清果）

清静为天下正

在老子《道德经》的主要思想里，"清静无为"占据着重要地位，清静观不仅仅包含着对万物运行规律的解读，也包含着对于个人内心修养的要求，更包含着在人际交往乃至治国理政方面的应用。因此，解读老子的清静观，能够帮助我们正确认识客观世界，培养沉稳平静的心性，恰当处理人际关系和审视国家乃至国际局势。

一、《道德经》对"清"的解读

1. 以静致清

第十五章："孰能浊以静之徐清？"

王弼注："夫晦以理，物则得明；浊以静，物则得清；安以动，物则得生，此自然之道也。"河上公注："孰，谁也。谁能知水之浊，止而净之，徐徐自清也。"吴澄注："浊者，动之时也；动继以静，则徐徐而清矣。"可知当水搅动时会变浑浊，而当水平静下来时，便会慢慢地变清澈。因此，达到"清"的状态需要"静"，即平静、安静的心境。

2. 守一以清

第三十九章："天得一以清。"

王弼注："一，数之始而物之极也。各是一物之生，所以为主也。物皆各得此一以成，既成而舍以居成，居成则失其母，故皆裂、发、歇、竭、灭、蹶也。"又据第四十一章："道生一。"可以看出"一"就是"道"，是万物的根源。而天得到就能"清"，河上公注："言天得一，故能垂象清明。"此处的"清"便指清明澄澈的晴天之景。

"天无以清，将恐裂。"

王弼注："用一以致清耳，非用清以清也。守一则清不失，用清则恐裂也。故为功之母不可舍也。是以皆无用其功,恐丧其本也。"河上公注:"言天当有阴阳、施张、昼夜更用,不可但欲清明无已时,将恐分裂,不为天。"此句意为失去了根源,天空就不再清明甚至分裂,说明要想保持清明,不应"用清以清",即"但欲清无已时",即不应倚仗天空的清明而一直保持清明的状态,应该守"一",即守道,即遵守天空阴晴昼夜的规律,才可成其为天空。由此可知,"清"的最根本的前提就是要得一,就是要守道,就是要遵循万物的本源。

二、《道德经》对"静"的解读

(一)"静"的作用

1. 观复

第十六章:"致虚极,守静笃。"

王弼注:"言致虚,物之极笃;守静,物之真正也。"楼宇烈校释:"'笃',真实、朴实。《老子指略》说:'未若抱素朴以全笃实',即'笃'为'实'意。"河上公注:"得道之人,捐情去欲,五内清静,至于虚极。守清静,行笃厚。"苏辙说:"至虚不极,则有未亡也;守静不笃,则动未亡也。……虚极静笃,以观万物之变,然后不为变之所乱,知凡作之未有不复者也。苟吾方且与万物皆作,则不足以知之矣。"冯友兰说:"《老子》所讲的'为学'的方法,主要的是'观'。……'观'要照事物的本来面貌,不要受感情欲望的影响,所以说:'致虚极,守静笃。'这就是说,必须保持内心的安静,才能实事求是地认识事物的真相。"意思是说,只有达到虚无、宽阔的境界,坚守清静、纯朴的内心,才能在万物反复的运作中静观其变,不为所动,从而认识世界的真理。这是在讲守静的作用。

2. 得生

为何能以虚静观复呢?因为万物的运作都遵循着"道",即第十六章中的"夫物芸芸,各复归其根。归根曰静,静曰复命。"王弼注:"各返其所始也。归根则静,故曰'静'。静则复命,故曰'复命'也。"河上公注:"言万物无不枯落,各复返其根而更生也。静谓根也,根安静柔弱,谦卑处下,故不复死也。言安静者是为复还性命,使不死也。"关于"命",释得清说:"命,人之自性。"卢育三说:"命是万物得以生的东西,在中国哲学中,命与性内容上基本一致,所不同的是在天曰命,在物曰性。在这里,'命'指作为生生之源的道。"由此来看,叶落成泥,人死入土,都是"归根""复命",是消逝、死亡的过程,也是重新繁衍的过程,而这一过程需要柔弱处下,需要致虚守静。这也是在讲静的作用。

3. 治国

第二十六章："重为轻根，静为躁君。"

王弼注："凡物，轻不能载重，小不能镇大。不行者使行，不动者制动。是以重必为轻根，静必为躁君也。"河上公注："人君不重则不尊，治身不重则失神。草木之华轻，故零落；根重，故长存也。轻起政反。人君不静则失威，治身不静则身危。龙静，故能变化；虎躁，故夭亏也。躁早报反。"陈鼓应说："本章说'静重'，评'轻躁'。轻躁的作风，就像断了线的风筝一般，立身行事，草率盲动，一无效准。老子有感于当时的统治者奢恣轻淫，纵欲自残，所以感叹地说：'奈何以万乘之主，而以身轻天下？'这是很沉痛的话。一国的统治者，当能静重，而不轻浮躁动。"这一章里的"根"与第十六章里"归根"的"根"相同，指的是本源，"归根曰静"，因此老子把"静"和"重"并列在一起说，为国家的统治者提出持重守静的建议。这又是从治国的角度揭示了"静"的作用。

4. 外交

第六十一章："大国者下流，天下之交，天下之牝。牝常以静胜牡，以静为下。"

关于"下流"，王弼注："江海居大而处下，则百川流之；大国居大而处下，则天下流之。"河上公注："治大国，当如居下流，不逆细流。"卢育三说："下流，指江海，这是用江海喻大国应处之地位。"

关于"牝"与"牡"，王弼注："牝，雌也。雄躁动贪欲，雌常以静，故能胜雄也。以其静复能为下，故物归之也。"河上公注："牝者，阴类也，柔谦和而不昌也。牝频忍反。"卢育三说："因为雌性静，所以常居下位。'夫物芸芸，各复归其根，归根曰静。'（第十六章）大国以雌自处，常以其静居下位，故为天下所归。"

本章主要是讲如何处理国与国之间的关系，提出了"居下流"的原则，尤其是大国更应该谦下，这样才能实现和平共处。陈鼓应说："'谦下'以外，老子还说到雌静，雌静是针对躁动而提出的。躁动则为贪欲所驱使而易产生侵略的行为。"这一观点恰好呼应了第二十六章的"静为躁君"和第十六章的"归根曰静"，正是雌静，才能防止躁动，才能居于下流而使天下归于己，应用到外交关系上，便是国与国谦让包容。

（二）"静"的条件

1. 归根复命

根据第十六章的"归根曰静，静曰复命"可知，要实现内心的安静，需要"归根"和"复命"，即回归本源。张松如说："老子是以'归根'一词作为'静'的定义，又以'复命'一词作为'静'的写状。如果说'并作'包含着'动'的意思，那么'归'、'复'便属于'静'的境界。正是在这'静'的境界中再孕育着新的生命，此即所谓'静曰复命'。"可见，复归本原既是守静的结果，也是守静的前提条件。

2. 无为

第三十七章："道常无为而无不为，侯王若能守之，万物将自化。化而欲作，吾将镇之以无名之朴。无名之朴，夫亦将无欲。不欲以静，天下将自定。"

河上公注："言侯王若能守道，万物将自化效于己也。吾身也，无名之朴，道也。万物以化效于己也，复欲作巧伪者。侯王当身镇抚以道德。言侯王镇抚以道德，民亦将不欲改，当以清静导化之也。如是者，天下将自正定也。"关于"无为"，范应元说："虚静恬淡，'无为'也。天、地、人、物得之以运行生育者，无不为也。"冯友兰说："老子认为，从道分出万物，并不是由于'道'的有目的、有意识的作为；道是无目的、无意识的。他称这样的程序为'无为'，他说：'道常无为而无不为'；就其生万物说，'道'是'无不为'，就其无目的、无意识说，'道'是'无为'。"

本章的重点在于"无为"，王弼注："顺自然也。"统治者顺其自然而不加干预，万物便能自我化育，万物生长而贪欲并作时，便要借用"朴"即道的真朴来安定，如此便不起贪欲，从而实现清静，最终使天下安宁稳定。

第五十七章中的"我无为而民自化，我好静而民自正"也是同样的道理，都体现了老子无为而治，清静自然的治国理政思想。因此，静的另一个前提是"无为"。

三、老子的"清静"观

第四十五章："清静为天下正。"《尔雅·释诂》："正，长也。"河上公注："能清静，则为天下长，持正则无终已时也。"由此可知，清静是万物绵绵不绝地延续的前提。但蒋锡昌说："'正'者，所以正人也，故含有模范之义。"他认为"正"指的是规范和准则。但第十六章已交代过："归根曰静，静曰复命。"清静使得世间万物按照"道"循环反复、生生不息，因此把"正"解释为仅仅针对人的规范有失偏颇，此处的"正"应与"根""命"同义，即根源和本性，即"道"。"清静"二字只在这一章完完整整地出现，也只在这一章被上升到了"道"的高度，所以这一章是对"清静"的总说。

综上，笔者把老子的清静观总结为：

是什么——清静与"道"相契合。

怎样做——要通过内心的平静和对道的遵守实现"清"；要通过归根复命、无为和守道实现"静"。

　　为什么——清静能使人修身养性，不为外物所扰乱；使人把握世界的真相和规律；使万物生生不息、循环往复；使国家太平、人心安定；使国与国互相谦下包容，世界和平。

（戴自真　谢清果）

柔弱胜刚强

鹤发童颜、仙风道骨，老子骑着青牛，来到函谷关前。关令尹喜斋戒问道并请老子著书，以惠后世。老子乃于楼观之上著道德五千言授之，遂去，莫知其踪。而他的《道德经》以朴素的辩证哲学思想，照亮了中华五千年璀璨文明。而柔弱胜刚强是《道德经》的基本思想之一。笔者欲由守柔守弱之道浅析道家哲理智慧。

在通行的王弼本《道德经》中，"柔"字共出现 11 次，"弱"字共出现 10 次，其中关于柔弱的阐述，共出现 7 次。"柔"，它的含义有植物初生而嫩，软，不硬，软弱，与"刚"相对。"兵强则灭，木强则折。坚强处下，柔弱处上。"（第七十六章），老子从军事和自然的角度以观柔弱之智。木强则折是指质地硬的木材容易脆裂折断。比喻一味强硬反而会招致失败。木柔，则可曲直也；木强，易形则折。兵强则灭意思是依恃军队强盛则毁灭。"兵者，凶器也。"老子加"圣人不得已而用之"于其后。"以道佐人主者，不以兵强天下"（第三十章），老子的和平厌战思想深刻于中华五千年文明中，历久弥新，当代中国建设中国特色社会主义，中国国力日益增强，中国承诺：中国无论发展到什么程度，永远不称霸，永远不搞扩张。坚持和平发展道路，推动构建人类命运共同体。

柔弱之智在当代仍指导着我们不断前行，为此笔者拟从三方面浅析柔弱之道。

一、柔弱之智——为人哲理

柔弱不争是大道的至高境界。"天下莫柔弱于水"（第七十八章），水至柔也。"上善若水，水善利万物而不争，处众人之所恶，故几于道"，水柔弱能方能圆而不与万物争利，处低处默默奉献。而这种柔弱不争正是一种谦卑包容，淡泊致远的立世之道。

现代社会物欲充塞，若一味争利逐名，则许多政策工程都流于形式，过于表面化。世间熙熙攘攘，柔弱不争并不是消极待世，碌碌无为，而是我们有所追求，但是我们能在物欲横流中不忘初心，砥砺前行。不要走着走着却与初衷渐行渐远了。

"自见者不明；自是者不彰；自伐者无功；自矜者不长"（第二十四章），刚愎自用，自以为是，往往给自己招来不必要的灾祸，只有守柔不争，谦下方能成其德能。

"非淡泊无以明志，非宁静无以致远"，以守柔不争处世，我们可以真正地认清目标和方向，做到谦卑包容，我们才有更大的空间来完善自己。"守柔处下"是一种韬光养晦，能屈能伸的品质，从而后发制人，得到"后其身而身先，外其身而身存"（第七章）的效果。法国帕斯卡尔曾说："思想形成人的伟大。人只不过是一根苇草，是自然界最脆弱的东西；但他是一根能思想的苇草。"人本脆弱，难抵自然的狂风暴雨，难料天灾噩运。可人能常存天地间，正因为我们能思想，懂得柔韧，会守柔而不争。与自然和谐相处，守柔而不争方是长久之道。

在当代便是构建生态和谐的社会，实现可持续发展。我们摒弃工业革命时期一味地征服自然，战胜自然的观念，不会一言不合就移山，一言不合就烧林。我们提出了"绿水青山就是金山银山"。守柔处下，我们才能发现自己更多不足，才会有知足常乐的淡泊宁静，才会有"白发渔樵江渚上，看惯秋月春风"的从容心境。

二、柔弱之智——治国之道

"柔弱胜刚强"（第三十六章），《诗经·小雅·巧言》："荏染柔木，君子树之。"柔，韧，可曲直而不折也；非软弱无力。胜，优于而非战胜。

然柔弱何以能胜刚强，陈鼓应说："老子对于人事与物性做深入而普遍的观察之后，他了解到：看来'柔弱'的东西，由于它的含藏内敛，往往较富韧性；看来'刚强'的东西，由于它的彰显外溢，往往暴露而不能持久。所以老子断言'柔弱'的呈现胜于'刚强'的表现。老子的'柔弱'，并不是通常所说的软弱无为的意思，而其中却含有无比坚韧不克的性格。"（《老子今注今译》）

而此柔弱之智正为治国安邦之道。"邦之利器不可以示人"（第三十六章），正是要守柔，不可一旦邦有利器，则示之于人，彰显外溢，用兵恃强则难常存。《司马法》曰："国虽大，好战必亡；天下虽安，忘战必危"，故治国忌赖兵强，需守柔贵弱。若国治重兵，则少美政多刑罚。像秦始皇"执敲扑以鞭笞天下，威震四海"却"废先王之道，焚百家之言，以愚黔首；隳名城，杀豪杰；收天下之兵，聚之咸阳，销锋镝，铸以为金人十二，以弱天下之民"，此重兵严苛之举，不能久也，故"山东豪俊遂并起而亡秦族矣"。

"天下莫柔弱于水，而攻坚强者莫之能胜"，统治者治国安民应效法水的柔弱处下而利万物。统治者应善美政，润物无声，无为而大治，膏泽万民而不自矜，像水一样"受国之垢""受国不祥"，方能致尧舜之治。"故居上而民不重，居前而民不害，天下皆乐推而不厌也"（第六十六章），"以道莅天下"（第六十章），方能不战而屈人之兵。

人民是历史的主体，当代中国，党和国家坚持为人民服务的原则，甘做低处之水，以造福百姓为宗旨，虽不自矜，然居其位，而众星拱之。

三、柔弱之智——天道自然

大道哲学微妙难明。柔弱是大道玄德作用的特殊体现，"出于无有，入于无间"（第四十三章），柔弱含天道自然之理。"弱者，道之用也"（第四十章），"弱"是"道"的表现形式。《辞海》：弱，年少也。弱似婴儿，"抟气至柔"（第十章），冲气以为和，新生事物具有蓬勃的生机，人生之朴也；弱如流水，守柔不争而天下莫能争也。

"人之生也柔弱，其死也坚强。万物草木之生也柔脆，其死也枯槁。故坚强者死之徒，柔弱者生之徒。强大处下，柔弱处上。"（第七十六章）万物草木之初生，精之至也，和之至也，柔之至。而及死则失其冲和之柔韧，枯槁易折。宋常星说："观天之道，春夏则为强，秋冬则为弱"，而天道自然，冬去春来，循环往复，故至弱则强，至强则弱。

柔弱者，物之新生者也，它是不可战胜的，具有蓬勃生机，蕴含充沛的生命力，依自然之道向前发展。枯槁者，物之生气已尽也，即使庞然大物，却无一丝生气，任人摆弄玩偶而已。老子认为大道之强，实亦至柔，乃百炼成钢化为绕指柔也。老子比较常见草木初生与枯槁和人的生死来阐述"坚强者死之徒，柔弱者生之徒"，柔弱与刚强，两者是相互对立的关系，可以统一于事物的发展进程之中。

庄子《齐物论》说"方生方死，方死方生"，是指万事万物正在不断地出生成长，也在不断地死亡消失。任何事物在其新生的时候都是柔软和弱小的，事物生长的过程也就是由柔弱转为刚强的过程。同时，在老子看来，柔弱是胜过刚强的，因为柔弱蕴含着广阔的生命力，其气不散，能抟以为和，具有广阔的发展前景，而与之相反，刚强则是事物走向死亡的前兆，看似刚强，其气易散，其实已经包含了灭亡的趋势。

守柔处弱是天道自然的体现，"万物负阴而抱阳，冲气以为和"（第四十二章），这是一种辩证的思维模式，具有一定的朴素辩证法色彩。而范应元说："冲气以为和，故柔弱也。"自然万物都在向死而生的过程中，只有守柔处弱，顺应天道，才能致精之至，和之至也。

总而言之，守柔处弱之道，不是消极避世，而是一种柔韧谦下的处世哲理，一种无为而治的治国之道，一种顺应自然的发展之道。

（唐芙蓉　谢清果）

见素抱朴以守真

　　笔者从"朴"字本义出发，以《说文》及段注为引，重视先秦名著尤其是《道德经》对于其字义的开拓，综合考量"朴"在《道德经》中的六处运用及具体字义在不同语境下所发生的形变，坚持"以老释老"的原则，以通行的《道德经》注释为蓝本，探讨三种概念层面上的"朴"字涵义，对《道德经》中与之相关的处世之道、哲理观念进行一个较为个人化的论述。

　　追根溯源，古汉语中早有"朴"之一字，且常与"樸"字互为通假，含义上二者略有区别。《说文·木部》中以"木皮"注"朴"字，进一步引段注则有"厚木皮"之义，与现代汉语中的引申义"朴素""质朴"等相去甚远。究其字义发展的规律，不得不重视的是，正是包括《道德经》在内的先秦著作对于"朴"字内涵的深刻阐释，进一步扩大了它的语义范畴，也让"朴"在千年的文化积淀中，逐渐上升为有广泛认同感的民族品质和人格标准，也成为道家审美体系和价值观念中不可或缺的成分。

　　尽管"朴"字仅在《道德经》中的六章有所出没（分别为第十五章、第十九章、第二十八章、第三十二章、第三十七章、第五十七章），在出现数量上难以企及"道""无为"等核心词汇，但"朴"字在《道德经》中的地位却不可忽视，学界多认可"朴"字作为"道"的譬喻或指称而存在[①]，由具体的事物现象提炼出一般自然规律是《道德经》的拿手好戏，"朴"字也并不例外，尽管出现了与"器"实际相对应的用法，但这里的"器"亦并非指具体的某样器物。总体来说，在《道德经》对于"朴"字的运用上，抽象大于具体，整体大于局部，褒大于贬，个人化的解读大于广义化的语境。

　　尽管现代汉语吸收采纳了其中部分外延，但一旦脱离《道德经》或撇开道家审美体系谈"朴"，其释义就会呈现出水土不服的状态，故而笔者坚持"以老释老"

---

① 白杰：《老子"朴"哲学的精神反思》，《商丘师范学院学报》，2017 年第 4 期。

的原则，综合多注本进行解读。

一、朴之本义

《道德经》第三十七章，王弼本有"无名之朴"，帛书甲本作"无名之握"，帛书乙本作"无名之樸"。[①]这里的"无名之朴"对应"有心之欲"，以"无名之朴"镇压"有心之欲"，"此教人君乘流救弊之意也……故虽无名之朴，可用而不可执，况有名乎？"[②]老子以"无名之朴"作为对侯王的善意谏言，就解字的角度来说，"无名"与"道"基本互通，大道的根本即是无名，老子进一步用"朴"的本义来形容"道"的基本特征，即像未雕琢的树皮一样浑圆自然，那么从某种角度上来说，"朴"与"道"也有共通之处。

在"天道"到"人道"的动态过渡之中，老子阐述了其独特而超脱的政治观与社会观，他希冀于侯王"守道"，用道的朴素纯简遏制住纷繁复杂的欲念，从而达到天下自定的静态结果。另外，尽管书中描述的行政理念看起来是超现实的，单就其内容本质而言，依旧是围绕现实的手段和目的展开论述，在今天的政治环境中仍然具有较大参考价值。

二、朴之品性

在前文所提到的《道德经》一半篇幅，即三章内，"朴"都被用来直接形容于人，具体到篇章即为第十五章、第十九章、第五十七章，落实到主体则为"士"与"民"，即得"道"之人与一般百姓。

在第十五章中，老子先言明"道"是一种微妙高深的超验存在，得"道"之士亦是"深不可识"，故而从七个真实可感的角度将他的人生论阐发开来，其中"敦分其若朴"句，河上公注曰："敦者质朴，朴者形未分，内守精神，外无文采也。"结合老子的个人身世，他从在东周为官到流放至鲁国的数十年间，一直深受贵族阶级的压迫，他对于得道者有这样一种恪守纯真的心境要求也并不奇怪，置于熙熙攘攘、逐利而来的人世，老子所描述的不事雕琢的理想人格，也有着突破性的意义。

在第十九章中，老子提出"见素抱朴"，不染色的丝为素，不雕琢的木叫朴，朴与素互证其义，"抱"即保持，关于"见"字，高亨译为推重，杨忆译为"现"，即显现，笔者认为皆可说得通。第五十七章中，老子提出"我无欲，而民自朴"，"我"即前文所论述的得道者，与民相对，"无欲"与"朴"相应。这两章都是老

---

①　黄友敬：《老子传真》，（香港）儒商出版社，2003年，第310页。
②　憨山大师：《老子道德经解》，（香港）香港佛经流通处，1997年，第96页。

子的政治论，第五十七章还包含了较为抽象的军事论，一向争议较大。统一来看，老子并不将执政者与民放在对立的位置上，而是注重前者对后者的引导作用，他们之间以"道"为联系，以"朴"为品性特征，由上而下共同组建出一个哲学观念的认同体，或者说是理想国。比起以血缘、区域等要素构建的现实社会，老子所谋确实较为远大，如婴儿般的"朴"之品性虽然说起来极其简单，但实际是对人民的道德水平做出了一个极高的要求。

直至今天，我们仍然会用"朴素""质朴""淳朴""朴实"等含有褒义性质的词汇形容他人，尽管老子的政治理想很难在千年后达到完整的实现，但"朴"也成就了中华民族共同精神品性的一环。由于时代变化，社会更迭，语境流变，《道德经》中论述的主体与前者有不少出入，但是值得肯定的是，在以"朴"形容人格品性这一角度上，《道德经》完成了普世化的审美熏陶。

三、朴之状态

这一层面的涵义属于《道德经》中对于"朴"字最晦涩的应用，也是笔者所言，一旦离开道家哲学体系，必然水土不服的一层概念。

第二十八章有"朴散则为器"与"复归于朴"之语，王弼在《老子道德经注》中注曰："朴，真也，真散则百行出，殊类生，若器也。"[1]器即现实世界的具体实物，但这并非以为着"散为器"的"朴"就是非实体的存在。

在老子的本体论与宇宙观中有世界起源于混沌的论证传统，但是混沌并非死水一片，混沌的运动伴随着分解与回归，"朴"与"道"一同作为"幽微深邃的混沌状态"[2]，创化天地，构成宇宙自然，在运动中才产生了黑白、雌雄、荣辱等二元对立，河上公章句中还有阴阳、施张、存亡的对立，这类对立客观存在、自然形成又并非静止不动、遥遥相峙，而是存在着辩证取舍、彼此转化的内部演变。

这样一个无处不有、无物不包的微观状态下的"朴"，才有了第三十二章中的"虽小，天下莫能臣也"的赞语，关于这一点的佐证，蒋锡昌也有朴即无名、朴即万物之始的论断，极言"朴"在《道德经》语词中的重要位置。

从"朴散为器"到"复归于朴"，老子提倡返璞归真，却并非鼓吹蒙昧，崇拜野蛮，"朴"落实到人格容器上是"婴儿""赤子"，落实到政治手段上是"无为"，落实到主观认识上是"无名"，结合具体历史来看，就是否定当代社会，要从周以来的人类文明成果回归创造一切的原初生命力上来。老子的担忧并非无的放矢，在历史上也有例可循，一旦人类的理性过分流于器物层面，必然就会产生道的异

---

① 王弼：《老子道德经注》，中华书局，2011年，第75页。
② 赵西洋：《道家之"朴"的审美意蕴研究》，广西师范大学硕士学位论文，2013年，第11页。

化，周朝的礼乐制度固然是文明史上的进步，但也给人民带来了天性的枷锁。要克服这种状态，就必须从道混沌一体、兼无与有的特征入手，提倡人类本真的创造力，在世间洪流中解放生命，保全自我的独立人格，即对于"朴"最高境界的解读。

（乔含引　谢清果）

不知善之为善的德善

在《道德经》中，"善"既可作名词或形容词用，也可作动词用。作动词用时，意为"擅长"；当作名词或形容词用时，其意义则不尽相同。"善"在《道德经》中不仅仅是一个伦理学概念，更多的是对人类理想生存状态的一种论述。与"道""德"二字相同，"善"在《道德经》的含义不同于它在儒家经典中的含义。笔者将从历代对《老子》中"善"字的注释以及儒道两家"善"的概念的对比，来探求《道德经》中"善"字的具体含义。

一、善与功利

"善"字首先出现于《道德经》第二章，老子感叹道，"（天下）皆知善之为善，斯不为善矣"。河上公注曰："有功名也，人所争也"，意思是当"善"成为一种功名而被人们所追逐时，它便走向了堕落。在老子看来，通常所说的"善"（如儒家的仁、义）都是"道""德"的堕落（"失道而后德，失德而后仁，失仁而后义"），因此老子告诫人们不能汲汲于这种功利性的"善"。王弼注解道："美恶，犹喜怒也；善不善，犹是非也。喜怒同根，是非同门，故不可得偏举也。"这同样是在告诫人们不可过于偏执性的追求"善"。

老子指出，通常意义上的"善"是相对而存在的，善与恶的相差是不远的（"善之与恶，相去若何"）。因此"善为道者"必须追求更高层次的善——也就是与"道"相近的善。

在第八章中，老子用水来形容至高的"善"（"上善若水"），并认为其最为接近"道"。"水善利万物而不争"，说明至善的无功利性，如水一般滋润万物而不和万物相争。不仅如此，水还谦卑处下。之所以说"几"，在于"道"是无名，而水是有名。上善如同水一般，"水深空虚，渊深静明"，说明上善之人的心如同水一般深邃清澈；而上善之人处事，则是"能方能圆，曲直随形"，行动如水一般"应期而动,不失天时",与世俗的、功利性的"善"形成了鲜明的对比。在老子看来,上善之人是无为的,虽身处低处,而润泽一切。在这里,老子提出善并非高高在上让人仰视,而是处于卑下之位,这无疑是对当时一般道德观念的反叛。《道德经》第四十九章中说道,"圣人常无心,以百姓心为心",从另一个侧面表示了"善"并非统治者的的工具,而是存在于百姓之中。

二、善与教化

中国文化是注重教化的文化,不唯儒家重视对人的教化,道家亦同样重视,老子说:"善者吾善之,不善者吾亦善之,德善。"(《道德经》第四十九章)。但与儒家主张通过礼教伦常来教化百姓不同,老子的教化方法更显宽容。对待善者,老子主张要以善良对待他们;对于不善之人,老子主张亦要用善良去对待他们,以期感化他们。善良的人也要有一定的觉悟,去帮助"不善人",为"不善人"提供借鉴。但善人不能居功自傲,而应当如水一般"利万物而不争,处众人之所恶",从道而行,才能使百姓复归于淳朴,社会走向安宁。

在老子看来,"善"是以"道"为根基——"道者,万物之奥,善人之宝,不善人之所保。"(第六十二章)。"道"是万物的庇荫,不仅为善人所珍视,不善人在危急时刻也是凭它保住己身。老子并没有提出过明确的人性学说,但毫无疑问的是,老子并没有认为人性有高低贵下之分,从"道"的角度来看,圣人和百姓都是平等的。对于不善之人,也不能弃之不顾,放弃希望。唐玄宗注解道,"不善之人,亦在化之而已,何弃遗之有?"虽是从君主的角度来阐释,但也反映了老子平等的道德教育观念。

在老子看来,"天道无亲,常与善人"。这句话似乎有一些矛盾:既然"天道"不像人那般有感情,为何又会帮助善人呢?吴澄对此解释道:"圣人虽无心于为善人,而天常为之,……然天之奸恶、佑善,岂若人之有心哉。恶者必祸,善者必福,理之自然而然尔。"说明天没有感情,但不善者逆自然而行,所以会遭祸;而善者依道而行,故能得到福祉。陈鼓应先生则进一步解释道:"'天道无亲',和'天地不仁'(第五章)的观念是一致的,都是非情的自然观。人的心里常有一种'移情作用',……老子却不以人的主观情意附加给外物,所以说自然的规律是没有偏爱的感情。所谓'天道无亲,常与善人',并不是说有一个人格化的天道去帮助善人,而是指善人之所以得助,而是他自为的结果。"这也从另一个角度证明了"善"必须依从道而行。老子笔下的"天"不像周书中的"天命"那样具有人格化色彩,因此老子笔下的善人也不似儒家那般将"天"视作道德的评判者,而是与道亲近,自然而然地生活,从而达到至善。

从上文的分析可以看出，老子所主张的"善"是以"道"为渊源的，"善人"是依道而行的，因此老子的教化方法也是依道而行，主张无为。老子虽然重视圣人的示范作用，但依然将"道"视作使百姓归于"至善"的终极途径，所以对"善"的教化也要以无为的方式进行。

三、善与纯朴

老子思想中关于善的另一经典表述是："善者不辩，辩者不善。"河上公注释道："善者，以道修身也，不彩文也。辩者不善。辩者，谓巧言也。不善者，舌致患也。"善者的言行，止于大道，符合事实，所以不必以文辞加以修饰；而不善者由于得道不深，反而以言行加以掩饰。老子接着说道："天之道，利而不害；人之道，为而不争。"善人遵循天之道和人之道，因而能利物而无害，施为而不争夺；而辩者则不明白这一点，总想着去争辩胜负，逞一时口舌之快，因此离道越来越远，离"至善"越来越远。善者虽不以言辞取胜，但却比辩者离真理更近一步。

基于同样的道理，老子认为，"善行无辙迹，善言无瑕谪；善数不用筹策，善闭无关楗而不可开，善结无绳约而不可解（第二十七章）"。尽管此处的"善"字作动词解，但同样反映了老子主张自然无义之思想。王弼注曰："顺自然而行，不造不始，故物得至而无辙迹也。顺物之性，不别不析，故无瑕谪可得其门也。因物自然，不设不施，故不用关楗绳约而不可开解也。此五者皆言不造不施，因物之性，不以形制物也。"由此可见，老子笔下的善行、善言、善数之人亦是遵循大道，顺从自然，复归于纯朴者，如此方能直达本质，不为外物而滞，将平凡事做到极致。老子接着说道，"是以圣人常善救人，故无弃人，常善弃物，故无弃物。"王弼解释为，"圣人不立形名以检于物，不造进向以殊弃不肖，辅万物之自然而不为始，故曰无弃人也。不尚贤能，则民不争，不贵难得之货，则民不为盗，不见可欲，则民心不乱。"同样是要求人们复归于淳朴，舍弃外在的贪欲，顺从自然之道。圣人之所以善救人，便在于明白了这个道理。这两句中的"善"虽然做动词用，但同样反映了老子返朴归真的追求。在老子看来，如果不舍弃外在的文饰和欲求，不遵循自然纯朴之道，是很难将事情做到极致的。唯有舍弃外在欲求，遵从自然规律，使心灵变得纯粹宁静，才能直达事物本质，做到真正意义上的"善数""善言""善行"。

综上所述，老子笔下的"善"字具有多重含义，既有伦理学上的意义，也有形而上学上的意味。当"善"字是指世俗人眼中的善时，老子是加以批判的，因为这种善不过是道德的堕落，不是真正的善；而老子笔下真正的善，则是顺从自然，遵循大道的善。这种善与道相近，如水一般滋润万物而又不居功自傲，成人之美而不成人自恶。老子希望天下之人都能顺从自然，摒弃外在的名利欲求，达到这种"至善"，自然而惬意地生活着。因此，我们可以说，老子笔下的善，既体现了中国传统文化的求善精神，又为其增添了新的思想内涵，为人们理解和实践善提供了一个新的角度。理解老子笔下的善，将为我们今天社会建设提供启迪，为建设社会主义和谐社会提供帮助。

（王梓赟　谢清果）

明白四达守无为

"明"是《道德经》中的关键概念之一。下面，笔者将围绕"明"字出现的章节，逐一加以分析，以期与读者一同探讨"明"的真义。

一、明白四达，能无为乎?

《道德经》第十章的意思是说：精神和形体合一，能不分离吗？ 聚结精气以致柔和温顺，能像婴儿的无欲状态吗？ 清除杂念而深入观察心灵，无为的规律吗？感官与外界的对立变化相接触，能宁静吧？ 明白四达，能不用心机吗？让万事万物生长繁殖，产生万物、养育万物而不占为己有，作万物之长而不主宰它们，这就叫作"玄德"。赤子"也就是"婴儿"。老子赞美"婴儿"，是因为"婴儿"从未受尘世的污染，无知无欲，最为纯真朴实，完全合于自然无为的"道"的特性，这就是老子所推崇的最高的"德"。

高亨说："灵魂外驰，神与身离，道家大忌。故曰：'载营魄抱一，能埏埴以无离乎？'"(《老子正诂》)

王弼说："专，任也。致，极也。言任自然之气，致至柔之和，能若故有之婴儿之无所欲乎，则物全而性得矣。"(《道德真经注》)

司马光说："善爱民者，任其自生，遂而勿伤，能不劳而成。"(《道德真经论》)

杨柳桥说："(天门开合)这是指的天地间的阴阳相推、变化无穷的自然现象。就是《周易·系辞传》所谓'阖户谓之坤，辟户谓之乾，一阖一辟谓之变'的道理。"(《老子译话》)

陈鼓应说："这一章着重在讲修身的工夫……有时那他简单的故事或一句话可能达到醍醐灌顶、天门开启之效。有一次，笔者讲了一个故事。一天，小和尚问老和尚得道之后与得道之前有什么不同。老和尚想了想，一边拿起手边的水壶去装水，准备煮沸后喝，一边说：'在得道之前，为师煮水的时候总是想着做饭的事，做饭时却又总想着煮水的事；得道后，为师煮水时就想着煮水的事，做饭时就想着做饭的事。这就是得道前后的区别。'简简单单的一个故事说完后，我的学生豁然开朗，说很符合他。"这一思想在后来道家思想的发展中，得到长足的发展，诸如"若一志，无听之以耳而听之以心，无听之以心而听之以气，师止于耳，心止于符。气也者，虚而待物者也。唯道集虚。虚者，心斋也。"（《庄子·人间世》）"天气不和，地气郁结，六气不调，四时不节。今我愿合六气之精以育群生，为之奈何"（《庄子·在宥》），就是具体说明。老子强调，个人通过养气，不仅可以达到自身内在心境的愉悦宁静，而且也是投身拥抱外物的必要前提条件。

更重要的是涤除杂念。人在现实社会里存在，对社会上"众人熙熙""俗人昭昭""俗人察察"不可能无动于衷，要保持自己的清醒和平静，必须时常审视自己的行为。人不是神，一尘不染是不可能的，也是不可提倡的，因为，对具有七情六欲的人而言，这么要求是不合理的。因此，必须立足现实，采取宽容的对策来对待人。具体而言，就是人必须时刻清洗自己人性上的污垢，以纯洁自己的心思。人们每天不能专心做任何事，只知道不断分身再分身，仓促应付各种事，各种事情都没有做好，现在知道问题的症结了，天门开了。

二、知常曰明

第十六章的意思是：尽可能地使自己显得虚若无有，尽可能地保持清静，在事物波起云涌似的事态演变中，我们可以因此而观察它们的循环反复。事事物物虽然纷纭繁杂，但它们都可以归结于它们的根本。归结到根本它们就显示出始终如一的清静，这就叫作恢复到"本来"，懂得恢复"本来"就叫作达成了生存的恒常，懂得达到生存的恒常就叫作明白于道。不懂得达成生存的恒常而胡作非为，就会充满凶险。懂得达成生存的恒常就能雍容裕如。能雍容裕如就能得到众人的拥戴，得到众人的拥戴就可以统摄全局，统摄全局就可以像天一样，像天一样就可以进而像道一样永久存在，终身没有危险。

体道悟道既是一种身体力行的实践活动，又是一种理想。老子在这里讲的"致虚守静"的功夫是道家修炼的根本法门。虚静的根本是"归根"与"复命"，少私寡欲，不断消除自己的心机和成见，损之又损，以至于无为；同时让自己的思想境界复归于上古至德之世。《庄子·天地》描写上古至德之世："不尚贤，不使能；上如标枝，民如野鹿；端正而不知以为义，相爱而不知以为仁，实而不知以为忠，当而不知以为信；蠢动而相使得，不以为赐。"体道之士满怀着对上古至德之世的向往，以守静致虚来排除心中欲念，追求长生久视之道。《庄子·在宥》："万物云云，各复其根。"河上公注："得道之人捐情去欲，五内清净，至于虚极。守清净，行笃厚。"王弼注:"动作生长。以虚静观其反复,凡有起于虚,动起于静,故万物虽并动作,卒复归于虚静是物之极笃也。"

把一些道理理想清楚,才会产生包容、宽容的心;有包容、宽容的心,才有可能做到公正、公平、公开,做事正派,其它亦如此说,把一些道理想清楚的"知"很重要,"知"对,行则可对;知错,行必错。孙中山先生所说的"知难行易"从这个角度来说是有道理的。或者说,理论很重要,理论指导错误,行动会错得更远。

把一些道理想清楚,就需要"虚极""静笃"的功夫。老子的"致静""复命""知常"思想表达了事物运动的否定之否定规律。人们只有虚心观察万物循环往复之变,才能找出规律,发现行动方向,对自己怎么做事、做什么事、为什么做事有明确的认识和了解。"复"是老子哲学的重要概念。《说文解字》曰:"復,往来也",即复返、回归、反复的意思。张岱年说:"事物在一个方向上演变,达到极度,无可再进,则必一变而为其反面,如是不已。事物由无有而发生,既发生乃渐充盈,进展以至于极盛,乃衰萎堕退而终于消亡;而终则有始,又有新事物发生。凡事物由成长而剥落,谓之反;而剥落之极,终而又始,则谓之复。反即是否定。复亦即反之反,或否定之否定。一反一复,是事物变化之规律。"但是,复返不是万物变化发展实践过程的简单重复,不是事物轨迹的简单重演,每次都必然是创造性的实践,正是这种创造性编织着万物万事演绎的崭新图画。①

就个物而言,都存在着复返的问题,复返的目的地无疑是自己生命的本根即"归根","归根"就是"复命",即回归到生命的本源状态。在宇宙万物的视域里,个物的本源状态自然具有鲜明的个性特征,存在属于无法复制的个物本性节奏的旋律。尽管如此,万物个性节律连接着一个共生源,这就是"道",所以,个物必须在与"道"的谐和中实现属于自身节律的音乐演奏。"复命"是生命的回归,是生命火种的再燃,是生命价值再实现的开始;在宇宙的视野里,万物切实的实践和实现"复命",无疑将是宇宙生物链平衡的必要因素。所以,这就称为"常"即常备不懈,而宇宙万物的可延续性就是在这常备不懈的变奏中完成的,因此,认识这种常备不懈是明慧的举措,在细节上,这也是个物"复命"的必须;如果不知道常备不懈,宇宙生物链和人类生态链的平衡也就无所附丽。在此基础上,老子提出了"归根""复命"说。就万物来说,从荣到枯,最后终归寂灭;就人来说,从小到大,最后终归死亡。可见,寂灭空无就是万物的原始,万物的本质,也是人之性命的本真。而内心的躁动,物欲的膨胀,以至各种机巧诈伪的泛滥,都背

---

① 许建良:《〈道德经〉的图谱》,上海三联书店,2014年,第46页。

逆了自然之道，蒙蔽丧失了性命的本真。有"致虚""守静"，才能"归根""复命"保有性命之真，回归自然之道。

苏辙说："万物皆作于性，皆复于命。虽止动息念以求静根：涛澜之生于水，而归于水。苟未能自复于性。也，非静也。故惟归根，然后为静。命者，性之妙也。性可言，至于今则不可言矣。易曰穷理尽性以至于命，圣人之学道，必始于穷理，中于尽性，终于复命。"（《老子解》）

陈鼓应说："'虚''静'形容心境原本是空明宁静的状态，只因私欲的活动与外界的扰动，而使得心灵蔽塞不安，所以必须时时做'致虚''守静'的工夫，以恢复心灵的清明。"（《老子注译及评介》）

福永光司说："此一复归思想，在中国哲学史上，便形成了两种特征性思想。其一，就人的内在的主体性实践性这一方向作复归。人心原本清净圆满，因后天种种欲望与知识而被骚乱，故应舍弃人欲以复归其原本的清净圆满；此唐李翱及其承继者宋学之复性说可为其代表，而中国佛教与道教之修养论，亦可谓在基本上亦立于此一立场。其二，就古今此一时间之推移，作历史方向之复归。以'过去'为'道'之完全实现之至德之世，'现在'为堕落下降之不完全时代，自不完全的'今'复归于完全的'古'；此即所谓复古或尚古思想，儒家之信尧舜禹汤之世为圣人实在之世，而冀复归于彼古圣之道，可为最好代表。"老子之复归思想，实兼此二方向。而尤其不可忽视的，是他所属示的二方向是属原型的。"（《老子》）

任继愈说："古代唯物主义的哲学家都主张在认识过程中尽量抛弃主观成见，冷静地观察事物。《荀子·解蔽篇》'虚壹而静'的道理，与本章的"致虚极，守静笃"互相参看。（《老子今译)》）

三、不自见故明

第二十二章"曲则全，枉则直，洼则盈，敝则新，少则得，多则惑。是以圣人抱一，为天下式。不自见故明，不自是故彰，不自伐故有功，不自矜故长。夫唯不争，故天下莫能与之争。古之所谓曲则全者，岂虚言哉！诚全而归之。"本章的意思是说，能柔曲因应则能自我成全，懂得枉屈绕行则能迅捷直达，能不断地凹陷成洼则能不断地自我充盈，懂得护守现成的稳定则能得到真正的逐渐更新，少取则真得，贪多则反而导致自身的混乱。因此，圣人浑融一体而为天下前行探路。不执着于成名，所以能明于道；不自以为是，所以能明辨是非；不自我夸耀，所以能多有事功；不自我矜持，所以能长远在途。因为他不执着于名而与人争，所以天下没有人能把他作为对立面而与他争。古时候所说的"能柔曲因应则能自我成全"等道理怎么会是空话呢？它实在是一个很全面的概括。

人不固执已见才能看得分明，人不自以为是才能是非彰；人不自我夸耀才有功效；人不自高自大才能长久不衰。正因为不与别人争利益而获得民心，所以天下就没有人能争得过他。古时所说的这些以委用的方式保全等话，怎么能是空话呢！真正能全部做到它，就能赢得天下归。

《庄子·天下》："已独曲全"，同于《道德经》第二十二章"曲则全"。河上公注："曲己从众，不自专，则全身也。"王弼注："自然之道，亦犹树也，转多转远其根转少，转得其本，多则远其真，故曰惑也，少则得其本，故曰得也。"不争指的是在看透人生之后的坦然心态，合法的竞争、正常的争夺恰恰是生活充满活力的源泉。在不争心态下进行的合法竞争、正常的争夺才是合法的竞争、正常的争夺；相反，如果在争的心态下进行合法的竞争、正常的争夺就很难排除非法的手段、非正常的途径，那么就不是合法的竞争、正常的争夺了。所以说，"不争，故天下莫能与之争"。理直不一定要气壮，有时的曲折却是周全。"藏"不是一种遮掩，而是让自己安静，默运造化，好好生长。

四、袭明的智慧

第二十七章说："善行无辙迹，善言无瑕谪，善数不用筹策，善闭无关楗而不可开，善结无绳约而不可解。是以圣人常善救人，故无弃人；常善救物，故无弃物，是谓袭明。故善人者，不善人之师；不善人者，善人之资。不贵其师，不爱其资，虽智大迷，是谓要妙。"本章的意思是说，善于行走的，不会留下辙迹；善于言谈的，不会发生瑕疵；善于计数的，用不着竹码子；善于关闭的，不用栓梢而使人不能打开；善于捆缚的，不用绳索而使人不能解开。因此，圣人经常挽救人，所以没有被遗弃的人；经常善于物尽其用，所以没有被废弃的物品。这就叫作内藏着的聪明智慧。所以善人可以作为恶人们的老师，不善人可以作为善人的借鉴。不尊重自己的老师，不爱惜他的借鉴作用，虽然自以为聪明，其实是大大的糊涂。这就是精深微妙的道理。圣人掌握了"五善"原则，用于救人，就没有不能教的颓废之人；用于救物，就没有不能救的废弃之物。能推而广之、善待一切，这就叫作大聪明。所以，善人是恶人的老师，恶人是善人的借鉴，不尊重老师、不汲取可借鉴之资，虽自以为明智，而实际上却很糊涂，此为道最精深奥妙的道理。

《庄子·天地》："行而无迹，事而无传"，类同于《道德经》第二十七章"善行无辙迹"。河上公注："善行道者求之于身，不下堂，不出门，故无辙迹。""人尽其才，物尽其用"说的是对善或不善都要给予尊重。即使不善者不是因为无知而是在有知的情况下因品性恶劣所致不善事，也要尊重他们，因为他们可以给我们借鉴，反思他们品性恶劣的原因和形成的过程，从而完善自我。这样说的话，不善人也有其有用之处。但是，对不善的人也要尊重，并视作借鉴，有时真的很难做到。除了"好人有好报、坏人有恶报"很多时候都实现不了给人很大打击这点之外，还有其他因素让好人愤怒。比如不善人是变态的、分裂的、价值观异化得很严重的，这时怎么办呢？第一，不尊重他，避而远之；第二，尊重他，把他当作自己的镜子，提醒自己、纠正自己。不要嫌弃那些对你顶礼的人，没有他们的低下，哪有你的尊贵呢？

得道之人不计较自己的得失，不显摆自己的功法，不考虑自己的名位，独与天地精神相往来，乘天地之正以御六气之辩，遨游于无穷的境界。老子这里讲的善行者无辙迹，善言者无瑕谪，善数者不用筹策，善闭者无关楗而不可开，善结者无绳约而不可解，就是道家的奇妙的道法和无为的境界。宋代学者林希逸说："以自然为道，则无所容力，无所着迹。"道总是深藏若虚，行道之人也总是不露形迹。那么，得道之人该如何对待俗人呢？老子说："圣人常善救人，故无弃人，常善救物，故无弃物，是谓袭明。"有人尽其才、物尽其用的意思。老子思想并不是虚无缥缈的玄思妙想，其中也有一些实学可以给人以指导或启示。

五、知人者智，自知者明

第三十三章说："知人者智，自知者明。胜人者有力，自胜者强。知足者富，强行者有志，不失其所者久。死而不亡者寿。"本章的意思是说，认识别人的行为乃是智慧，认识自己的行为乃是明慧。战胜他人的行为乃是有力，战胜自己的行为则为强韧。知足的心态和行为是富裕，勉力而行道的心态和行为则是有志。不丢失一物之所依的住所必然长久，体魄虽朽而不为他人所遗忘者乃是真正的长寿。

人的生命是无数境遇的多样连续和整合。因此，人的能力就是在于对具体境遇的认识和摄取；在具体境遇里，不仅有自己而且有他者的存在，社会也是他者集合体，在这个意义上，具体境遇里的认识和摄取，始终离不开自己与他者关系的把握和考虑，自己之所以为自己的存在性在这样的认识和实践过程中，能够在多大的程度上得到保证，将直接决定着一个人人格的水准和心灵家园的纯洁度。所以，"知"就是对境遇关系的认识，对他人的认识是智慧的表现，对自己的认识则是内心清晰明亮的举措：智慧即"智"是一个的智能，清晰明亮即"明"是智慧的客观化状态，是智慧的升华。

"胜"是制御、制服的意思。"胜人"就是对具体境遇关系里的他人的制御和掌控，这必须在人我关系中进行，是一方对另一方的确证，需要力量，所以，"胜人者有力"。"自胜"是对自我不同境遇的预测和调控，实践的场域是自己一人，没有外在的督导员，是真实的自己与虚拟的自己之间的智慧较量，自我力量的确证，不是来自体魄的生物学意义上的强力，而是对境遇情势的科学预测。因此，这里的第一需要不是体魄的力量，而是毅力、意志、韧性的强度，面对自己时所具备的客观性的强度。所以，制御、成胜他人即"胜人"是一个人的力量的确证，制御、战胜自己即"自胜"是个人力量的有效整合和调节的结果，是力量的升华。河上公注："能知人好恶，是为智。人能自知贤与不肖，是为反听无声，内视无形，故为明也。"王弼注："知人者，智而已矣，未若自知者，超智之上也。胜人者，有力而已也。明用于己，则物无避焉；力用于己，则物无改焉。"真正的智慧是自照照人，清楚地了解别人是以自身为出发点展开的。当然，强者不随自家的躯壳起念，强者重要的在于从认识自我开始到放下自己。

六、微明的谋略

第三十六章说："将欲歙之，必固张之；将欲弱之，必固强之；将欲废之，必固兴之；将欲夺之，必固与之，是谓微明。柔弱胜刚强。鱼不可脱于渊，国之利器不可以示人。"本章的意思是说，想要收敛必先使其扩张，想要削弱必先使其增强，想要废弃必先使其兴盛，想要夺取必先给与，这叫作精深的明见，因为柔弱往往会战胜刚强，就像鱼不能离开深渊，国家的好武器不宜到处示人一样，是道的取向。

《庄子·胠箧》直接引用《道德经》："故曰：鱼不可脱于渊，国之利器不可以示人。"河上公注："先强大者，欲使遇祸患。先兴之者，欲使其骄危。先与之者，欲极其贪心。"王弼注："足其张，令之足，而又求其张，则众所溪也，与其张之不足，而改其求张者，愈益而已反危。"柔弱胜刚强的例子太多，但也有更多刚强胜柔弱的例子。"狭路相逢勇者胜"的勇者应该就是刚强，但为何听到这句话的人的第一感觉认为是对的呢？因为触及内心中柔弱的一面。在一般情况下，柔弱的一面给人温暖、妥帖，而刚强的一面给人突兀、刺激，二者一阴一阳构成万物变化生存的法则，谁也离不开谁。但我们处于思考和内心平静的时候，会倾向于跟这种状态靠得很近的"柔弱"。

对于隐微之明、奥秘之理，默默体会，自有一番天地。柔性的颠覆比刚性的斗争更有力，因为此颠覆是一种生长。第四十章说："反者道之动，弱者道之用。"老子认为一切事物都是向相反的方向运动发展的，例如从无到有，从弱到强，或从兴到衰，从生到死。其间必有"微明"，即先兆，也就是说，在强盛中已经种下了衰弱的因子，所谓"势强必弱""物极必反"。

此外，柔弱往往是新生事物的表征。保护柔弱便能合乎自然地成长壮大。

七、用其光，复归其明

第五十二章曰："天下有始，以为天下母。既得其母，以知其子；既知其子，复守其母，没身不殆。塞其兑，闭其门，终身不勤。开其兑，济其事，终身不救。见小曰明，守柔曰强。用其光，复归其明，无遗身殃，是为习常。"本章的意思是说：天地万物都有本始（道），这个本始（道）就是天地万物的母亲。既已领悟了那天地万物之母的道，就可凭借它了解它所生育的天地万物；既已了解它所生育的天地万物，又复坚守那作为生育天地万物之母的道，终身都不会有危险。堵塞那激发人之欲望的感官，关闭那追求人之欲望的通道，终身都不会有劳苦和忧虑。如果开通那激发人之欲望的感官，鼓励人对欲望的追求，终身都会无可救药。

能察见微才叫"明"，能持守柔弱才叫"强"。能用"道"这个无所不照的光去照亮自己，就可以复归心境澄明，就不会给自己留下祸殃，这就是永续不断的常道。

这一章讲的是对"道"的持守。老子认为，体悟了道（母），就能了解天地万物（子）的本原和规律；而了解了天地万物的本原和规律，就更能够也更需要坚定地执守道。要持守道，必须保持心境的澄明。为了使心境澄明，必须无欲无为。"塞其兑"就是无欲，"闭其门"就是无为。在无欲无为中，排除杂念，摆脱物累，就可以做到心境澄明，道才能进入虚静的心中。"贵以贱为本，高以下为基"（第三十章），作为天地万物本原的道，必定是处于贱下的地位。老子通过"不殆"与"不求"的提问，警醒人们对人生的珍惜和重视，要远离危殆，适时地避免外在因素对个人的骚扰，以保持个人旺盛的精力来面对人生的重大问题，并把自己决策问题的能力维持在较高的水准上，要做到这些，唯一的途径就在依归道来生活，这样大家就可以获得在具体关系的境遇中履行自身职责的所有机会，自由地演唱属于自己的歌曲。这就是老子人生哲学的真谛。运用大道的光芒，复返内在的明，不给自己带来灾祸，这就是因袭常道。

八、非以明民，将以愚之

第六十五章："古之善为道者，非以明民，将以愚之。民之难治，以其智多。故以智治国，国之贼；不以智治国，国之福。知此两者，亦稽式。常知稽式，是谓玄德。玄德深矣，远矣，与物反矣，然后乃至大顺。"本章的意思是，古时善于行道的人，不是教人民灵巧些，而是教人民淳朴些。人民之所以难治理就是因为他们智巧太多。所以以智巧治国是国家的灾害；不以智巧治国是国家的幸福。认识这两种治国的法则就是最好的模式。经常运用这一模式，这就叫作"玄德"。"玄德"又深又远，与事物好似相反，而最后得到的却非常通顺。

　　《庄子·天地》："是谓玄德，同乎大顺。"河上公注："古之善以道治身及治国者，不以道教民，明知巧诈也。将从道德教民，使质朴不诈伪。"王弼注："今古之所同，则不可废。能知稽式，是谓玄德。玄德深矣远矣。""古之善为道者，非以明民，将以愚之"，说的是善治国者不是使百姓"明"，而是使百姓"愚"。这里的"明"指的是聪明的巧计，这里的"愚"指的是纯朴的心思。可见，"愚"即纯朴的心思在社会上大力提值是多么重要！

　　老子讲"非以明民，将以愚之"的立足点是"无为"。"我无为而民自化，我好静而民自正，我无事而民自富，我无欲而民自朴。"愚民不是让百姓做愚蠢的傻子，而是让他们淳朴，不生机心。误解老子的人往往以为老子愚民，智慧者为老子惋惜，或者为老子开脱。老子自称"我愚人之心"，这里的愚字指淳朴，即所谓"昏昏""闷闷"。

　　这一章重点讲善为道者不以智治国，唐玄宗李隆基说："人君善为道者，非以其道明示于民。将导之以和，使复归于朴，令如愚耳。君将明道以临下，下必后智以应上。智多则诈兴，是以难治。"老子认为，在治国方略上，有截然不同的两条路线。一条是"明民"，即"以智治国"，一条是"愚民"，即"不以智治国"。在老子的哲学思想中，"明"和"愚"有特定的含义。"明"指的是明智而生巧诈，"愚"指的是愚朴而守真性。老子反对前者而主张后者，认为这才符合自然无为之道。河上公说："明，知巧诈也。""（愚）使朴质不诈伪也。"（《老子章句》）王弼说："明，谓多见巧诈，蔽其朴也。愚，谓无知守真顺其自然也。"（《道德真经注》）

　　苏辙说："古之所谓智者，知道之大全，而览于物之终始，故足贵也。凡民不足以知此，而溺于小智，以察为明，则智之害多矣。故圣人以道治民，非以明之，将以愚之耳。盖使之无知无欲，而听上之所为，则虽有过，亦小矣。苟以智御人，人亦以智应之，则上下交相贼平吾之所贵者德也，物之所贵者智也。德与智固相反，然智之所顺者小，而德之所顺者也大。"（《老子解》）。其实，"老子所说的'愚'，乃是真朴的意思。他不仅期望人民真朴，他更要求统治者首先应以真朴自砺。所以二十章有'我愚人之心也哉'的话，这说明真朴'愚'是理想治者的高度人格修养之境界，但这主张和提法，容易产生不良的误导。"（《老子注译及评介》）

（袁艳丽　谢清果）

损之而益，益之而损

　　《道德经》中的"损""益"二字意蕴丰富，值得细细品味。经统计，《道德经》中共有五个章节出现了"损""益"二字，分别是第四十二、四十三、四十八、五十五、七十七章。接下来，笔者将分章节对其中的"损""益"二字的含义进行分析。

　　一、或损之而益，或益之而损

　　《道德经》第四十二章中有言"故物，或损之而益，或益之而损。"田先进在《道法自然论——〈道德经〉通解》写道："天下的事物或许是在损毁，反而使之增益。有时是在增益，反而使之损毁。王公自称的孤、寡、不谷，是世人所厌恶的表示。世人的厌恶损之有益，王公的自负益之有损。修道中阴阳协调才会舒适，但少数修道的人自视清高，孤知寡欲到五谷都不食的地步，强求自己过分减损而企图反面受益，这实际是心神有了过分的成功欲望，这样反而使身体受到损害。"[①]田先进将"孤、寡、不谷"视作王公的自负之辞，王公自我抬高，是为自"益"，结果却是世人厌恶之，实为自"损"，这便是"益之而损"。"损之而益"的含义是有时候减损反而会成为一种增益，并不是说凡是减损都能带来增益，为了获得增益而过分减损，是不符合"道"的要求的。因而少数修道的人强求自己过分减损而企图反面受益，这样反而使身体受到损害。

　　施保国在《〈道德经〉智慧新探》中写道："万物内部都蕴含道的因素，包含着阴阳两个对立的方面，它们在交往更替中得到统一和谐。益之而损或损之而益，说的都是平衡的辩证法。万物都以阴阳平衡为最高法则，于是益者遭嫉妒、诬陷、打击；损者获同情、施舍、呵护。相对于仇富、仇强的现实而言，老子倾向于损者，即孤、寡、不谷者，而益者或所谓的强梁者的结果都不好。损之可益与益之

---

　　① 田先进：《道法自然论——〈道德经〉通解》，巴蜀书社，2016年，第220页。

可损，自然有一种持平原则，人间福分亦是如此。"① 此处对"孤、寡、不谷"的解读正好与田先进相反。施保国认为，"孤、寡、不谷"是"损"者，是老子倾向的一方。在老子看来，他们用世人唾弃的名称自称，更反衬出他们的贤明。这与另一部书中的观点有异曲同工之妙。姜继斌、王力编著的《古典社会治理学杰作〈老子〉评析》中这样写道："天下人皆嫌恶孤身、无偶、不成熟的境况，而有道的王公却以孤、寡、不谷自称。这是因为他懂得'圣人之欲上民也，必以其言下之'的道理。……本章中'物或损之而益，益之而损'原本是天道，例如日晷反映冬夏交变的日影变化，就表现阴消阳长，阳消阴长；人们肉眼直接看到30天的月影变化也是如此。推及到人世，损与益、盈与亏、利与害、兴与衰等等也是相生又相克的。"② 对于"孤、寡、不谷"的不同解读都各有千秋，它们共同反映了一个道理："故物，或损之而益，或益之而损。"

无论从哪个角度来看，"损之而益、益之而损"都是颠扑不破的真理。笔者对此的理解是，做任何事情都要把握好"度"，清醒地认识到矛盾双方会在一定条件下相互转化。《菜根谭》中写道："故君子闲时要有吃紧的心思，忙处要有悠闲的趣味。"在清闲之时，减损清闲之意，让自己有事可做，则不至于陷入空虚，是为"损之而益"。在忙碌之时，应当心处泰然，学会放下与裁减，否则则陷入"益之而损"的境地。在人际交往过程中，应进退有度，当双方的交往过于频繁以至于影响到各自的独立生活时，退一步反而能促进关系的健康发展，是为"损之而益"；若盲目追求亲密而不顾一切，反而可能对这段关系造成不可挽回的伤害，是为"益之而损"。"损之而益、益之而损"这两个词中，两个"损"字并非同义，第一个损指"减少""降低"，第二个损指"损害"。两个"益"字也是如此。第一个指"增加""提高"，第二个指"有益"。

"损之而益，益之而损"也是自我保全之道。隋炀帝很有文采，但他最忌讳别人的文采比自己强。有一次，隋炀帝写了一首《燕歌行》，命令"文士皆和"。多数文人明智，不敢逞能，应付了事。著作郎王胄却不知趣，文采飞扬在隋炀帝之上。后来，隋炀帝借故将王胄杀害，对着王胄的尸体说："庭草无人随意绿，复能作此语耶？"众臣收敛锋芒，自"损"才气，却得以保全自己，最终得"益"。王胄锋芒毕露，大展才华，似是得"益"，却招致杀身之祸，"损"害了性命。"损""益"转化之理，启示我们把目光放长远，不要为一时之利误入歧途。

"损""益"的相互转化彰显出老子深刻的辩证法思想。可以说，"损""益"

---

① 施保国：《〈道德经〉智慧新探》，中国社会科学出版社，2015年，第189页。
② 姜继斌、王力：《古典社会治理学杰作〈老子〉评析》，经济日报出版社，2015年，第90、92页。

的相互转化从根本上与老子"反者道之动"的思想暗合。

二、为学日益，为道日损

《道德经》第四十三章中有："为学日益，为道日损，损之又损，以至于无为，无为而无不为。"施保国在《〈道德经〉智慧新探》中写道："探究道这种真实，必须去除可多可少的相对知识、积是成非的世俗偏见及个人特有的各种欲望，最好抵达无知、无欲、无为的地步。为学日益，为道日损，对于网络时代、信息时代的人来说有很强的针对性。知识与信息的掌握与学习太多太散太乱，对于真知却是极大的损害，真知少了，道的东西少了，功利、效率满天飞，人们如何得道、得乐呢？有时睡了一天，思索了一下，觉神清气爽、方向明确，可能获益多于忙忙碌碌的一天又一天。对于管理者来说，最重要的是不生事扰民，但要在无事中而有事。'休闲到梅州，享受慢生活！'这是中国梅州市提出的理念。慢生活是一种追求幸福的精神状态，并不拒绝快速发展，与'无事'并不拒绝'有事'的积极进取表达的是同一意思。"[1]施保国将"学"理解为学习，将"道"理解为真知。他将这句话放到当下互联网时代来理解，突出强调了对"慢生活"的追求。

林可行主编的《道德经》中这样解释道："老子承认求学问，天天积累知识，越积累，知识越丰富。至于要认识宇宙变化的总规律或是认识宇宙的最后根源，就不能靠积累知识，而要靠'玄览''静观'，即注重理性思维，这里认识总规律和认识个别的东西的方法应有所不同。老子轻视外在的经验知识，认为这种知识掌握得越多，私欲妄见也就层出不穷。然而，为道则不同，它是透过直观体悟以把握事物未分化的状态或内在自身虚静的心境，它不断地除去私欲妄见，使人日渐返璞归真，最终达到无为的境地。"[2]他将这句话理解为老子对学习方法的阐述。

田先进在《道法自然论——〈道德经〉通解》写道："本章阐述'为学'与'为道'，指出了二者的区别。'为学'是日益增加知识、智巧、欲望。'为道'则是日益减损知识、智巧、欲望。去除世俗的陋习，使内心澄明。求知永无止境，需要持续学习，积累学识，寻找真理，日复一日，就会有益。为道则是从外界的追求转向内在的观察，要剔除私心杂念，逐渐减少欲望，以平常心修道，避开前进中矜持的对立面，化被动为主动，超脱于认知的局限之外，去除小聪明，成就大智慧。不妄为，就太平无事。倘若还有非分的欲望，那就将一事无成。"[3]

陈剑在《老子译注》中写道："现代所谓的为学就是对知识的掌握。古所谓

――――――――――
①　施保国：《〈道德经〉智慧新探》，中国社会科学出版社，2015年，第201—202页。
②　林可行：《道德经》，江苏凤凰美术出版社，2016年，第253—254页。
③　田先进：《道法自然论——〈道德经〉通解》，巴蜀书社，2016年，第244页。

为学，没有现代所谓学的概念那么广阔，主要指政教礼乐。于此河上公注有明文：'学谓政教礼乐之学也。'渊博是对为学的一般评价标准，一事不知，学者之耻。……学本身是对事物之分的认识，如礼就是学之大端，其繁缛琐细至极，至有经礼三百，曲礼三千。鲁讳就是礼的一个小部分，即使如范献子这样的好学之人，亦有所不知。道本身是混然，就是无分，就决定了道不能够以学的方式去得到，而要以相反的方式获得，把所有的分都去除，至反于一，最终至于忘其一，而至于无，道就呈现了。"[①]

陈梦家在《老子分释》中引用道，"为学日益""务欲进其所能，益其所习""为道日损""务欲反虚无也""损之又损，以至于无为，无为而无不为""有为则有失，故无为乃无所不为也"。[②]

在本章中，"损""益"是对立的双方，只有"损"才能达到"道"的境界。

三、不言之教，无为之益

《道德经》第四十三章中有："天下之至柔，驰骋天下之至坚，无有入无间，吾是以知无为之有益。不言之教，无为之益，天下希及之。"第五十五章中有："知和曰常，知常曰明，益生曰祥，心使气曰强。"第七十七章中有："高者抑之，下者举之；有余者损之，不足者补之。天之道，损有余而补不足。人之道则不然，损不足以奉有余。"这三章中的"损""益"都是单独出现，没有相互关联。"损"的意义是减损，"益"的意义是增益，没有很多探讨的意义，因而略去不提。

（徐子涵　谢清果）

---

① 陈剑：《老子译著》，上海古籍出版社，2016年，第165—166页。
② 陈梦家：《老子分释》，中华书局，2016年，第125页。

大小之辨

  《道德经》是道家的经典著作之一，蕴含了老子经过多年的孕育沉淀下来的道德观、人生观、世界观，毫无疑问是一本对人类的思维方式和生活方式影响深刻的巨著。作为仅次于《圣经》的被翻译成外文的文化名著，《道德经》对中国文化的向外传播起到了不可忽视的作用，不仅是中国人本身，连外国也有不少友人被它其中蕴含的哲学思想所吸引。《道德经》短短五千多字，八十一章，其中有不少流传至今不失其深奥的名章名句，每一个简简单单的字词都值得认认真真地推敲和研究。本文在此对《道德经》中的"大小"二字，进行阐释和研探。

  在王弼版《道德经》中，"大"一共出现过五十九次，"小"一共出现过十次，"大小"作为相对概念出现三次，分别在第三十四章，第六十一章和第六十三章，虽然提及次数不多，但此三章均用了相当长的篇幅来体现"大"与"小"的辩证统一关系。

一、大者，容也

  "大"，在《道德经》中，"天下皆谓我道大，似不肖。夫唯大，故似不肖。"（第六十七章），"大"有浩瀚、广博之意，道之所以博大深远，是因为它足以广纳万物，包容气象万千。这种包容使道无形无名，不可捉摸不可揣测，它不像世间任何一种可见可识之物，这种不可识也正是因为它的"大"可包容一切。就像宇宙容纳了我们生活的整个空间，它幽深渺远，我们至今也未曾完全探得它的奥秘。它包容一切，也超然于尘世之外，似乎高居于九天星辰之上，因为它浩渺深远，甚至容纳了时间与空间，也自然而然超脱了时间与空间。

  由于这种"大"的不可识，老子才说"有物混成，先天地生，寂兮寥兮，独立不改，周行而不殆，可以为天下母。吾不知其名，字之曰道，强为之名曰大。"（第二十五章）大者，容也。混然自成，先天地而生，后孕育万物，为天下之母。

这种"大"有一种高处不胜寒之感，寂寞而虚静，独立而不失其常性①，站在最高点的时候，自会有一种孤绝清冷，因为无人与之并肩而立。

正所谓"大道无情"，蕴含的其实也是当今社会生活中的某些哲理。这不仅是道家的观点，也包含儒家的看法，成大事者，忍常人所不能忍，容常人所不能容。忍的是寂寞，容的是孤独。道家强调帝王的"无为而治"，其实无意中也将帝王置于了一个超脱世外的孤独之境。"我无为，而民自化；我好静，而民自正；我无事，而民自富；我无欲，而民自朴"强调国君不作过多的干涉，发挥百姓的创造力，让他们去自我实现自身的价值，其实也是另一种程度上强调"夫唯大，故似不肖"，正因为大，所以无可用②。正如"道生一，一生二，二生三，三生万物"（第四十二章），道化万物后便默默匿于世外，除了以其"大"包容众生之外，便与尘世无关一样，强调国君的不作为，也意味着至高权力不应该随意插足世间规则的合理运行，否则便会打破已经存在的平衡，使国不安，使民不宁。

老子说"故道大，天大，地大，王亦大。域中有四大，而王居其一焉"（第二十五章），正是强调了天地的广纳万物，以及国君的广摄天下的至高权力，"而王居其一焉"则是要求国君明识天地的幽深不可见闻，如水一般的不守一体，明了天地统摄万物，劝诫当权者从道守一，不违天地法则。③

这种对"大"之无用的强调也使得道走向了一种"简"与"朴"的存在。正所谓"大方无隅，大器晚成，大音希声，大象无形"（第四十一章）"大直若屈，大巧若拙，大辩若讷。"（第四十五章），这些其实都可以归于一个形容，即"大道至简"。最高深的道理往往是最简单的最容易理解的，这或许与"下士闻道大笑之"相通。这种简朴仅仅是一种表面的特征，其中却需要经过数载的沉淀来殷实它的基础，丰富它的内涵。正如物理学上每一个简单的公式和定律，都是经过科学家无数的实验和观察而得出；国画上简单的几笔勾勒，成就了辽远广阔的一方山水；不过二十字的五言绝句能够描绘出一片锦绣河山一样。越是简单朴素的外表就越显得其无可用、无可为，而实则有能之鹰，锋芒不露，重剑无锋，大巧不工，至简也意味着至深至远，只是不动则已，动则如雷霆万钧。

二、小者，基也

"大"与"小"并不是仅有道家才会探求的概念，在佛教中，"须弥"常用于指"大"，"芥子"常用于指"小"，佛教言说"芥子可纳须弥"，微小的芥子中可

---

① 黄克剑：《老子疏解》，中华书局，2017年，第258页。
② 陈剑译注：《老子译注》，上海古籍出版社，2016年，第223页。
③ 陈剑译注：《老子译注》，上海古籍出版社，2016年，第92页。

容纳巨大的须弥山。这与道家的观念不谋而合。

道家喜好大事化小，其实这不是简单的逃避责任，而是将复杂的事情通过一定的方式简化，使难以理解的理论更便于人们接受，使繁杂的步骤更易于理解学习，其中蕴含的是无上的智慧和处事方式。

就像《道德经》中谈到治国之法，"治大国，若烹小鲜"（第六十章），将复杂的治国之法简化为平民百姓均可理解的烹鱼之法，即不要多扰动。煮鱼时不停地扰动会使鱼肉破碎，治国时多加扰动则会使国家不安，以此道理来强调帝王"清静无为"的重要性。① 大道至虚，至深，至奥，而至简，至朴，至素，化繁为简，聚虚为实，大事化小，将万物规律凝于黑白双色的阴阳鱼中，便是道家的高明之处。

"道常无名，朴虽小，天下莫能臣也"（第三十二章），大道是朴实无华之物，无形无名，不可听也不可视，虽然"微小"却无人可使其臣服。此处的"小"不是指卑小低下，而是指幽微不可测。

有学者说：道是看不到、听不到、摸不到具体形态的，它存在于最小物质之中，并组成最小物质，但找不到最小物质，因为它小得没有尽头，也即成为其大无外。这就是称之为"朴"的东西。正因为朴具有无色、无声、无形以及其大无外，其小无内的特性，所以天下间没有什么东西可以制约它，并使之臣服。

道之"小"，仅仅是说明它细微难以名，它作为万物的基础组成了世界的根基，就像不同的原子与分子构成了我们可见之物一样，"道"也是那样细微的，它是最初的结构，织成了宇宙天地，但是它比分子和原子还要不可观测，不可察觉。

这种"小"是生命的原初，是时间的伊始，它是完整的结构，"麻雀虽小，五脏俱全"，它是立国之本，是安身立命之基础，化用于治国安民的情境下，它是组成一个国家的每一个微小的家庭。《道德经》与儒家一样强调"利民"，重视民众，要"甘其食，美其服，安其居，乐其俗。邻国相望，鸡犬之声相闻，民至老死不相往来（第八十章）"，使民自安，是百姓自足，作为组成国家的基本单位，民生是一个国家必须去重视的，虽然道家和儒家强调对民众的态度和管理方法不尽相同，但都强调了其重要性，这种最原始的结构组成了国家这种庞然大物，"侯王若能守之，万物将自宾"（第三十二章），守道、守微、守民，则万物自归，如川谷之于江海，自然归附。

---

① 陈剑译注：《老子译注》，上海古籍出版社，2016年，第204页。

三、大小相生，唯心而论也

道作为基础，"大"强调了它的包容性，"小"强调了它的基础性，从某种程度上来说，小是大的开始，大是小的结果，而大最终又归于小，两者是循环往复互相包容的关系，二者合一不可分割，就像首尾咬合的阴阳鱼旋转不息。

"常无欲，可名于小；万物归焉而不为主，可名为大。以其终不自为大，故能成其大"（第三十四章），道常常无欲所图，不求报偿所以微小而隐然不露，为万物归附却不认为自己是主宰，所以才伟大。不以伟大自居，才成就了它的伟大。[1]首先是强调不争、不求的无欲态度，要求"大隐隐于市"的低调和平静，君子不争，藏锋于心，这种"小"的无意无求，成就了一种伟岸的形象和博大的胸襟，这也不一定是道所求的，而只是外物的评价。但这种评价也不被在意，仅仅是一种存在，反而要求"大者宜为下"（第六十一章），不与他人相争相抢。

"小"是主观上的要求，"大"是客观上的存在，"小"是开始，"大"是结果，最终须弥归于芥子，浩瀚纳于细微，大小相生，循环往复。

其实，或大或小又能怎样，只不过是心境的映射。一切大与小都是相对的，无论面对遥远的星尘还是浩荡的江水，身处的角度位置不同，它们的大小随你的心境而改变。"以其终不自为大，故能成其大"，而外人看来可能无上的成就，于某些人而言或许微小如蚊蝇，居里夫人不在乎她的奖牌，只将其当作孩童的玩具，诺贝尔奖是无上的荣耀，有人却完全不屑一顾。

没有哪一处"小"注定被忽视，没有哪一处"大"因为它的体积而被铭记。一花一世界，一树一菩提。我们能做的也只是将自己视作天地间渺小的一尘，去感受世界的浩渺和幽微而已。

（左鑫怡　谢清果）

---

[1]　任继愈：《老子绎读》，国家图书馆出版社，2015年，第77页。

多少之惑

老子《道德经》有言："道生一，一生二，二生三，三生万物。万物负阴而抱阳，冲气以为和。"世间万物都具有两面性，并且相生相克、此消彼长、相互转化。多少就是万物的两面性之一，何为多，何为少？多了一定就好么？少了一定就不好么？笔者通过整理《道德经》里"多少"的翻译，进行了如下归类。

一、过多则必少

《道德经》讲究凡事都要有度，适可而止，若是过分追求，便会物极必反，招致祸患。

（一）第五章中讲到"多言数穷"，分别有以下注释：

1. 政令烦苛反而加速败亡。——陈鼓应《老子今注今译》

2. 多事害神，多言害身。口开舌举，必有祸患。——《老子河上公注》

3. 愈为之则愈失之矣。物树其恶，事错其言，不济不言，不理必穷之数也。橐钥而守数中，则无穷尽，弃己任物，则莫不理。——《老子王弼注》

4. 多言而不酬，故数被穷屈。兼爱则难遍，便致怨憎。——《道德经唐玄宗注解》

5. 钥虚以待气，气至则鸣，不至则止。圣人之言似之。辨者之囿，言多而未免夫累，不如守中之愈也。——《宋徽宗御解道德真经》

表明过多的政令、事务、语言都会产生不好的结果。

（二）第十九章讲到"少思寡欲"，分别有以下注释：

1. 减少私欲。——陈鼓应《老子今注今译》

2. 少私者正无私也，寡欲者当知足也。——《老子河上公注》

3. 故令人有所属，属之于素朴寡欲。——《老子王弼注》

4. 少私邪，寡贪欲。——《道德经唐玄宗注解》

5. 自营为私，而养心莫善于寡欲。少私寡欲，则定乎内外之分，辨乎真伪之归，德全而性复，圣智之名泯矣。——《宋徽宗御解道德真经》

说明私欲越少，人越能知足公正。

（三）第二十二章中讲到"少则得，多则惑"，分别有以下注释：

1. 少取反能多得，贪多反而迷惑。——陈鼓应《老子今注今译》

2. 自受取少则得多也。天道佑谦神明托虚。财多者惑于所守，学多者惑于所闻。——《老子河上公注》

3. 自然之道亦犹树也，转多转远其根，转少转得其本。多则远其真，故曰惑也；少则得其本，故曰得也。——《老子王弼注》

4. 抱一不离则无失，有为多门则惑乱。——《道德经唐玄宗注解》

5. 道要不烦，闻见之多，不如其约也。以支为旨，则终身不解，兹谓大惑。——《宋徽宗御解道德真经》

表明做事要懂得克制自己的欲望。

（四）第四十四章讲到"多藏必厚亡"，分别有以下注释：

1. 过多的藏货就必定会招致惨重的损失。——陈鼓应《老子今注今译》

2. 生多藏于库府，死多藏于丘墓。生有功劫之忧，死有掘冢探柩之患。——《老子河上公注》

3. 甚爱不与物通，多藏不与物散，求之者多，攻之者众，为物所病，故大费厚亡也。——《老子王弼注》

4. 多藏货者，必累身，非厚亡乎？——《道德经唐玄宗注解》

5. 无慕于外，则啬而不费。无累于物，则守而不失。取予之相权，积散之相代，其至可必。若循环然，岂可长久？——《宋徽宗御解道德真经》

其表明不要被奢侈的物品所牵累，这些东西越多，失去的也越多。

（五）第四十七章讲到"其出弥远，其知弥少"，分别有以下注释：

1. 对道的认识也越少。——陈鼓应《老子今注今译》

2. 谓去其家观人家，去其身观人身。所观益远，所见益少也。——《老子河上公注》

3. 无在于一而求之于众也，道视之不可见，听之不可闻，搏之不可得，如其知之，不须出户，若其不知，出愈远愈迷也。——《老子王弼注》

4. 若不能无为，假使出令弥远，其知治天下之道弥少。——《道德经唐玄宗注解》

5. 复其见天地之心乎？近取诸身，万理咸备，求之于阴阳，求之于度数，而去道弥远，所知弥少矣。——《宋徽宗御解道德真经》

点明出去的越远，知道的越少。

（六）第五十七章讲到"天下多忌讳，而民弥贫；民多利器，国家滋昏；人多伎巧，奇物滋起；法令滋彰，盗贼多有"，分别有以下注释：

1. 天下的禁忌越多，人间的利器越多。人们的技巧越多，盗贼反而不断地增加。——陈鼓应《老子今注今译》

2. 天下谓人主也，忌讳者防禁也。今烦则奸生，禁多则下诈，相殆故贫。利器者，权也。民多权则视者眩于目，听者惑于耳。上下不亲，故国家昏乱。人谓人君，百里诸侯也。多知伎巧谓刻画宫观雕琢服章，奇物滋起。下则化上，饰金镂玉文绣采色日以滋甚。法物，好物也。珍好之物滋生彰着，则农事废饥寒并至，故盗贼多有也。——《老子河上公注》

3. 利器，凡所以利己之器也。民强则国家弱。民多智慧则巧伪生。立正欲以息邪，而奇兵用多；忌讳欲以耻贫，而民弥贫；利器欲以强国者也，而国愈昏多。皆舍本以治末，故以致此也。——《老子王弼注》

4. 以政治国，动多忌讳，人失作业，故令弥贫也。利器，谓权谋，人主以权谋为多，不能反实，下则应之以诈谲，故令国家滋益昏乱。人主以伎巧为多，不能见素，下则应之以奢泰，故令淫奇之物滋起也。无为既失，法令益明，窃法为奸，尽成盗贼，岂非多有乎？——《道德经唐玄宗注解》

5. 民不难聚也，爱之则亲，利之则至，致其所恶则散。今也无爱利之心，而多忌讳之禁，民将散而之四方，故民弥贫。有机械者必有机事，有机事者必有机心。机心生则纯白不备，而或罔上以非其道。伎巧胜则人趋末，而异服奇器出以乱俗。克核太至者，必有不肖之心应之。——《宋徽宗御解道德真经》

表明天下的禁忌越多，人民越贫穷；人民越强大，国家越昏庸；人们技巧越多，奢靡之物越流行；法令越多，盗贼越多。

（七）第六十三章讲到"多易必多难"，分别有以下注释：

1. 把事情看得太容易一定会遭遇更多的困难。——陈鼓应《老子今注今译》

2. 不慎患也。——《老子河上公注》

3. 以圣人之才犹尚难于细易，况非圣人之才而欲忽于此乎，故曰，犹难之也。——《老子王弼注》

4. 轻诺诈人，必寡于信。动作多易，后必多难。——《道德经唐玄宗注解》

5. 祸固多藏于微而发于人之所忽，圣人之应世，常慎微而不忽，故初无轻易

之行，而终绝难图之患，凡以体无故也。——《宋徽宗御解道德真经》

说明事情越容易越易遭受困难。

（八）第六十五章讲到"民之难治，以其智多"，分别有以下注释：

1. 乃是因为他们使用太多的智巧心机。——陈鼓应《老子今注今译》

2. 以其智多而为巧伪。——《老子河上公注》

3. 智，犹治也，以智而治国，所以谓之贼者，故谓之智也。民之难治，以其多智也，当务塞兑闭门，令无知无欲，而以智术动民。——《老子王弼注》

4. 将明道以临下，下必役智以应上，智多则诈兴，是以难治。——《道德经唐玄宗注解》

5. 天下每每大乱，罪在于好知。——《宋徽宗御解道德真经》

说明民之智多必诈伪，国家难治。

（九）第七十五章讲到"民之饥，以其上食税之多，是以饥"，分别有以下注释：

1. 就是由于统治者吞吃赋税太多。——陈鼓应《老子今注今译》

2. 人民所以饥深者以其君上税食下太多。——《老子河上公注》

3. 言民之所以僻，治之所以乱，皆由上不由其下也，民从上也。——《老子王弼注》

4. 天下之民所以饥之不足者，以其君上食用赋税之太多故耳。——《道德经唐玄宗注解》

5. 赋重则田莱多荒，民不足于食。——《宋徽宗御解道德真经》

说明赋税越重，人民越饥荒。

二、多少之争

《道德经》中还有多章论述多少相生的例子。

（一）第四十四章讲到"身与货孰多"，分别有以下注释：

1. 生命和货利比起来哪一样贵重？——陈鼓应《老子今注今译》

2. 财多则害身也。——《老子河上公注》

3. 贪货无厌，其身必少。——《老子王弼注》

4. 徇名者将以求财，财得而亡身，设问孰多，欲令掷玉毁珠，以全其和。——《道德经唐玄宗注解》

5. 生者岂特隋珠之重哉？则身与货孰多？至愿在我，名非所亲也。至富在我，货非所多也。惟不知亲疏多寡之辨，而残生损性，以身为殉，若伯夷死名于首阳之下，盗跖死利于东陵之上，岂不惑哉？达生之情而不务生之所无以为，此有道者之所以异乎俗也。——《宋徽宗御解道德真经》

反问身体和货物哪个更重要。

（二）第六十三章讲到"大小多少"，分别有以下注释：

1. 大生于小，多生于少。——陈鼓应《老子今注今译》

2. 陈其戒令也。欲大反小欲多反少，自然之道也。——《老子河上公注》

3. 小怨则不足以报，大怨则天下之所欲诛，顺天下之所同者，德也。——《老子王弼注》

4. 假令大至于小，多至于少，既不越分，则无与为怨。——《道德经唐玄宗注解》

5. 大小言形，多少言数，物量无穷，不可为倪。大而不多，小而不少，则恋恩之报孰睹其辨？圣人所以同万有于一无，能成其大。——《宋徽宗御解道德真经》

说明大小、多少相生的道理。

（三）第八十一章讲到"既以与人，己愈多"，分别有以下注释：

1. 他尽量给与别人，自己反而更丰富。——陈鼓应《老子今注今译》

2. 既以财贿布施与人，而财益多如日月之光无有尽时也。——《老子河上公注》

3. 物所归也。——《老子王弼注》

4. 此明法性无尽。言圣人虽不积滞言教，然以法味诱导凡愚，尽以与人，于圣人清静之性，曾无减耗，唯益明了，故云愈有愈多。有，明自性；多，明外益。——《道德经唐玄宗注解》

5. 善贷且成，而未尝费我。万物皆往资焉，而不匮。——《宋徽宗御解道德真经》

给别人的越多，自己得到的也越多。

综上所述，多少本就是相生的，一个人得到的越多，必然失去的越多；付出的越多，自己的某些方面越少，但也有另一些方面越多。不过凡事都讲究一个度，只有把握好这个度，才能行百事而不害己。

（申鑫 谢清果）

正反之智

　　《道德经》五千言中，出现的正与反的章句很有限。"正"字共出现 5 次明确运用，即在第四十五章 1 次，"清静为天下正"，此处"正"通政，天下正，即治理天下的原则。非与反相对。第五十七、五十八章中各出现 2 次，"以正治国，以奇用兵，以无事取天下。""我好静而民自正"（第五十七章）；"祸兮福所倚；福兮祸所伏。孰知其极？其无正也？正复为奇，善复为妖。"（第五十八章）以正治国："正"合乎大道的，正直清静的方法。此处与"奇"相对，非与反相对。"我好静而民自正"中的"正"，清正。"其无正也"中的"正"是固定的意思。"正复为奇"中的"正"与奇相对。还有两章因版本不同，而有差别。如"不欲以静，天下将自定"（第三十七章）"自定"，傅奕本、景龙诸本、帛书甲乙本均作"自正"。此处"正"作正斜之正，非与反相对。"候王得一为天下贞。"（第三十九章，河上公本，"贞"为"正"，意相通），此处"正"取正统、正义之意，非与反相对。

　　反字，出现 4 次。"大曰逝，逝曰远，远曰反。"（第二十五章）；"反者，道之动"（第四十章）；"玄德深矣，远矣，与物反矣，然后乃至大顺。"（第六十五章）此三次"反"通返，返回、回归、反复之意。非与正相对。"正言若反"。（第七十八章）"反"即相反之意。

　　大部分时候"正""反"两字不连续出现，所表达意思也多于"正反"之意无关。现在，笔者就借此谈一谈对《道德经》中正反一词的理解。正反在我看来，是一对正好相对的形容词，两者截然对立，就像善为正，那恶就为反。美为正，那丑就为反。

　　《道德经》一文，从第二章开始，讲述善恶、美丑、有无、难易、长短、高下之间的关系。我们应该从这些形容词出现的本身出发，探究老子所阐述的意思。

　　形容词自一出生就带着比较的意味。当语言还不系统、还不成熟的时候，古人在区别两个物体的时候，自然地引入了形容词这个概念，两个物体以甲乙代称，甲比乙更大、美、高、长……与此同时，就必然有乙比甲更小、丑、下、短……

随着形容词的使用更深入人心，大小、长短更是能单独拿出来使用。但是我们究竟怎么定义了这些形容词呢，它们的含义还要从它们的起源说起，也就是它们带着比较的意味。我们确定了一个物体是长的，就必然有一个短的物体与他相对。所以两个相对的形容词就必然相生成。正如有正就有反。

几千年的汉字使用历史，使我们对汉字的使用朝着简便的方向去发展，我们日常生活中会拿出一个形容词，单独说一个物体是大的，这很方便。因为每个人在日常生活中的经验告诉他，"大"是一个什么概念，或者说，他心目中有一个边界不甚清晰的物体，比这个物体大的就是别人所说的一般程度的大。

当我们去定义善的时候，无法脱离恶。如果我们纯粹的定义一件事是善，那么这件事如果不是完美的，那它就必然携带着恶。善就偏离了定义，"斯不善已"。如果他是完美的，那么就只有这一件事完美符合了"善"的定义，善就是这一件事的代名词，而非一个形容词。

讲到这里我们就会发现，没有比较就没有大小、善恶、美丑等形容词。

第十二章里"大道废，有仁义。智慧出，有大伪。"人人祥和安宁之时，哪里有孝慈、不孝不慈之分呢？我们十分强调忠臣时，便是不忠泛滥的时候。

"反"作为形容词的意思，大概就如上了吧！

第二十五章里面，提到了"反"作为名词的意思。既然"大曰逝"，那么"逝曰远"，无远弗届，四通八达，"放之四海而皆准"，没有不及的地方，也是无量无边，无穷无尽的意思。然而，就是因为"道"太大太远了，它遍一切处，通于古今，尽未来际，我们若求大、求远地去追求它，反而难以企及，搞不好还会迷失在五花八门、千奇百怪的现象界里，不能自拔。

这让我想起了一则小故事，出自《庄子》：

东郭子问于庄子曰："所谓道，恶乎在？"庄子曰："无所不在。"
东郭子曰："期而后可。"庄子曰："在蝼蚁。"
曰："何其下邪？"曰："在稊稗。"
曰："何其愈下邪？"曰："在瓦甓。"
曰："何其愈甚邪？"曰："在屎溺。"
东郭子不应。

其实"道"就在每个人的自身上，须臾不离，若能反求诸己，回头自省，见"道"才有希望。所以"逝曰远，远曰反"。最远的就是最近的，最后的就是最初的，只要神志清醒，张眼一看，其实天边就在目前。

正如上文所说，反与正或许是相互对立的，但又是不可分离的。两者时刻出现，便时刻交融在一起。

（王子豪　谢清果）

虚实之教

《道德经》在许多学者看来，是一部政治哲学著作，政治方面谈治国安邦之道，哲学方面则为理身立国确立理论支撑。虚与实便是展现老子哲学思想与修身治国的重要范畴。王弼本《道德经》中出现 5 次"虚"，仅 2 处"实"。其中第三章虚与实明确对举。详情如下：

虚：

虚其心，实其腹。（第三章）

虚而不屈，动而愈出。（第五章）

致虚极，守静笃，万物并作，吾以观复。（第十六章）

古之所谓曲则全者，岂虚言哉！诚全而归之。（第二十二章）

朝甚除，田甚芜，仓甚虚。（第五十三章）

实：

虚其心，实其腹。（第三章）

是以大丈夫处其厚，不居其薄；处其实，不居其华。（第三十八章）

虽然虚的基本义为空虚；实，基本义为充实。但是，在不同的章句中，意义有很大的不同。第二十二章的"虚"是从价值判断上说某句话是不真实的，不确切的。而第五章与第五十三章的"虚"正是从空虚，没有的基本义上所用。而第三章对举的虚与实，则富有哲学意义。故本节着重结合前人的研究，对第三章加以深入剖析，来掌握虚实的深刻意蕴。

老子在《道德经》中第三章写："是以圣人之治，虚其心，实其腹"。虚，《尔雅》说："虚，空也。"不难理解，"虚其心"就是使心空。实，与"虚"对立。"实其腹"，使肚子不空，也就是让人饱。恰如黄友敬《老子传真》中译注："所以圣人的修身治世之道呀！清虚他们的心，充实他们的腹。"那么，"虚其心"，虚的是什么？一个人的全部思想？抑或是思想里的一部分？如果是一部分，又是哪一部分？

黄友敬在《老子传真》解说："虚其心"者，无去"五自"——自贵、自见、自是、自矜、自伐，即无去一切世俗之心——私妄昧，"涤除玄鉴"（第十章）而无疵，乃"损之又损，以至于无为"（第四十八章）也。这也是大多数研究老子的学者的观点。如宋常星也认为："虚心者，譬如不自见，不自是，不自伐，不自矜。"自伐自矜，释德清作此解释："自伐，谓自夸其功；自矜，谓自恃其能；此皆好胜强梁之人，不但无功，而且速于取死。"在这些学者看来，虚其心，是学会不抬高自己，不显摆自己，不自以为是，不自我夸耀，否则不仅不能成功，甚至会一败涂地。因此要清虚"自贵、自见、自是、自矜、自伐"这些邪思妄念。而断除这些邪念后，可如老子在第二十二章所说："不自见故明；不自是故彰；不自伐故有功；不自矜故长；夫唯不争，故天下莫能与之争。"

而在河上公看来，"虚其心"是"除嗜欲，去烦乱也"。这比黄友敬先生的理解更为广泛。黄友敬先生将虚心的范围界定在个人的自视，即对自我的认知。而在河上公老先生看来，需要清虚的，不只是老子在第二十二章提到的"自贵、自见、自是、自矜、自伐"，更是嗜欲。嗜欲，嗜好欲望，贪图身体感官方面享受的欲望。古人说："嗜欲者，伤身、败德、破家、覆国之本。"常人皆有欲望，有了欲望便有了弱点，为了满足自己的欲望常会有所求，一求再求，欲望之径直通远方，无到达之日；欲望深渊如无底洞，无填满之日。由是，"虚其心"，除嗜欲，使"心不为可欲所乱"（唐玄宗注）。

但"虚"并不只有"空"一个解释。沈善增在《还吾老子》中的理解是：要使他的心怀虚空。何谓心怀虚空？私以为，是通过不断学习不断经历，让自己的思想得到净化，控制甚至去除嗜欲，当人的欲望收敛，则万事淡薄。名利于我如浮云，则当权者或者管事者不会授人以柄。如此，便能达到一个新境界："心无挂碍，不为尘世名利所累，在内心里把一切看空了去，看淡了去，看虚了去。心空了，虚了，才能装下天地万物，才能容下人间万象。才能心藏宇宙，包容众生，涵养万物，通天彻地，与天地为一"（参阅杨郁、黎荔《老子新学》）。陈荣捷所指"'虚'意指心灵绝对的宁静和清净，没有忧虑与私欲。"大抵也是同样的意思。

这种解释，是基于"虚"的第一种认识而建立的。人，首先要清虚自我膨胀，正确认识自我，不可自视甚高；认清自己后，要清虚私欲。诚然，人非圣人，不可能全无欲望，但我们应当将自己的欲望控制在一定范围和程度里，不致使它雪团滚球越滚越大，发展成嗜欲。从本质上，两种解释并不存在大差异，二者甚至可以说是相辅相成的。

此外，老子在第十六章讲："致虚极，守静笃"这里的"虚"，和"虚其心"的"虚"大抵是能作同样的理解的。陈鼓应先生认为："致虚即是心智作用的消解，消解到没有一点心机和成见的地步。一个人运用心机会蔽塞明彻的心灵。固执成见会妨碍明晰的认识，所以致虚是要消解心灵的蔽塞和厘清混乱的心智活动。"因此可以发现，陈鼓应先生对"致虚极"的"虚"的理解和"虚其心"的"虚"的其中一种理解是相似的。而"致虚极"的状态，便是清虚了心中杂念，达到甚至超越了虚怀若谷的境界，正如宋常星曰："造其极曰致，真空无象曰虚，虚而至虚曰极。"高明也说："'虚'者无欲，'静'者无为，此乃道家最基本的修养。'极'与'笃'是指心灵修炼之最高状态，即所谓极度和顶点。"那么这种"致虚极"是怎样的一种境界？处于哪种状态才能够称之为"致虚极"？河上公注："得道之人，捐情弃欲，五内清净，至于虚极。"苏辙说："虚极静笃，以观万物之变，然后不为变之所乱，知凡作之未有不复也。苟吾方且与万物皆作，则不足以知之矣。"黄友敬对此解说道："虚之极，乃能复归于万物，复归于无极，复归于道之朴，复归于婴儿，复归于其根，复归于道的本体——虚无。静之笃，乃是虚其心，虚之又虚，亦即损之又损，方能静之又静，从而一私不留，一尘不染，一疵不着，一丝不挂，而进入虚静、清净、灵静的境界。"

至于"实其腹"，最浅薄的理解自然是使百姓吃饱喝足。再稍微拓展一些，便是满足百姓的基本生存需求。古时没有袁隆平的杂交水稻，没有机械劳动力，粮食产量不高，再有旱涝天灾，粮食丰歉成了古代人民的一大重事。无粮则流民众，流民众则管理失效，管理失灵则乱心起——"王侯将相，宁有种乎？"大旗一竖，造反四起，朝政不稳。诚虚子《道德经新解》校注："指治者（统治者）不要用能诱发百姓产生"争、盗、乱"的事物去填充百姓的思想，应教育他们，是他们的胸怀博大能容。即强调（统治者）必须满足百姓的基本生存需求。自古以来讲究"君以民为天，民以食为天"，无食则乱，实其腹是尊重百姓生存权利的体现。百姓只有获得生存，才能消除内乱、维持社会安定。

而《文子·九守》中有另外的解释："夫血气者人之华也，五藏者人之精也。血气专于内而不外越，则胸腹充而嗜欲寡，嗜欲寡则耳目清而听视聪达，听视聪达谓之明；五藏能属于心而无离，则气意胜而行不僻，精神盛而气不散，以听无不闻，以视无不见，以为无不成，患祸无由入，邪气不能袭。"再有如宋常星所言："实腹二字，譬如神清气足，理备道全。"古人常认为，精充于内，则诚信于外，故此是一种精神境界。沈善增先生由此认为"实其腹"并不指向吃饱肚子，而是精气充满胸膛。实腹，并不是单纯的让百姓吃饱肚子而不致祸患，而是教化百姓，先令百姓清虚内心或高傲自满或投机取巧不择手段的小心思，再以精气充实之，保持天真和谐的状态，"怀道抱一，守五神也"，如河上公注。此外，黄友敬先生认为"实其腹"者，腹为丹田之所处，医家认为肾为先天之本，脾为后天之本，是生命的根柢所在。因此，心虚道来居，丹田有宝命不危也。""道"实腹，人人皆存道，淡泊名利，由是，老子在第三章下了个结论："常使民无知无欲，使夫智者不敢为也。为无为，则无不治。"

　　严复说："虚其心，所以受道；实其腹，所以为我。"清虚内心，因此逐渐参透"道"之本质，"致虚极"，"复归于婴儿"。婴儿，"婴儿纯真无欲，乃为人之本原（高明）。""是以复归于婴儿时，神全而气和矣。"（范应元）实腹，不管是指生理方面的满足腹饥饿的需求，还是指精气充满胸腹，都是有益于个人的行为。清虚私欲，精气内聚，达到"虚"之极。引强思齐的《道德真经玄德纂疏》中一句话结尾："虚心以静气，专精以积神。寂然无为，泊然无治。"

　　　　　　　　　　　　　　　　　　　　　　　（傅晓灵　谢清果）

修之于天下的情结

在老子的《道德经》中，"天下"这个词出现的频率极高，八十一章中有三十三章包含这个词，短短五千多字中它一共出现了六十次。那么，"天下"这个词在《道德经》中究竟有着怎样的内涵呢？它在各章节中的具体含义又有怎样的差别？它是一个什么样的概念呢？这正是笔者所要探讨的问题。

一、天下人的"天下"

"天下皆知美之为美，斯恶已；皆知善之为善，斯不善已。"（第二章）

① 《老子今注今译》（陈鼓应）：天下都知道美之所以为美；

② 《老子译注》（陈剑）：待天下人都知道美是美的时候；

③ 《老子通解》（陆永品）：天下人皆知美为美；

④ 《老子道德经语法读本》（赵荣珦）：天下，名词。"天下人"的略称，用偏正词组的定语"天下"代替中心词"人"。

按：本章中的"天下"意为"天下人"。

"夫乐杀人者，则不可以得志于天下矣。"（第三十一章）

① 《老子今注今译》：喜欢杀人的，就不能在天下得到成功。

② 《老子译注》：以杀人为乐的人不可能得志于天下。

③ 《老子通解》：不可得志于天下：即孟子所谓"得道多助，失道寡助"之意。河上公曰："为人君而乐杀人，此不可使得志于天下矣。"

今译：以杀人为快乐，是不可能得志于天下的。

④ 《老子道德经语法读本》：那杀人作乐的，就是绝不能够在天下得志的。

按：本章"天下"意为"天下人"。

"执大象，天下往。"（第三十五章）

①《老子今注今译》：执守大"道"，天下人都来归往。

②《老子译注》：掌握住大道，天下会归往。

③《老子通解》：执大象：河上公曰："执，守也。象，道也。圣人守大道，则天下万民移心归往之也。"

今译：国君能执守无为大道而养育万物，天下人都会去归附。

④《老子道德经语法读本》：天下："天下人"的略称，名词。

今译：谁只要掌握住无为而治，天下人就都会归向他处。

按：本章"天下"为"天下人"的略称，意为天下万民、天下百姓。

"侯王得一以为天下贞。"（第三十九章）

①《老子今注今译》：高亨说："四十五章曰：'清静为天下正'，义同。《吕氏春秋·执一篇》：'执一为天下正。'句法并与老子同。"

今译：侯王得到"一"而使得天下安定。

②《老子译注》：古之圣王侯得一不失所以可以做天下的正长。

③《老子通解》：侯王得道则为人君。

④《老子道德经语法读本》：侯王得道而为天下首领。

按：本章"天下"意为"天下人"。

"不言之教，无为之益，天下希及之。"（第四十三章）

①《老子今注今译》：不言的教导，无为的益处，天下很少能够做得到的。

②《老子译注》：河上公云："天下，人主也。"

今译：不言的教导，无为的益处，天下的人主很少有赶得上。

③《老子通解》：句谓：天下人很少能知道此理。按吴澄曰："天下之以有言为教，有为为益，远不能及此，故曰：'希及之'。"

今译：不言说的教育，无为而功自成的益处，世人是很少能明白此等道理的。

④《老子道德经语法读本》：天下："天下人"的略称，名词。

今译：不说话的教育，不作为的好处，天下人少有能赶上这两种。

按：本处的"天下"意为"天下之主，人主"，也可以泛指"天下人"。

"清静为天下正。"（第四十五章）

①《老子今注今译》：清静无为可以做人民的模范。

②《老子译注》：清静才能做天下的君长。

③《老子通解》：清静：无为也。吴澄曰："清静，无为也。"正：君长也。吴澄曰："正，犹'正长'之'正'，犹言为天下之君也。"……句谓：顺应自然而不妄为，方能为天下君。按吴澄曰："惟清静无为者，无为而无不为，故能为天下正，所谓相反而相为用也。"

今译：清静无为者便能成为天下人的君长。

④《老子道德经语法读本》：只要清静就可做天下首领。

按：本章"天下"意为"天下人"。

"圣人在天下歙歙，为天下浑其心。"（第四十九章）

①《老子今注今译》：圣人在位，收敛自己的主观成见与意欲，使人心思化归于淳朴。

②《老子译注》：在，临，临视天下而不有之意。

今译：圣人临于天下，歙歙然没有是非，治理天下使民心淳朴。

③《老子通解》：意谓圣人治天下，少私寡欲，使人心节敛，返朴归真。

今译：道家治理天下，在于节俭私欲，使人心返朴归真。

④《老子道德经语法读本》：圣人为天下勤勤恳恳的，为天下认为是天然的。

按：本章第一个"天下"当为"国家权力"；第二个"天下"意为"天下人"。

"不可得而贵，不可得而贱，故为天下贵。"（第五十六章）

①《老子今注今译》：不分贵，不分贱。所以为天下所尊贵。

②《老子译注》：无所尊贵，也就无所贱。这样才为天下而尊贵。

③《老子通解》："故为"句：吴澄曰："凡此六者，人所不能，己独能之，故为天下之最可贵。"

今译：人不能亲疏、利害、贵贱于我，所以天下人都认为我最可贵。

④《老子道德经语法读本》：不可能富贵，不可能贫贱，所以被天下人尊重。

按：本章"天下"意为"天下"或者"天下人"。

"古之所以贵此道者何？不曰以求得，有罪以免邪？故为天下贵。"（第六十二章）

①《老子今注今译》：所以被天下人所贵重。

②《老子译注》：正因为如此，道为天下所尊贵。

③《老子通解》：为天下贵：吴澄曰："道所以为天下贵也。'天下'，释'万物'。'贵'字，释'奥'。"

今译：所以，大道为天下所珍贵。

④《老子道德经语法读本》：所以道被天下人看重。

按：本章"天下"有两种解释，一为"天下人"，一为"天下万物"，当取前者为佳。

"是以天下乐推而不厌。"（第六十六章）

①《老子今注今译》：所以天下人民乐于推戴而不厌弃。

②《老子译注》：所以天下乐于拥戴他而不厌弃他。

③《老子通解》：乐推而不厌：河上公曰："圣人恩深爱厚，视民如赤子，故天下乐共推进以为主，无有厌之者。"

吴澄曰："天下乐于推戴，使之处上处前而不厌恶。"

奚侗曰："是以天下乐于推戴，而未尝厌弃也。"

今译：天下人民都乐于拥戴而不会厌恶他。

④《老子道德经语法读本》：天下：名词。"天下人"的略称。

今译：天下人都乐意推戴而不厌恶他。

"以其不争，故天下莫能与之争。"（第六十六章）

①《老子今注今译》：因为他不跟人争，所以天下没有人能和他争。

②《老子译注》：正是因为圣人不争，所以天下没有人可以和他争。

③《老子通解》："以其不争"两句：河上公曰："天下无厌圣人之时，是由圣人不与人争先后也。"

林希逸曰："举天下皆乐推之而不厌者，以圣人有不争之道，故天下莫能与之争也。"

吴澄曰："盖以其卑抑退逊，不争处上处前，故天下之人莫能与之争上争先者，而圣人得位时，竟得以上人先人也。董氏曰：'德下之则形上矣，德后之则形先矣。'扬雄云：'自下者人高之，自后者人先之。'"

今译：他不与人民争利，所以天下也没有人能与他相争。

④《老子道德经语法读本》：因为他不跟百姓争上争前，所以天下无人能跟他争。

按：本章两个"天下"同义，都是"天下人"的略称。

"天下皆谓我道大，似不肖。"（第六十七章）

①《老子今注今译》：（天下皆谓我道大，似不肖。夫唯大，故似不肖。若肖，

久矣其细也夫！）本章谈"慈"，这一段和下文的意义似不相应，疑是他章错简。

　　今译：天下人都对我说："'道'广大，却不像任何具体的东西。"

　　②《老子译注》：天下皆谓我大以不肖：天下人都说我虽大但无所用。

　　③《老子通解》：天下人都说我大，似乎不像。

　　④《老子道德经语法读本》：天下：名词。"天下人"的略称。

　　今译：天下都说我道伟大，是无形象的。

　　"三曰不敢为天下先。"（第六十七章）

　　①《老子今注今译》：第三种叫作不敢居于天下人的前面。

　　②《老子译注》：三是不敢居于天下人的前面。

　　③《老子通解》：不敢为天下先：谓谦虚退让，后其身也。

　　河上公曰："执谦退，不为倡始也。"

　　吴澄曰："谦让退却，而不锐进。"

　　唐代杜光庭曰："道存爱育，以慈为先；养人惜费，以俭为次；先人后己，以让为终。慈以法天，泽无不被也；俭以法地，大信不欺也；让以法人，恭谦不争也。此三者，理国之本，立身之基，宝贵之也，故曰三宝。夫三宝者，道之用也。"可供参考。

　　今译：三叫不敢处天下人之先。

　　④《老子道德经语法读本》：三是不敢占天下之先。

　　"不敢为天下先，故能成器长。"（第六十七章）

　　①《老子今注今译》：不敢居于天下人的前面，所以能成为万物的首长。

　　②《老子译注》：因为不敢为天下先，所以能够成为万物的首长。

　　③《老子通解》：器长：百官之长。

　　奚侗曰："'不敢为天下先'者，以身后民，退然无所争，而物自宾服，故'成器长'。"

　　今译：不敢处天下人之先，所以能成百官之长。

　　④《老子道德经语法读本》：如不敢占天下之先，就能当国家的长官。

　　按：本章出现的三个"天下"同义，皆为"天下人"。

　　"吾言甚易知，甚易行，天下莫能知，莫能行。"（第七十章）

　　①《老子今注今译》：我的话很容易了解，很容易实行。大家却不能明白，不能实行。

②《老子译注》：我所说的非常容易明白，非常容易实行，而天下却没有人能够明白，没有人能够实行。

③《老子通解》：河上公曰："人恶柔弱，好刚强也。"

吴澄曰："世降俗末，天下之人莫能知其言之可贵，莫能行柔弱谦下之事者。"

林希逸曰："吾言甚易知，甚易行，而天下之人莫有知者，莫有行者，此叹时之不知己也。"

今译：我的话很容易知晓，很容易实行。世人却不知晓，也不能实行。

④《老子道德经语法读本》：天下："天下人"的略称，名词。

今译：我的话很容易了解，而且也很容易实行。可是天下无人能了解，而且也无人能实行。

按：本章"天下"意为"天下人"。

"孰能有余以奉天下？"（第七十七章）

①《老子今注今译》：谁能够把有余的拿来供给天下不足的？

②《老子译注》：孰能有余而有取奉于天者？

今译：有余者谁能取其所余给予天？

③《老子通解》：谁能用财富来供养天下所有的人呢？

④《老子道德经语法读本》：天下："天下人"的略称，名词。

今译：谁能把有余的奉献给天下人？

按：本章的"天下"有两种解释，一为"天下万物"，一为"天下人"。后者为佳。

"天下莫不知，莫能行。"（第七十八章）

①《老子今注今译》：天下没有人不知道，但是没有人能实行。

②《老子译注》：天下人没有不知道的，却没有人能够实践它。

③《老子通解》：林希逸曰："弱能胜强，柔能胜刚，如水之易见，人莫不知之。而至道在于能柔能弱者，莫之能行也。"

吴澄曰："水为至柔弱之物，而能攻至坚刚之金石，此柔弱能胜刚强。天下之人莫不知之，而莫有能行柔弱之事者，盖叹之也。"

奚侗曰："知之非艰，行之维艰。"

今译：天下人无有不知，却都不能实践。

④《老子道德经语法读本》：天下：名词，"天下人"的略称。

今译：天下没有人不知道的，但却没有人能身体力行。

按：此处"天下"为"天下人"。

二、四海之内的"天下"

"故贵以身为天下，若可寄天下；爱以身为天下，若可托天下。"（第十三章）

① 《老子今注今译》：以贵身的态度去为天下，才可以把天下寄付给他；以爱身的态度去为天下，才可以把天下托交给他。

范应元说："贵以身为天下者，不轻身以徇物也；爱以身为天下者，不危身以掇患也。先不轻身以徇物，则可以付天下于自然，而各安其安；能不危身以掇患，然后可以寓天下，而无患矣。"

福永光司说："本章谓真正能够珍重一己之身，爱惜一己生命的人，才能珍重他人的生命，爱重别人的人生。并且，也只有这样的人，才可以放心地将天下的政治委任他。"

② 《老子译注》：以身为天下：以无身之义治天下。

今译：所以，能够重视以无身之义治理天下，这样的人，可以把天下托付给他。能够珍视以无身之义治理天下，这样的人，可以把天下托付给他。

③ 《老子通解》：所以能忘记自己而能贵重自身为天下百姓做事的人，才能把天下大任寄托给他；能忘记自己而爱惜自身为天下百姓谋福祉的人，方可把天下大任托付给他。

④ 《老子道德经语法读本》：天下，是"天下人"的略称。偏正词组的偏"天下"代替中心词"人"。

今译：所以，能把看重自身为天下，才可以把天下寄托给他，能把爱护自身为天下，才可以把天下交给他。

按：这一章的最后一句一共出现了四个"天下"，对它们的理解分为两种：天下（大任）、天下人（百姓），笔者认为这里的"天下"应该取"四海之内，全世界"这个释义，即古代君王能够占有的全部领土。

"修之于天下，其德乃普。"（第五十四章）

① 《老子今注今译》：（拿这个道理）贯彻到天下，他的德就会普遍。

② 《老子译注》：君王以道治天下，其德行才广大。

③ 《老子通解》：林希逸曰："修诸于天下，则其及人也愈遍。"

吴澄曰："修之于家于乡于邦于天下者，自近及远，人人各修其德也。"

今译：修德于天下，惠及其人更加普遍。

④ 《老子道德经语法读本》：要使它休养到天下，天下的德就会普遍。

"以国观国，以天下观天下。"（第五十四章）

① 《老子今注今译》：从（我的）国观照（其他的）国，从（我的）天下观照（其他的）天下。

② 《老子译注》：通过治国之道来观照国，通过治天下之道来观照天下。

③ 《老子通解》：以我邦立德，示范他邦立德；以我之天下立德，示范域外天下立德。

④ 《老子道德经语法读本》：用本国来观察他国，用小天下来观察大天下。

"吾何以知天下然哉？以此。"（第五十四章）

① 《老子今注今译》：我怎么知道天下的情况呢？就是用这种道理。

② 《老子译注》：我是怎么知道天下的情况的？是通过道。

③ 《老子通解》：我是怎么知道天下的呢？就是使用这种方法。

④ 《老子道德经语法读本》：我怎么知道天下是这样呢？就是用这样的方法来检验。

按：本章出现了四次"天下"，都指"全天下，全世界"。

三、天底下的"天下"

"是以圣人抱一，为天下式。"（第二十二章）

① 《老子今注今译》：所以有道的人坚守这一原则作为天下事理的范式。

② 《老子译注》：所以圣人减至最少，至于一，执守一之道，以此治理天下。

③ 《老子通解》：持守冲虚之大道，就能成为天下法式。

④ 《老子道德经语法读本》：因此有道的人守道，就是天下人的模式。

"夫唯不争，故天下莫能与之争。"（第二十二章）

① 《老子今注今译》：正因为不跟人争，所以天下没有人和他争。

② 《老子译注》：正是因为不争夺，所以天下就没有人可以与之争夺。

③ 《老子通解》：只有不与人争，所以天下就无人与其争。

④ 《老子道德经语法读本》：正因为他不跟别人竞争，所以天下没有人能够跟他竞争。

按：本章出现的两个"天下"意为"天下，天底下"。

"为天下溪、为天下式、为天下谷。"（第二十八章）

① 《老子今注今译》：作为天下所遵循的蹊径、作为天下的川谷。（守其黑，

为天下式。为天下式，常德不忒，复归于无极。知其荣，这六句疑为后人所窜入。）

②《老子译注》：作天下人的溪流、作为天下楷模、作为天下的川谷。

③《老子通解》：成为天下的深溪、成为天下的法式、成为天下的深谷。

④《老子道德经语法读本》：像天下众流入注的涧溪，像天下无为而治的样子，像天下深沉虚无的山谷。

按：本章"天下"意为"天下，全天下"。

"以道佐人主者，不以兵强天下。"（第三十章）

①《老子今注今译》：用道辅佐君主的人，不靠兵力逞强于天下。

②《老子译注》：以道来辅佐君主的臣子，不用兵在天下逞强。

③《老子通解》：用道辅佐人主的人，不以用兵争霸天下。

④《老子道德经语法读本》：用无为而治辅佐人君的人，不用兵力向天下人逞强。

按：本章"天下"意为"天底下"。

"不欲以静，天下将自定。"（第三十七章）

①《老子今注今译》：不起贪欲而趋于宁静，天下便自然复归于安定。

②《老子译注》：没有欲望就会安静下来，天地万物就会自然达到安定。

③《老子通解》：无欲，社会才能安静，天下才会太平。

④《老子道德经语法读本》：天下："天下人"的略称，名词。

今译：只要没奢望而安静，天下就会自然地稳定。

按：本章"天下"意为"天底下"。

"天下之至柔，驰骋天下之至坚。"（第四十三章）

①《老子今注今译》：天下最柔软的东西，能驾驭天下最坚硬的东西。

②《老子译注》：天下最柔弱的东西可以贯穿天下最坚强的事物。

③《老子通解》：天下最柔弱的水，能够穿透天下最坚硬的金石。

④《老子道德经语法读本》：天下最柔软的东西，在天下最硬的东西里穿行。

本处出现了二个"天下"意为"普天之下"。

"天下有道，却走马以粪；天下无道，戎马生于郊。"（第四十六章）

①《老子今注今译》：国家政治上轨道，把运载的战马还给农夫用来耕种。国家政治不上轨道，便大兴戎马于郊野而发动征战。

②《老子译注》：大道在天下实现的时候，没有战争，善跑的马用不上，退下来种田。天下治理不得其道的时候，战争频繁，小马在战场上出生。

③《老子通解》：天下：指天下人主。有道：指清明廉洁而言。

今译：有道之世，不用跑马，粪施田畴。无道之世，戎马生育于郊野。

④《老子道德经语法读本》：天下如果是无为而治，百姓就赶着马去耕田；天下如果没无为而治，军马就在战场上生崽。

按：本章的"天下"可作"普天之下，四海之内，全中国"解，亦可作"天下人主"解。

"天下之交，天下之牝。"（第六十一章）

①《老子今注今译》：天下之牝，天下之交也：王弼本作"天下之交，天下之牝"，据帛书甲本改。

张松如说："'天下之牝'、'天下之交'，都是由'下流'一语所生发，其义并同。"

今译：处在天下雌柔的位置，是天下交汇的地方。

②《老子译注》：天下之牝，天下之交：天下之国能秉持雌的，往往成为天下交汇下流之处。

③《老子通解》：天下之交：河上公曰："大国者，天下士民所交会。"王弼曰："天下所归会也。"

天下之牝：牝，雌性，雌常静。王弼曰："静而不求，物自归之也。"此句为比喻句，下两句亦然。

今译：是天下归附之地，犹如雌性能胜雄性。

④《老子道德经语法读本》：天下川流的交汇处，又像天下柔弱的雌性。

按：本章两个"天下"同义，意为"普天之下"。

"天下难事必作于易，天下大事必作于细。"（第六十三章）

①《老子今注今译》：天下的难事，必定从容易的做起；天下的大事，必定从细微的做起。

②《老子译注》：天下难作于易，天下大作于细：天下祸患都从安定中产生，天下的大事都从细小中产生。

③《老子通解》：作：起。

吴澄曰："能图其难于易之时，为其大于细之时也。天下之事，始易而终难，始细而终大：终之难，起于始之易；终之大，起于始之细。故图之为之于其易细之始，则其终可不至于难。"

今译：天下的难事，必须从容易的事做起；天下的大事，必须从细小的事做起。

④《老子道德经语法读本》：天下困难的事情，一定是从容易做起的；天下重大的事情，一定是从细小做起的。

按：本章"天下"意为"普天之下"。

"天下莫柔弱于水。"（第七十八章）

①《老子今注今译》：世间没有比水更柔弱的。

②《老子译注》：天下没有比水更柔弱的。

③《老子通解》：天下没有比水更柔弱之物。

④《老子道德经语法读本》：天下没有什么比水更柔弱的。

按：此处"天下"为"天底下"。

"受国不祥，是为天下王。"（第七十八章）

①《老子今注今译》：承担全国的祸难，才配做天下的君王。

②《老子译注》：承受国家的不善，可以作为天下的君王。

③《老子通解》：不祥：不吉善，祸殃。

河上公曰："人君能受国之垢浊者，若江海不逆小流，则能长保其社稷，为一国之君主也。人君能引过自与，代民受不祥之殃，则可以王天下。"

林希逸曰："故古圣人常有言曰：'能受一国之垢者，方可为社稷主；能受一国之不祥者，方可为天下王。'此即'知其荣，守其辱'之意。不祥者，不美之名也。盖位至高者，不可为天下求胜，须能忍辱，则可以居人之上。"

吴澄曰："污秽不吉善，人所耻贱以为卑辱，圣人则不然，虽一国以污秽不吉善之名归之己，皆受之不辞，盖能柔弱，甘以卑辱自处，非如刚强之人欲以尊荣上人也，然神所歆享而可以主社稷，民所向往而可以王天下。刚强者神怒民叛而失国失天下，柔弱者神佑民附，有国有天下。此柔弱胜刚强之效也。"

今译：能承受国家不祥祸殃的人，可以成为天下之王。

④《老子道德经语法读本》：能够承担国家的灾殃，这才能当天下的君王。

按：本此"天下"意为"全国，全天下"或"天底下"。

四、天地万物的"天下"

"独立不改，周行而不殆，可以为天下母。"（第二十五章）

①《老子今注今译》：天下母：帛书本及范应元本作"天地母"。范应元说：

"'天地'字，古本如此；一作'天下母'，宜从古本。"然证之简本作"天下母"，王弼本正同。

今译：它独立长存而永不休止，循环运行而生生不息，可以为天地万物的根源。

②《老子译注》：独立无匹而不改变，无所不至而不倦怠，天地可由其产生。

③《老子通解》：独立永生，循环运行而不穷乏，成为天地万物的母体。

④《老子道德经语法读本》：孑然屹立而不改变，循环运动却无危险，可以成为天下之根本。

按：本章中的"天下"意为"天地万物"，即"自然界，天地间"。

"道常无名，朴虽小，天下莫能臣也。"（第三十二章）

①《老子今注今译》：道永远是无名而朴质状态的。虽然幽微不可见，天下却没有人能臣服它。

②《老子译注》：道无法称名，混然不经人为，虽然小不可见，天下没有什么能使道臣服。

③《老子通解》：天下莫能臣也：奚侗曰："道为万物主宰，故曰'莫能臣'。"

今译：道本无名称，道名为朴，虽小，天下万物皆不能臣服。

④《老子道德经语法读本》：天下：名词，"天下人"的略称。

今译：道叫永远的无又叫朴；虽然说它很渺小，但天下无人能使它臣服。

"譬道之在天下，犹川谷之于江海。"

①《老子今注今译》：蒋锡昌说："此句倒文，正文当作'道之在天下，譬犹江海之与川谷'，盖正文以江海譬道，以川谷譬天下万物。"

今译：道存在于天下，有如江海为河川所流注一样。

②《老子译注》：道在天下如果可以比喻，正如小河流与江海一样，（有小有大，有低有高）。

③《老子通解》：林希逸曰："川谷之水，必归之江海而后止；天下之物，必归之道而后止。故曰：'道之在天下，犹川谷之于江海'也。"吴澄曰："盖道之在天下，犹江海为众流之所归"。

今译：道存在天下，犹如川谷皆流入江海。

④《老子道德经语法读本》：比如道能被天下人接纳，就像川流被江海容纳一样。

按：本章出现的两个"天下"意思都是天地、自然界、人世间。

"天下万物生于有，有生于无。"（第四十章）

①《老子今注今译》：天下万物生于有，有生于无。

②《老子译注》：天下之物皆赖有而有存，无的分化产生有。

③《老子通解》：谓天下万物生于有形的天地。河上公曰："天下万物皆从天地生，天地有形位，故言生于有。"

今译：天下万物生于有形之天地，有形之天地生于无形之大道。

④《老子道德经语法读本》：天下的万物从有产生，生万物的有从无产生。

按：本章"天下"意为自然界。

"不出户，知天下。"（第四十七章）

①《老子今注今译》：不出门外，能够推知天下的事理。

②《老子译注》：不出门就知晓天下的状况。

③《老子通解》："不出户"两句，意谓不外出考察，即能知道天下发生的事物。

对此，古代即有五种诠释：其一，河上公曰："圣人不出户以知天下者，以己身知人身，以己家知人家，所以见天下也。"

其二，奚侗曰："《文子·下德》篇：'人君不出户以知天下者，因物以识物，因人以知人也。'"

其三，王弼曰："事有宗，物有主，途虽殊而同归也，虑虽百而其致一也。道有大常，理有大致，执古之道，可以御今；虽处于今，可以知古始。故不出户、窥牖，而可知也。"按此说亦包括以下两句。

其四，林希逸曰："天下虽大，人情物理一而已矣，虽不出户，亦可知也。"

其五，吴澄曰："天下万事万物之理皆备于我，故不出户而遍知。"

今译：不外出考察，即能知道天下的事物。

④《老子道德经语法读本》：天下：名词。指天下事。是"天下事"的略称。偏正词组，运用时，以偏代正。

今译：就是不到门外，也知道天下事。

按：本章"天下"指"天下事"，或者说天下的事物、状况、事理。

"天下有始，以为天下母。"（第五十二章）

①《老子今注今译》：天地万物都有本始，作为天地万物的根源。

②《老子译注》：天下万物有其初始，这个初始也是天下万物的母。

③《老子通解》：始：指道。河上公曰："始，道也。道为天下万物之母。"

母：吴澄曰："始，道也。母，德也。有此天地之始，以此为万物之母。"

按道与德本融为一体，故吴澄曰："有此天地之始，以此为万物之母。"

今译：天地万物的始祖，是天地万物的母体。

④《老子道德经语法读本》：天下：名词。"天下人"的略称。天下：名词，"天下万物"的略称。

今译：天下人发现了道，就把道称为天下万物的母。

按：本章出现两次的"天下"意义一致，都是"天下万物，天地万物"。

"以道莅天下，其鬼不神。"（第六十章）

①《老子今注今译》：用道治理天下，鬼怪起不了作用。

②《老子译注》：以道来君临天下，鬼也不显示灵效。

③《老子通解》：莅：临也，意谓治理。

河上公曰："以道德居位治天下，则鬼不敢见其精神以犯人也。"按见，显现也。

吴澄曰："鬼，天地之气。神，灵怪也。人之气与天地之气相通为一，有道之主临莅天下，简静而不扰其民，故民气和平，充塞两间，相为感应，而天地之气无有乖戾，故鬼不为灵怪兴妖灾也。"

今译：用道治理国家，鬼也不会作祟。

④《老子道德经语法读本》：只要用无为而治天下，那鬼就不灵。

按：本章"天下"意为"天下万物"。

五、国家权力的"天下"

"奈何万乘之主，而以身轻天下？"（第二十六章）

①《老子今注今译》：以身轻天下：任天下时轻用自己的生命。

河上公说："王者至尊，而以身行轻躁乎？疾时王者奢恣轻淫也。"

苏辙说："人主以身任天下，而轻其身，则不足以任天下矣。"

吴澄注："以身轻天下，谓以其身轻动于天下之上也。"

今译：为什么身为大国的君主，还轻率躁动以治天下呢？

②《老子译注》：为什么大国的君主，却轻率躁动来治理天下呢？

③《老子通解》：释义同样引用苏辙、吴澄，今译似乎漏了这一句。

④《老子道德经语法读本》：天下，"天下人"的略称，名词。

今译：怎么一个大国的国王，却把自身看得比天下人轻？

按：本章"天下"意为"国家权力"。

"将欲取天下而为之，吾见其不得已。天下神器，不可为也。"（第二十九章）

①《老子今注今译》：天下神器：天下是神圣的东西。"天下"指天下人。河上公注："器，物也，人乃天下之神物也；神物好安静，不可以有为治。"

今译：想要治理天下却用全力去做，我看他是不能达到目的了。"天下"是神圣的东西，不能出于强力。

②《老子译注》：想要通过有为的方式获得天下，我断定他不会成功。天下是神奇的器物，不能以有为的态度去获取。

③《老子通解》：天下神器：天下，指天下之人。神器：神物。器：物也。句谓：天下之人是神物，是不可妄为而治的。按河上公曰："人乃天下之神物也；神物好安静，不可以有为治。"按把人看作神物，为比喻。

今译：想做天下之主而妄加治理，我看他做不到天下人民是神物，是不能妄加治理的。

④《老子道德经语法读本》：谁想要在治理天下妄自作为，我看他是不能得逞的。因为天下是个神圣的物器，是不能妄自作为的。

按：本章出现两个"天下"，当都为"国家权力"之意。

"取天下常以无事，及其有事，不足以取天下。"（第四十八章）

①《老子今注今译》：治理国家要常清静不扰壤，至于政举繁苛，就不配治理国家了。

②《老子译注》：只有以无事的方法，才能治天下。

如果有所事，就不能治天下。

③《老子通解》：治理天下，当常以无心而为，及其有心妄为，就不能治理天下。

④《老子道德经语法读本》：只要常用无事来管好天下；等到他有事的时候，就不能够管好天下了。

按：本章"天下"意为"国家权力"。

"以无事取天下。"（第五十七章）

①《老子今注今译》：取天下：治理天下。朱谦之说："取天下者，谓得民心也。……《荀子·王制篇》杨倞注：'取民谓得民心。'"

今译：以不搅扰人民来治理天下。

②《老子译注》：以无事来治理天下。

③《老子通解》：无事：无为也。取：治也。林希逸曰："无为而为，则可以得天下之心。"奚侗曰："正者，但知治国而不可以取天下。惟以无为治天下，不期

服人而人无不从之也。"

今译：以顺应自然治天下。

④《老子道德经语法读本》：圣人用无事治理天下。

"天下多忌讳，而民弥贫。"（第五十七章）

①《老子今注今译》：彭浩说："'畔'借作'叛'，这两句意为：人主的禁忌越多，而人民多背叛。与下文的'邦滋昏'为对文。"（《郭店楚简〈老子〉校读》）

今译：天下的禁忌越多，人民越陷于贫困。

②《老子译注》：天的忌讳越多，民众违背的就越多。

③《老子通解》：禁忌愈多，人民愈贫。

④《老子道德经语法读本》：天下：名词。这里指"天下人君"或"国家"。

今译：只要天下的禁忌越多，而百姓就会越加贫困。

按：本章出现的两个"天下"，可作"国家权力"解。

综上所述，通过对具体章节、章句的分析，我认为"天下"这个词在《道德经》中有三种不同的属性，它们分别是政治概念、哲学概念和范围概念。

作为政治概念的"天下"，指的是君王所统辖的领土，或者说"国家""国家的统治权"。当然，也含有朴素的世界情怀。

《诗经·小雅·谷风之什·北山》中有言："溥天之下，莫非王土"，这句诗指出了君王的责任：君王富有四海，普天之下都是君王的领土，因此君王应当对天下负责。这里的"溥天之下"就有政治含义，简化之后即为"天下"。

天之下为地，天下的土地皆为君王所统治，古人限于条件，以为天下之大，只有一个中国，因此作为政治概念的"天下"一般指的是"全国，全中国"。

《道德经》中提及君王治国之道时的"天下"，通常都是政治概念，如"治天下""取天下"等，译文中一般不做进一步解释，直接使用"天下"。

作为哲学概念的"天下"，指的是天下万物、天地、天地万物，乃至于自然界、全宇宙等等，它所指代的领域最为广阔，几乎无所不包，因为老子最重要的哲学概念"道"便具有这样无所不包的特性。

"道"作为世间的本原，是超脱于天地万物之上的，与之相对的"天下"便也超脱了中国的领土范围；"道"无所不至，适用于整个自然界，"天下"的范围便也扩张到了整个自然界。

因此，在涉及"道"的章节中，"天下"一般都是哲学概念。

除政治概念与哲学概念之外的"天下"，大多作为范围概念而存在，它的含义比较多样，可译为全天下、天底下、天下人、天下百姓、天下万民、天下人主、人君，等等，当译作百姓、君王时，它指代的是人，当译为"全天下、天底下、普天之下"等时，它是一个范围，但这个范围有时候指的是全中国之内，有时候指的是全世界之内，有时候指的是全宇宙之内，有时候比较含糊不易区分，其具体含义要放在章节之中来理解。

（柳颖　谢清果）

道之为物

　　"老子思想的集大成——《道德经》，像一个永不枯竭的井泉，满载宝藏，放下汲桶，唾手可得。"这是世界顶级文学家尼采对《道德经》的至高评价；"道为天地之本、万物之源。中国人把认识道德各种形式看作是最高的学术。老子的著作，尤其是他的《道德经》，最受世人崇仰。"这是德国哲学大师黑格尔的评价；"每个德国家庭买一本中国的《道德经》，以帮助解决人们思想上的疑惑。"德国前总理施罗德如是说……这部被誉为"万经之王"的神奇之书，如宝塔之巅的明珠在世界文坛上占有重要的位置。在国内，它如璀璨的明星一般照亮我国古老的历史文明。作为一部不朽的传世之作，它既是中国道教的思想源泉，也是东方智慧的代表之一。老子在短短的五千言中，以其精练的语言和深邃的智慧，探究了天之道、地之道，深刻揭示了宇宙生命发生发展和人类社会发展变化的真谛。

　　《道德经》亦称《老子》，总字数大约为 5000 字，分上下两篇，原文上篇《德经》、下篇《道经》，不分章，后改为《道经》37 章在前，第 38 章之后为《德经》，并分为 81 章。它是中国历史上首部完整的哲学著作，微言大义，一语万端。据联合国教科文组织统计，《道德经》是除了《圣经》以外被译成外国文字发布量最多的文化名著。可见《道德经》的传播之广，影响之大。

　　对于《道德经》的内容用"微言大义、一语万端"来形容毫不为过，如果想要对于其中的内容进行深刻的研讨和理解，没有个几十万字也难以说清道明。鉴于其内容横跨多方面，所以哪怕是其中一个我们平时见怪不怪的字眼，在这本书中也被赋予了广阔的意蕴有待后人去挖掘思考，所以这次想对《道德经》中一个字进行简要的理解，这个字由于在我们日常生活中太过于普遍和常见，司空见惯之后只会让我们忽视它身上原本存在的丰富意涵，它就是"物"字，一般人很难想到这个充斥于生活的各个方面的很普通的字眼会有什么文章可作，有什么内容可写，但是老子偏偏就写出了不一般的思想高度，就开拓了与世俗凡人不一样的视野，这是一代文学家、思想家的高深所在，用自己本与世人一样的眼睛看世界，却能够看到世人看不到的东西，世人窥不到的文学瑰宝！

这个"物"字在老子的思想中也占有重要的位置。在老子眼中，全书的中心"道"就是一种物体。"孔德之容，惟道是从。道之为物，惟恍惟惚。惚兮恍兮，其中有象。恍兮惚兮，其中有物。窈兮冥兮，其中有精。其精甚真。其中有信。自古及今，其名不去，以阅众甫。吾何以知众甫之状哉！以此。"（第二十一章）这一段话看上去有点晦涩难懂，但是却精炼深切地揭示出了道与物的千丝万缕的关系，每一句，每个字，似乎都暗藏玄机。

张若楠《〈道德经〉启示录——人类起源揭秘》一书对于这句话的翻译是：大德的样态，随着道为转移。道这个东西，是恍恍惚惚的，那样的恍恍惚惚，其中却有迹象；那样的恍恍惚惚，其中却有实物；那样的深远暗昧，却中却有精质；那样的暗昧深远，其中却是可信验的。从当今上溯到古代，它的名字永远不能消去，依据它才能认识万物的本始。我怎么知道万物本始的情形呢？从"道"认识的。

综合前人的相关文章，梳理下对此句的解释。首先，就"道之为物，惟恍惟惚。惚兮恍兮，其中有象；恍兮惚兮，其中有物"这句话来看，此六句反复形容道之为物，似有非有，似无非无；有而不有，乃是无中所生的妙有；无而不无，乃是无中之妙无。不属于有，不属于无，惟恍惟惚，恍惚之妙，混混沌沌，隐显于有无之中。似乎有象，以有象求之，则又无象；似乎有物，以有物求之，则又无物。无方所，无定体，无声无色，无形无象，但却能变化莫测。道之为物，这个"物"字，乃是不物之物，是一种肉眼不可见的高级精微物质。就数而言，此物中有一，一中又含三，能生万物的元精、元炁、元信。这三种基本物质，有类于现代物理学所称的"暗物质"，并非显态后天有形的物象。

自然大道的最本质期就是太虚，经过太易进入太初阶段，元炁开始形成，炁的生成变化过程，就产生质性，"太素"就是质性的开始状态。质性出现而产生形，沌形并非常态之形，而是道性之形，这就是"太始"阶段。这种形成变化的演变过程，既是微观的，也是宏观的，可以称为物的"初始化"阶段，都包容于"一"中，是一种无极向太极的演化过程。自然大道的隐显层次，都是由宇宙本源（元）演化出来，才产生出天地万物的各种不同级次，形成大道包容下的形质差异和层次分别。近代科学在生物微观的研究中，深入到三胚层、卵细胞分裂、染色体结构、遗传物质染色体数量、DNA 双螺旋结构，遗传基因的 64 种组合体等，都是初步进入这些道性微观领域的求证。这种研究小中见大，知微识巨；大中容小，识巨知微，这些在一定程度上与中华先祖们悟性思维相契合，相呼应的。

　　人的先天本心，具有空明虚灵之妙，能通天下一切物，视之却又实无一物，故以"有物"言之。人心若能复得虚灵之妙，不被外物所蒙，不受内欲污染，以虚合虚，无中自然能生有，无象中自然有象，无物中自然有物。此物非白非青，非实非虚，只可神会，难以言传。

　　老子在第二十五章中写道："有物混成，先天地生。寂兮寥兮，独立而不改，周行而不殆，可以为天地母。吾不知其名，字之曰道，强为之名曰大。大曰逝，逝曰远，远曰反。故道大，天大，地大，人亦大。域中有四大，而人居其一焉。人法地，地法天，天法道，道法自然。"在这里，我想强调"有物混成，先天地生"这句话，这句话中的"物"就是"道"，在老子眼中，道就是物，物就是道，二者本为一体。

　　整个宇宙只有一种"物"没有阴阳二气中的任何一种气，它是绝对均衡的。它是绝对有的，它是绝对无的；它是绝对静止的，它是绝对运动的；它就是"道"。说它有，是因为它遍布宇宙每一个角落；说它无，是因为没有办法实实在在地抓到它。就好像在大海里，到处都是水，你反而永远也找不到水。如果要说"有"水，那么对应的就应该是个"没"水的状态才能显出"有"水。而"道"在宇宙的范围内是没有"没"道的地方的，大"有"反而成了"无"。说它绝对运动，是因为它的存在就是不停地运动；说它绝对静止，是因为它从开天辟地以来它就一直保持着这样的状态，而且直到宇宙崩坏都不会改变。这种高度的矛盾又统一的存在方式，就叫"混成"。

　　正因为它"混成"，所以它不但"先天地生"，而且"后天地灭"。而且它的"生"和"灭"都必定不在这个宇宙的范畴之内，所以它可以说是"永恒"的——天地万物皆变，不变的唯有"道"。

　　《张其成全解道德经》一书认为，"道者万物之奥"这个命题说明了"道"的功能、作用。"奥"是深藏、庇荫的意思，"道"是万物深藏之地，能荫蔽万物。那对于"物"这个字，在老子的笔下，总是与"道"相伴而行。"道"是恍惚的，朦胧的，就像青春朦胧的少女，就像一首朦胧多情的诗。"道"又是浑然天成的，混混沌沌，模模糊糊。"道"是万事万物生长的总根源，也是万事万物变化的总规律。而物之存在这个世界上，可以说普通到我们一般都视而不见的程度，就是由于我们司空见惯见怪不怪，却忽略了"物"之本身的意义。宇宙之大，何不为物？不是物的事物也不可能存在，就连人类本身，都说自己是高级的生物，但是在真理面前，我们不也和其他的动物静物一样，服从于宇宙规律的运转，承认自己也是物的世界的一员吗？千万不要在流光溢彩的世俗中迷离了双目，而丢失自己的本心。老子总是在用最质朴的语言，讲最深刻的道理，让我们在阅读的同时，扣心自问，返璞归真。

老子的《道德经》，是我国传统文化的重要源头是中国思想史上一座名垂千古的丰碑，是源远流长的中华民族志民族精神的重要组成部分。它的内容值得一代又一代的人去思考和深究。哪怕是一个简简单单的"物"，也能升华出人类的智慧。二千多年来，它深刻地影响着一代又一代中华儿女的思想心理和社会生活。全面地把握这一光辉著作的思想内涵，是深刻理解中华文化源流和民族精神的关键之一。站在时代的高度，一宏观视野和战略眼光重新反思和研究考证《道德经》及老子的哲学思想，对于全面正确地把握它的思想内涵，对于在全球化条件下重建中华文化，显扬其本真主义和价值，具有重要的理论和实践意义。

（张佳俐　谢清果）

道生德蓄

　　《老子》是中国历史上重要的哲学著作，是中国道家哲学思想的重要来源，被称为道家道教的"圣典"或"圣经"，里面记载了先秦时期哲学家老子的思想。《老子》分上下两篇，原文上篇《德经》，下篇《道经》，不分章；后改为《道经》在前，《德经》在后，并分为 81 章，内容涵盖了哲学、政治、养生等领域，一直深受人们喜爱，被历代哲学家、思想家、学者所关注，所涌现出来的研究著作更是数不胜数，这其中对老子的道本论的研究更是成为历代学者研究的中心。老子的道本论是中国哲学史上典型的一元本体论。其典型的表达是今本《老子》第四十章的"天下万物生于有，有生于无"。

　　《老子》中"生"字共出现 38 次，有"产生、生成、生长、生育、生存、生命、生活、活动"等含义。

　　对于"生"，即生命的产生及其生长、生存，老子是立足于宇宙的广阔视野来观察的。在他看来，宇宙是一个大生命体，宇宙万物有其母体，这就是"道"；"道"赋予万物以生命的潜能，万物生命的开始便是万物之"生"。所以，老子不仅考察了人之生，更考察了万物之生以及万物的母体"道"之生的问题。关于"道"，老子认为它是永恒的存在，无始无终，故不存在产生的问题，而只是"存在"而已。关于万物之生，老子一是强调了万物产生的根据性，认为万物都是由"道"派生的，自身不具有根源性，必须依据"道"而产生，所以老子提出"道生一，一生二，二生三，三生万物"的宇宙生成论。二是强调了万物之生的自然性。在老子看来，万物既不自求其生，"道"也不是有意生物，万物之生乃是自然而然发生的事实。万物生命的持续也只是任其自然而已，并非有意如此，"天地之所以能长且久者，以其不自生，故能长生"。（第七章）三是强调万物的生长过程是一个渐进的不断积累的过程，总是由小到大、由弱到强，所谓"合抱之木，生于毫末"。（第六十四章）关于人之生，老子也进行了认真的观察和思考。首先，他认为人之生与物之生一样，也有一个由弱小到强大的渐变过程，他说"人之生也柔弱，其死也坚强；草木之生也柔脆，其死也枯槁"。（第七十六章）老子由对人及草木之生的这种观察而得出一种"生"的原则，这就是"柔弱者生之徒"，（第七十六章）即柔弱的东西是属于新生的、有生机活力的、能继续存在的一类，这是以辩证的发展眼光观察生命现象后得出的结论。

其次，老子强调对人之生要像对万物之生那样顺其自然，既不自残其生，也不自益其生。如果说"清心"和"虚心"可视为老子对生命肉体的保养之"道"，那么"长生久视"（第五十九章）可视为他对生命之精神可达到的一种境界。对于人来说，死是必然的，但也是可以超越的。老子从"名与身孰亲？身与货孰多？得与亡孰病？"的贵身思想出发，极力主张"见素抱朴""去甚、去奢、去泰"，要求"知足不辱，知止不殆""致虚极，守静笃"，以求能够"长生久视"。

老子曰："生之徒，十有三，死之徒，十有三，人之生，动之于死地，亦十有三。夫何故，以其生生之厚"。（第五十章）所谓"十有三"，王弼曾注云："犹云十分有三分。"今称"十分之三"，老子实际所指的是三分之一，即取三等份之成数而言。其中前两种属于非人为的自然因素，后者则是人为的因素。老子之所以将"生之徒"和"死之徒"看成是非人为的因素，是因为他认为生命源本于自然，生存的因素是与生俱来的自然禀赋，死亡则是万物的必然趋向与归宿。在老子看来，毫无疑问，人之生死在很大程度上取决于非人为的自然因素。但有的人却因将生看得太重，违背生命发展的固有规律而自益其生，养生过度，导致死亡。所谓"生生之厚"，是说对养生之事的过于看重，而正是由这种过于求生的欲望才不断将人引向死亡之路。吴澄《道德真经真注》于"贵生"，注云："贵重其生，即生之厚。求生之生重，保养太过，将欲不死，而适以易死。"正道出了过于看重养生而事与愿违的道理。所以其"之死地"之结果则完全是咎由自取。

"生"与"死"是生命的两极表现，历来受到古今中外哲学家的广泛关注。中国古代的生死观念起源很早，早在商周时期，先民们对生死现象就有了初步的认识。从总体上看，中国古代人对"生"的体验与认识是间接而渐进的，对"死"的体验与认识则是直接而突然的。老庄道家的生死观念极具理性色彩，对于今人对待生死问题不乏启示意义。

（夏明江　谢清果）

得一的指向

在老子《道德经》之中，"一"字作为一个核心概念，在不同章节有着不同的意味，不同学者也对这个字有着不同的诠释。一般我们认为"一"字在《道德经》中，主要代表了"整体""道""细微""初始本性"等意义。

《道德经》中的"一"，一共出现在 8 个章节中，分别是第十章"载营魄而抱一，能无离乎"、第十一章"三十辐共一毂，当其无，有车之用"、第十四章"此三者不可致诘，故混而为一"、第二十二章"是以圣人抱一为天下式"、第二十四章"域中有四大，而人居其一焉"、第三十九章"昔之得一者：天得一以清；地得一以宁；神得一以灵；谷得一以盈；万物得一以生，侯王得一以为天下贞"、第四十二章"道生一，一生二，二生三，三生万物"、第六十七章"一曰慈，二曰俭，三曰不敢为天下先"。

其中，有三个为数词或数词相关意义，分别是"三十辐共一毂，当其无，有车之用"、第二十四章"域中有四大，而人居其一焉"、"一曰慈，二曰俭，三曰不敢为天下先"，意义分别是"一个""其中之一"。这三者没有什么代表老子《道德经》的深层意蕴的意思，只是简单的数量词，故不在后文中再做讨论。

一、各章中"一"的释义

第十章，"载营魄而抱一"，意为精神和形体合二为一。其中的"一"有几种解释：（1）"一，人之真也"，即人的朴素的初始本性。（2）精神与形体不分离，魂魄和而为一，与"道"融合，"一"即融合统一。（3）一，指道和混沌元气。（4）一，即道的初始状态。（5）一，即代表整体。

第十四章，"此三者不可致诘，故混而为一。"意为这三者的形象无从纠诘，是混沌一体的。此处的"一"代表一个整体。

第二十二章，"圣人抱一为天下式"，意为所以有道的人坚守这一原则作为天下事理的范式。这里的一：（1）指"道"、大道。（2）"一"，一个整体。（3）"一"少至极也，万物之形归于一，这里的一即指天下万物的法则。

第三十九章，"昔之得一者：天得一以宁；地得一以宁；神得一以灵；谷得一以盈；万物得一以生，侯王得一以为天下贞。"意为从来凡是得到一的如下：天得到"一"而清明，地得到"一"而宁静，神得到"一"而灵妙，河谷得到"一"而充盈，万物得到"一"而生长，侯王得到"一"而天下安宁。（1）这里的一指"道"，数之始而物之极。（2）有解释称，此处的一作整合讲。

第四十二章，"道生一，一生二，二生三，三生万物。"意为道是独一无二的，独一无偶的道禀赋阴阳两气，阴阳两气相交而成一种均匀的状态，万物都是在这种状态下产生的。（1）这里的一指"阴"。（2）一，是指最简单的初始状态的事物，最小的数。（3）一，指统一的整体。（4）一，指未分阴阳的混沌之气。

二、《道德经》中"一"的概念

总的来说，《道德经》中"一"的内涵丰富，有如下几种解释：

（1）一为人的初始的本性。在《道德经》中，代表着人的朴素的初始本性。人的自然本性是看不见、摸不着的、是超感觉的天性，即无性，代表着求生，顺应自然的天性，代表着人的自然权利，这种初始本性以人的肉体为表现形式。对于初始本性有以下的理解：①人的初是本性是多元动态的，可以通过后天的主观能动性塑造、改变。②非常柔软的、放松的，可以以柔克刚的状态。是无为之性，是静虚的状态。

（2）一，融合统一的意思。是一种对立的融合与统一，魂、魄融合统一，精神形体融合统一，相应的柔与刚、无为与有为这一系列对立关系也在对立中融合统一。

（3）一，指道和混沌元气。描绘的是混沌元气，太极之初，天地刚刚形成的情况。也指的是纯粹、朴素、无色的大道，没有具体的名称，简单以一或道来代表这个状态。

（4）一，道的初始状态，即自然的状态，"有物混成，先天地生。寂兮寥兮，独立而不改，周行而不殆，可以为天地母。吾不知其名，字之曰道，强为之名曰大。大曰逝，逝曰远，远曰反"，从这里可以看出，道的初始状态先天地而形成，循环往复，不断运行形成了天地，具有不可命名性，暂时称之为道或大。

（5）一，代表道，是一个抽象的假设的名词。是一种虚无知道，不可命名，具有多元动态性，一直在变化，并非永恒不变的。是宇宙的本质和实质，是无所不包的自然规律，是万事万物的本源。

（6）"一"代表"气"，易有太极，是生两仪，两仪生四象，四象生八卦，八卦定吉凶，吉凶生大业。《道德经》中的"一"十分类似《易经》中太极的概念，都是指"元气"，如"夫物，始于元气。""一"是道的表现形式。元气是世界物质统一性的基本元素，人也是由天地之元气相合孕育而成。

（7）"一"代表整体，如魂魄为一个整体代表了人的精神灵气。通常认为魂是阳气，构成人的思维才智。魄是粗粝重浊的阴气，构成人的感觉形体，两者作为一个整体即成为了人。

（8）"一"，代表整合，天、地、神、谷、万物、侯王这些得到整合，各得其所，各取其长，能使自然运行规律，这些事物都能发挥其作用，达到和谐统一的效果。

（9）"一"代表天下万物的法则，而道德经中，无为是万物运行中重要的法则，"为道者日损，损之又损，以至于无为，无为而无不为。"将系统运行能量降到最低，顺应万物运行规律，为人而言无为则静心、思考，做每个阶段该做的事，不能急躁、功利化。

（10）"一"指数词。当中数词基本表示概数和序数，代表有几个或者第一个是什么

三、"一"的哲学思考

（1）"一"所代表的整体观

道德经中"一"多次被解释为整体，其背后隐含着一种整体观的观点。老子认为人只有按本性生活，可以达到"天人合一"的境界。也就是说，老子崇尚的是人与自然环境相统一、相协调的整体观。老子认为，宇宙万物的本源是道，是一种自然规律，而人也是服从于这种规律的统治的，并且人、一切事物也是道的产物。"道生一，一生二，二生三，三生万物"。"有物混成、先天地生。寂兮寥兮，独立而不改，周行而不殆。可以为天下母。不知其名，字之曰道，强为之名曰大。"人来自自然，必须在自然给予的条件下生存，所以人的活动受到自然的制约，人只有顺应环境，顺应自然运行的规律，也就是顺应天道，"为无为而无不为"，才能更好地生存，天之灵气才能与人之精气相通，人与自然才能融为一体。在顺应中实现人和天关系和谐统一。

昔之得一者，天得一以清，地得一以宁，神得一以灵，谷得一以盈，万物得一以生，侯王得一以为天下正，圣人抱一为天下式。老子认为，"一"是道所生，"得一"即是得"道"，

"抱一"就是抱"道"，万物神灵得一守道，就会朝着美好和谐的方向发展。

人和万物在自然中是平等的，都应遵循道，如果背离道，就会逐渐消亡。老子的整体观认为自然界的万物皆平等，没有贵贱之分，反对人类以自我为中心，违背自然规律，恣意掠夺大自然，而主张以道的观点来看待、观察物，并且要善待自然和万物，这样才能达到天人合一，天人和谐的状态。

（2）"一"所代表的对立统一的朴素辩证法的观点

"道生一，一生二，二生三，三生万物。万物负阴而抱阳，冲气以为和。或损之而益，或益之而损"这里的"一"是太虚运动着的元气。气之所以能动是由于"阴阳"，这说明了气这个统一体是由阴阳两个对立排斥的元素构成的。阴和阳特点、规律都不同，阴柔弱，为下降运动，而阳则是刚强，为上升运动。"柔""弱"都是指新生的东西。而"刚""强"则指的是陈旧的事物。这两者构成了一对矛盾，使得元气中包含了刚与柔，上升与下降，这些矛盾、运动，阴阳作为一对矛盾相互斗争、冲突，也造成了元气的相互运动、变化、发展，进而生出三，生出万物。而在对立统一中，新事物得到发展逐渐成长起来，而旧事物逐渐颓废，被新事物所战胜，被时代淘汰。

矛盾双方在统一体中的相互结合，冲突，使得双方在斗争中处于某种平衡状态，是客观世界中常有的现象。这种斗争中的平衡，为事物的变化发展准备了必不可少的条件。故道也是多元动态的存在。这其中阴阳相克相生的观点充分体现了老子中朴素的辩证法，即对立统一的矛盾的观点。

总而言之，老子《道德经》中的"一"，具有道、整体、整合、元气、融合统一、人的初始本性、万物法则、数词的丰富内涵，并且"一"揭示了《道德经》中核心的对立统一的矛盾观和以"一"为代表的整体观。

（罗思琦　谢清果）

道生之，德蓄之

司马迁明言《道德经》五千余言"言道德之意"，道与德两个关键字是《道德经》的核心概念，对此两概念的理解，是理解《道德经》整部书的关键。鉴于道与德两概念的核心地位，本文列出道出现 75 次和德出现 43 次的章句，进而进行综合分析。

一、道与德两字出现的关键章句

第一章　道可道，非常道。名可名，非常名。

第四章　道冲而用之，或不盈。

第八章　上善若水。水善利万物而不争，处众人之所恶，故几于道。

第九章　功遂身退，天之道。

第十四章　执古之道以御今之有。能知古始，是谓道纪。

第十五章　孰能安以动之徐生。保此道者不欲盈。

第十六章　知常容，容乃公，公乃全，全乃天，天乃道，道乃久，没身不殆。

第十八章　大道废有仁义；智慧出有大伪；六亲不和有孝慈；国家昏乱有忠臣。

第二十一章　孔德之容惟道是从。道之为物惟恍惟惚。

第二十三章　故从事于道者，同于道。德者同于德。失者同于失。同于道者道亦乐得之；同于德者德亦乐得之；同于失者失于乐得之。

第二十四章　企者不立，跨者不行。自见者不明，自是者不彰。自伐者无功，自矜者不长。其在道也，曰：余食赘形。物或恶之，故有道者不处。

第二十五章　有物混成先天地生。寂兮寥兮独立不改，周行而不殆，可以为天下母。吾不知其名，强字之曰道。强为之名曰大。大曰逝，逝曰远，远曰反。故道大，天大，地大，人亦大。域中有大，而人居其一焉。人法地，地法天，天法道，道法自然。

第二十八章　知其雄，守其雌，为天下溪。为天下溪，常德不离，复归于婴儿。知其白，守其黑，为天下式。为天下式，常德不忒，复归于无极。知其荣，守其辱，为天下谷。为天下谷，常德乃足，复归于朴。朴散则为器，圣人用之则为官长。故大制不割。

第三十章　以道佐人主者，不以兵强天下。其事好还。师之所处荆棘生焉。军之后必有凶年。善有果而已，不敢以取强。果而勿矜。果而勿伐。果而勿骄。果而不得已。果而勿强。物壮则老，是谓不道，不道早已。

第三十一章　夫佳兵者不祥之器，物或恶之，故有道者不处。

第三十二章　道常无名。朴虽小天下莫能臣也。侯王若能守之，万物将自宾。……譬道之在天下，犹川谷之于江海。

第三十四章　大道泛兮，其可左右。万物恃之以生而不辞，功成而不名有。衣养万物而不为主，常无欲可名于小。

第三十五章　道之出口淡乎其无味。视之不足见。听之不足闻。用之不足既。

第三十七章　道常无为，而无不为。

第三十八章　上德不德是以有德。下德不失德是以无德。上德无为而无以为。

下德无为而有以为。上仁为之而无以为。上义为之而有以为。上礼为之而莫之以应，则攘臂而扔之。故失道而后德。失德而后仁。失仁而后义。失义而后礼。夫礼者忠信之薄而乱之首。前识者，道之华而愚之始。是以大丈夫，处其厚不居其薄。处其实，不居其华。故去彼取此。

第四十章　反者道之动。弱者道之用。天下万物生于有，有生于无。

第四十一章　上士闻道，勤而行之。中士闻道，若存若亡。下士闻道，大笑之。不笑不足以为道。故建言有之：明道若昧，进道若退，夷道若纇。上德若谷，大白若辱，广德若不足，建德若偷，质真若渝。大方无隅，大器晚成，大音希声，大象无形。道隐无名。夫唯道，善贷且成。

第四十二章　道生一，一生二，二生三，三生万物。万物负阴而抱阳，冲气以为和。

第四十六章　天下有道，却走马以粪。天下无道，戎马生于郊。

第四十七章　不出户知天下。不窥牖见天道。其出弥远，其知弥少。是以圣人不行而知。不见而明。不为而成。

第四十八章　为学日益，为道日损。损之又损，以至于无为。无为而不为。取天下常以无事，及其有事，不足以取天下。

第四十九章　圣人无常心，以百姓心为心。善者吾善之，不善者吾亦善之，德善。信者吾信之，不信者吾亦信之，德信。

第五十一章　道生之，德畜之，物形之，势成之。是以万物莫不尊道，而贵德。道之尊，德之贵，夫莫之命而常自然。故道生之，德畜之。长之育之。亭之毒之。养之覆之。生而不有，为而不恃，长而不宰。是谓玄德。

第五十三章　使我介然有知，行于大道，唯施是畏。大道甚夷，而人好径。朝甚除，田甚芜，仓甚虚。服文彩，带利剑，厌饮食，财货有余。是谓盗夸。非道也哉。

第五十四章　善建者不拔。善抱者不脱。子孙以祭祀不辍。修之于身其德乃真。修之于家其德乃余。修之于乡其德乃长。修之于邦其德乃丰。修之于天下其德乃普。故以身观身，以家观家，以乡观乡，以邦观邦，以天下观天下。吾何以知天下然哉？以此。

第五十五章　含德之厚比于赤子。……益生曰祥。心使气曰强。物壮则老。谓之不道，不道早已。

第五十九章　治人事天莫若啬。夫唯啬是谓早服。早服谓之重积德。重积德则无不克。……。是谓深根固柢，长生久视之道。

第六十章　治大国，若烹小鲜。以道莅天下，其鬼不神。非其鬼不神，其神不伤人。非其神不伤人，圣人亦不伤人。夫两不相伤，故德交归焉。

第六十二章　道者，万物之奥。……故立天子、置三公，虽有拱璧，以先驷马，不如坐进此道。古之所以贵此道者何？不曰：求以得，有罪以免邪？故为天下贵。

第六十三章　为无为，事无事，味无味。大小多少，报怨以德。

第六十五章　古之善为道者，非以明民，将以愚之。民之难治，以其智多。故以智治国，国之贼。不以智治国，国之福。知此两者，亦稽式。常知稽式，是谓玄德。玄德深矣远矣，与物反矣。然后乃至大顺。

第六十七章　天下皆谓我道大，似不肖。夫唯大，故似不肖。

第六十八章　善用人者为之下。是谓不争之德，是谓用人之力，是谓配天之极。

第七十三章　勇于敢则杀。勇于不敢则活。此两者或利或害。天之所恶孰知其故。天之道不争而善胜。

第七十七章　天之道，其犹张弓与？高者抑之，下者举之。有余者损之，不足者补之。天之道，损有余而补不足。人之道，则不然，损不足以奉有余。孰能有余以奉天下，唯有道者。是以圣人为而不恃，功成而不处。其不欲见贤邪！

第七十九章　有德司契，无德司彻。天道无亲，常与善人。

第八十一章　天之道，利而不害。圣人之道，为而不争。

二、道与德字义的阐述

（一）道

由上文的摘取可以看出有"道""德"出现的章句数量非常多，"道德"在《道德经》中的地位可见一斑，而事实上也确实如此。老子所言"道德"区别于今义的"道"和"德"，为两个独立不同的概念。"道"和"德"为老子哲学的两个最基本范畴。"道"是老子哲学的中心观念，可以说其整个哲学系统都由所预设的"道"而开展。"道"本义为人行走的道路，但在这里引申到了哲学范畴。《道德经》中"道"共出现了75次，总的来讲"道"既是世界的本原，也是万物的本体，还是宇宙运动变化的法则或规律，而在每一章中"道"也有着不同的含义，对于其含义自然不能一概而论。

一是作"世界本源或根据"，第一章"道可道，非常道"的第一个"道"、第四章"道冲而用之，或不盈。渊兮似万物之宗"、第四十二章"道生一，一生二，二生三，三生万物"、第六十二章"道者万物之奥"等都体现了"道"作为宇宙万物生成的本原和变化的动力。

二是作"阐述、言说"解，如第一章的"道可道，非常道"中第二个"道"（可以言说的道不是永恒自在的道）。

三是作"真理、事物本性或规律"，如第八章"故几于道"、第九章"功遂身退，天之道"、第四十七章"不窥牖见天道"、第七十七章"天之道，其犹张弓与……天之道，损有余而补不足。人之道，则不然……"、第八十一章"天之道，利而不害。圣人之道，为而不争"等。这里的"道"可以是天道、人道乃至"圣人之道"。

四是作为社会规范、准则的"道"。如第十八章"大道废，有仁义"、第三十八章"失道而后德……道之华而愚之始"、第四十六章"天下有道，却走马以粪……"等。

五是作"道路"解，如第五十三章"使我介然有知，行于大道……"。

六是作"道理、方法"解，如第五十九章"长生久视之道"。

概括起来看，老子的"道"是本源的，既是宇宙之初原始混沌而虚无的状态，也是天地万物乃至整个世界的本体的根据和归宿，"道"并非具体之物，而是万物的抽象出的形象，同时万物也依其而生。需要指出的是，"道"与"物"并非简单的本质与现象的关系，从时间上看，道生万物，道先在于万物；从本体上看，道主万物，道内在于万物。后者更为根本。

"道"也代表着自然无为。在老子的思想中，"道"衍生了万物，却并非万物的主宰，万物的生长都是顺其本性，任其自然，"道"无须对万物进行制约和控制，第三十四章有说到"衣养万物而不为主，常无欲可名于小"。而且第二十五章"人法地，地法天，天法道，道法自然"说明天、地、人以"道"为准则，而"道"独法自然，故"道"无为。需要注意的是，老子的无为并不是不为，而是不为"违反自然规律之为"，而要为"遵循自然规律之为"，因为天地万物由"道"而生，"道"本身就是无不为的，第三十七章也说了"道常无为而无不为。"

"道"是辩证统一的。第三十七章"道常无为而无不为"、第五十七章"我无为而民自化，我好静而民自正，我无事而民自富，我无欲而民自朴"、第八十一章"信言不美，美言不信。善者不辩，辩者不善。知者不博，博者不知"等无不是以对立的辩证思想来阐释"道"，世上万事万物都是相比较而存在的，都是对立统一和互相转化的，有无、难易、高低、贵贱、祸福看起来是对立的，但随着条件的变化，它们也在相互转化，彼此以对反为前提条件，相生相克。

（二）德

一作"品德、品格"解，如第十章"生而不有，为而不恃，长而不宰，是谓玄德"、第二十一章"孔德之容，惟道是从"、第四十一章"上德若谷，大白若辱，广德若不足，建德若偷，质真若渝"、第五十五章"含德之厚，比于赤子"等。文中的"上德""玄德""孔德"皆为说明德的道性。

二作"得到、获得"解，即事物由"道"所获得的本性与禀赋。如第二十三章"……德者同于德……同于德者德亦乐得之"、第二十八章"为天下溪，常德不离……为天下式，常德不忒……为天下谷，常德乃足，复归于朴"。

三作"日常的道德规范"，即儒家意义上的伦理道德，老子所认为的"下德"。如第三十八章"上德不德是以有德。下德不失德是以无德。上德无为而无以为。下德无为而有以为……故失道而后德。失德而后仁……"老子将"德"分为上德和下德，上德为"道"之体现，是上品之德；下德背离了道，是下品之德、有心之德。

三、道与德的关系

老子的思想中无处不体现着辩证法，"道"与"德"的关系也是如此。

一方面，"道"和"德"相互区别。在《道德经》里，道和德并不是一个层次的概念，如："道生之，德畜之，物行之，势成之。是以万物莫不尊道而贵德。道之尊，德之贵，夫莫之命而常自然。"（第五十一章）这可以解释为"道者，物之所由也；德者，物之所得也。由之乃得"，即"道"是万物抽象之本源和产生依据，德则是具体事物层面的概念，是万物生长变化的具体规范。

另一方面，"道"和"德"紧密联系，相互依存。"道"作为世界的本原、本体与客观规律，是世界万物生存、发展的内在根据或必然趋势，具有不以任何意志为转移的客观性，万物只能遵从它，不能违背它，万物这种合"道"而行的品性就是老子哲学中的广义之"德"或普遍之"德"，"德"为万物合"道"而生。万事万物由本原"道"生成之后被本体"道"所规定，受规律"道"所左右，但是"道"是一个深层次的抽象概念，无法对具体的万事万物作出具体的要求，这个时候就需要"德"来沟通抽象与具体，建立"道"与万事万物的联系和纽带，失去了这个联系和纽带，"道"失去了发挥作用的媒介，万事万物也失去了发展变化的方向。故"道""德"二者缺一不可，"是以万物莫不尊道而贵德"。

（余明星　谢清果）

强梁者不得其死

柔弱是老子的标志性观念，那么刚强（坚强）是否不是老子所提倡的，乃至反对的呢？其实，弱与强本是事物的常态，老子的态度当是知其强，守其弱而已。本文，笔者着重分析《道德经》中出现的涉及"强"的章句，并加以分析。

一、《道德经》中有关"强"的章句

1. 是以圣人之治，虚其心，实其腹，弱其志，强其骨。　　　　　（第三章）

2. 夫唯不可识，故强为之容。　　　　　　　　　　　　　　（第十五章）

3. 吾不知其名，字之曰道，强为之名曰大。　　　　　　　　（第二十五章）

4. 故物或行或随，或歔或吹，或强或羸，或挫或隳。　　　　（第二十九章）

5. 以道佐人主者，不以兵强天下。其事好还。　　　　　　　　（第三十章）

6. 善有果而已，不敢以取强。果而勿矜，果而勿伐，果而勿骄，果而不得已，果而勿强。　　　　　　　　　　　　　　　　　　　　　　（第三十章）

7. 胜人者有力，自胜者强。知足者富，强行者有志。　　　　（第三十三章）

8. 将欲弱之，必固强之。柔弱胜刚强。　　　　　　　　　　（第三十六章）

9. 强梁者不得其死，吾将以为教父。　　　　　　　　　　　（第四十二章）

10. 见小曰明，守柔曰强。　　　　　　　　　　　　　　　　（第五十二章）

11. 知和曰常，知常曰明。益生曰祥，心使气曰强。　　　　　（第五十五章）

12. 人之生也柔弱，其死也坚强。　　　　　　　　　　　　　（第七十六章）

13. 故坚强者死之徒，柔弱者生之徒。是以兵强则灭，木强则折。强大处下，柔弱处下。　　　　　　　　　　　　　　　　　　　　　　（第七十六章）

以上就是《道德经》中有关"强"的章句，有两点需要加以说明：第一，笔者采用的版本是王弼《老子道德经注》，先列出文句，并标明章节出处；第二，有关"刚强"，并不是说两者是一个整体的词语。实际上，"刚强"二字合称仅见于

"柔弱胜刚强"（第三十六章）这一句。但是后面我们分析"刚强"含义，用来阐发老子思想的时候，是把两者作为一个整体来看待的，这是由它的内在联系所决定的。

二、对"强"及所处章句的解析

对第一节中的章句进行解析，首先就要采取分类的方法。从语法角度来看，我们大致可以分为"名词性"和"动词性"两类。比如，"强其骨""强为之容""强为之名""强行者""强梁者"等，都算是"动词性的"，特别是"强其骨""强为之容""强为之名"，和我们讨论的主题关系不大，可以跳过去。而"强行者""强梁者"虽然都是动词性词语，但是意义是有很大不同的。两者分别出自第三十三章和第四十二章，二者的"强"显然是不一样的。陈鼓应认为"有勤行"的意思，并引严灵峰的说法："强，疑有误"，以资参考。实际上，帛书本和竹简本皆是"强"，应当是没有问题的。究其文义，"知足者富，强行者有志"和"故坚强者死之徒，柔弱者生之徒"迥异，这也说明两章中"强"字含义的不同。对于名词性的一类，按照老子的意思，把"刚强"和"柔弱"放在一起来解释是比较合理的。特别是第三十六章"柔弱胜刚强"一句，学者多有研究，见解颇多。

三、"柔弱"与"刚强"的辩证关系

第三十六章云："将欲弱之，必固强之。柔弱胜刚强。"也就是说，将要削弱的，必先强胜。这就是老子的辩证法思想，他认为世间的"强""弱"是对立的，两者之间可以互相转化。后面说"柔弱胜刚强"，正是和"水善利万物而不争""夫唯不争，故天下莫能与之争"等句相应，都是强调柔弱的作用。或许普通人难以认识到柔弱的力量，所以老子就以"刚强易折"加以阐释。据统计，柔弱二字在《道德经》中出现的次数分别是 11 次和 10 次，二字合用共是 5 次。"人之生也柔弱，其死也坚强；草木之生也柔脆，其死也枯槁"，人活着的时候，身体是柔软的，死了以后就变得僵硬；草木生长时是柔软脆弱的，死了以后就变得干硬而枯槁了。实际上这就是辩证法的思想，也是老子思想的内核。

（焦民敬 谢清果）

鸡犬之声相闻的俗之乐

　　论及《道德经》一书，其言虽简而意颇丰，历久远之世而不失启发之韵，遍传至天下而明昭人性之理。至于今日，虽时殊世异，若自此书启，仍可得悟幽玄奥妙，赞叹于前人之智，重审于己身之缺，明千古不变之理，方得立今世之志，成来世之愿。然限于知识之浅薄，不得尽窥深意所在，仅探其中一字"俗"以考经书流变之因，再见经中所蕴之理。虽出自一己拙见，亦有所深思。

　　一、在俗中享乐生活

　　至于"俗"一字，先需察其本义为何，而后再观《道德经》中义，明晰对比后方可有所体悟。许慎所著《说文解字》中对"俗"之基本解释如下："俗，习也。以双声为训。习者、数飞也。引申之凡相效谓之习。周礼大宰。礼俗以驭其民。注云。礼俗婚姻丧祭。旧所行也。大司徒以俗教安。注。俗谓土地所生习也。曲礼。入国而问俗。注。俗谓常所行与所恶也。汉地理志曰。凡民函五常之性。其刚柔缓急。音声不同。系水土之风气。故谓之风。好恶取舍，动静无常。随君上之情欲，谓之俗。"简而言之，俗之本义有四：一为人人相效之习，习有所同之礼，二为一地独具之传统，三为平常之人与平常之举，四为朝野上下雅俗共有的社会风气。

　　"俗"一字在《道德经》（王弼本）全书中共出现过 3 次，其中两次出现在第二十章："俗人昭昭，我独若昏；俗人察察，我独闷闷。"第三次出现在第八十章："甘其食，美其服，安其居，乐其俗。"

　　先试论第二十章中之"俗"，以王弼本为基，笔者查阅以下诸书对此字之具体解释。但各类书中均少有提及对于此字之具体解释，但可据其对句之翻译可知俗字之意。

　　《老子道德经通解》（清宁子注解）中解释如下："世人谋虑多端，清醒精明；

唯有我昏昏昧昧，不谙世事。世人凡事计较，就好像很会分别；唯有我浑浊糊涂，不知道怎样去分别与计较。"

《老子传真——〈道德经〉校注今译解说》（黄友敬）一书中解释如下："世俗的人都昭然明白，我独自好像昏昏昧昧。世俗的人都明察秋毫，我独自好像闷然浑噩。"

《老子校诂》（蒋锡昌）一书中解释较详细："俗人昭昭。俗，作众，下同。锡昌按：俗人与众人义同，亦指普通之人君而言。昭昭即自见之义。二十二章，不自见故明；七十二章，是以圣人自知不自见；并与此文互明。俗人皆昭昭，为普通之人君皆耀光以自见也。俗人察察。锡昌按：察察，即五十八章，其政察察，之义。该章王注，立刑名，明赏罚，以检奸伪，故曰察察也。俗人皆察察，谓普通之人君皆察察为政，有所作为也。"

《道德真经注》（河上公注）："众人昭昭，明其达也。众人察察，急其疾也。"

《老子道德经古本集注》（宋·范应元撰）："谓俗人皆逐境为明，我独守道如昧。谓俗人皆察察用智，我独闵闵存真。"

《道德真经注》（宋·苏辙撰）："世俗以分别为智，圣人知群妄之不足辨也，故其外若昏，其中若闷。"

《道德真经吴澄注》（元·吴澄撰）："昭昭，已明。察察，尤明。昏昏，已不明。闷闷，尤不明。俗人皆以为有知为智，我独无知而愚也。"（第十七章）

《老子注释及评价》（陈鼓应）："世人都光耀自炫，唯独我暗暗昧昧的样子。世人都精明灵巧，唯独我无所识别的样子。"

《老子译注》（罗义俊）："世俗的人都清醒精明，我独自一人昏昏沉沉。世俗的人都明察秋毫，我独自一人浑浑噩噩。"

从上述诸书之注解可知此两"俗"意相同，均为"众、世俗"之义，与《说文解字》书中字义相较，则近似第三义，即平常、普通之意。在此章中，"俗人"与"我"二者形成鲜明对比，表明了老子不愿如"俗人"一般生活，不愿随波逐流但求独守己心，不逐众人所欲唯求一己之宁。他人与我何干？世俗之标准又有何哉？因而，吾心已定，又何谓愚智？逆势而动，离群而为，实乃大智之道。

但在翻阅材料时，发现各版之记载有所殊异。《老子传真》（黄友敬）一书中校正部分有如下记载：帛书甲本作"鬻"，中间损掩"鬻人察察……"，乙本作"鬻人昭昭……""鬻人察察……"。傅本作"俗人皆昭昭……""俗人皆……"。王本作"俗人昭昭……""俗人察察……"。据此记载，可见帛书版中，两个"俗"字均作"鬻"字。何以有此差异，鬻与俗究竟有何联系与区别？现浅述二者字义之联系，至于差异之由，则难轻易揣测。《说文解字》中对于鬻字的记载有如此记载：

"鬻作粥者，俗字也。"《康熙字典》中有此记载："又《说文》本作鬻。今俗作粥。"故而，可见二者意义似有相同之处，至于字形相异或在于誊写传播过程中有所简化而失误。

既已简要探究第二十章中两个"俗"字含义及经书流变之因，现试析第八十章"小国寡民。使有什伯之器而不用，使民重死而不远徙。虽有舟舆，无所乘之；虽有甲兵，无所陈之；使人复结绳而用之。甘其食，美其服，安其居，乐其俗。邻国相望，鸡犬之声相闻，民至老死不相往来"中之"俗"义。此"俗"实不同于前者，有其特殊意蕴在其中。先举诸书中对于"乐其俗"一句之注解，并从中思考何谓"俗"。

《老子道德经通解》（清宁子注解）：在这样的社会里，人们吃饭觉得甘甜，穿衣觉得华美，居家觉得安乐，风俗习惯觉得很有乐趣。

《老子传真》（黄友敬）：快乐他们的风俗。陈景元说："南炎北沍之苦，而水土任适为乐。"

《老子校诂》（蒋锡昌）：俗，作"业"。乐其俗，言俗不必奢华，苟能淳朴即乐也。

《老子译注》（罗义俊）：风俗自感快乐。

《道德真经注》（河上公注）：乐其俗，乐其质朴之俗，不转移。

《老子道德经古本集注》（宋·范应元撰）：随其风俗，务其业次，安之乐之，不治而不乱。

《道德真经注》（宋·苏辙撰）：内足而外无所慕，故以其所有为美，以其所处为乐，而不复求也。

《道德真经吴澄注》（元·吴澄撰）：此言重死而不远徙也。以所食之食为甘，以所服之服为美，充然自足，爱养其生，言重死也。以此身之居为安而安之，以此地之俗为乐而乐之，言不远徙也。惟老死于所生之处，孰肯轻易远徙哉？（第六十七章）

《老子注释及评价》（陈鼓应）：人民有甜美的饮食，美观的衣服，安适的居所，欢乐的习俗。

从上述诸书中之注解可以看出此处之"俗"应为社会之风气，恰如《说文解字》中对"俗"的第四种定义。无论朝野，无关奢华的一种整体社会风气。但老子并未忽视社会风气的好坏，而是对可乐之"俗"，有自己之定义暗含其中。正如诸书中所提"乐其俗，言俗不必奢华，苟能淳朴即乐也""乐其俗，乐其质朴之俗，不转移""随其风俗，务其业次，安之乐之，不治而不乱""内足而外无所慕，故以其所有为美，以其所处为乐，而不复求也"。可乐之"俗"并非充斥着奢华享受，人人竞慕财利名誉之风，而是人皆抱虚守静，淡泊名利以达无为之境；可乐之"俗"并非充斥着肆意争抢，人人以伤害他者达己欲之风，而是人皆淳朴善良，相交真诚坦荡之世；可乐之"俗"并非充斥着矫揉造作，人人虚骄自大谎话连篇之风，而是人皆自然朴素，谦逊坦率有礼之态。从这一"俗"字中可以依稀窥见老子对于理想社会的美好构想。虽为往昔之念，却牵于今世良多。

世人皆争当有为之人，殊不知无为方是大为，世人皆争当有智之人，殊不知大智实若愚，世人皆争当得道之人，殊不知大道若朴。此有为，唯在用尽手段满足无尽之欲；此有智，唯在思尽机巧开创骇人之知；此得道，唯在抛尽质朴得享至奢繁华。一切之标准随之大变。世人喜效仿他人，而终失真实自我；世人喜追求外物，而终失内心宁静；世人喜强饰浮华，而终失至淳之朴。故而，大道之不行，纷争之不止，乱象之不消。若愈加放任，情势势必更加糟糕。又用强权之争妄加于民，却不晓民之得道，不在权之约束，而在从内心中生发之道与德。人人同此心，人人同此善，何患道之不行？顺遂自然之道，似柔弱而胜刚强，虽朴素而蕴玄妙，终能祛乱象，得大智。若失其本心，为外物所搅，若弃自然之道，为繁复所迷，则现实无变，未来无望。

既"俗"可令人乐，则人皆不远徙，以至于"老死不相往来"。曾多误老子之理想社会，不解何以人"甘其食，美其服，安其居，乐其俗"则会有"邻国相望，鸡犬之声相闻，民至老死不相往来"之事。今从"俗"字所究，竟发现其自有道理。当一个社会拥有十分良好的社会风气，首先民众可在此安居乐业，而后民众顺遂自然之道，为无为，致虚极，守静笃，自是无意侵扰他人之生活。乐其俗中之俗，不止于自我社会中的安居乐业之风俗，亦在于对外关系中的一种无为虚静的态度。各乐其俗，方能各自安好。

以上，皆发自于对《道德经》中之"俗"字之所思所想。虽只是一字，却意蕴颇丰，故试以此字出发，顺涉经书流变之因，微探经中老子之哲理，并以现实为例，浅析传统思想之甚高之价值与深远之意义。

二、在通俗与脱俗之间

著名学者胡适先生说："老子是中国哲学的鼻祖，是中国哲学史上第一位真正的哲学家"。鲁迅说："不读《老子》，不知中国的文化"。《道德经》中国传统文化中最伟大的经典之一，拥有一个精深玄奥的思想体系，具有跨越时空的恒久价值，不仅对中国传统文化产生了极其深远的影响，而且远播海外，成为全人类的共同精神财富。《道德经》这样一部凝聚这老子一生的珍贵思想的著作，可谓是一字千金啊！它的每一个字都值得我们细细品味。因此，笔者着眼于"俗"一个字，试着探究这九笔画的字背后隐藏的老子博大精深的人生哲学智慧。

"俗"字在中国汉语中有常用的四大含义：①取本义，指某种由群众通过长期实践而认定形成的事物，即社会上长期形成的风尚、礼节、习惯，如风俗、习俗、约定俗成之俗；②大众化的，最通行的，习见的，如俗名、俗语、雅俗共赏之俗；③趣味不高的，令人讨厌的，如俗气、粗俗、庸俗之俗；④凡世间，相对于仙佛僧道，如世俗、俗人、凡夫俗子之俗。

笔者参考了杨杜所著的《老子浅释》、黄友敬所著的《老子传真》、贾德永所著的《老子译注》、卢育三所著《老子释义》、张松如所著的《老子说解》等有关《道德经》的译作。关于第二十章中的"俗"字，杨杜的《老子浅释》一书中将此字用"鬻"字代替。何为鬻？鬻，是幼稚、卖弄两种字义的结合，故鬻人即为幼稚而爱卖弄的人。"鬻人昭昭"意为此人精明机灵，神采飞扬；"鬻人察察"意在说鬻人极为经验老道，无所不知，对利益孜孜以求。贾德永的《老子译注》和张松如的《老子说解》将"俗人"翻译作"众人"，即是一般人，普通人；百姓，民众。黄友敬的《老子传真》和陈鼓应的《老子今注今译》都将"俗人"译为"世人""世俗的人"。

由此可见，对于此处的俗字，大多数的译者对其的理解没有太大的偏差。大致可归纳为普通的、大众的、世俗的。

至于第八十章中的俗字，《老子传真》《老子译注》《老子说解》《老子浅释》《老子今注今译》都不约而同译为风俗、习俗。

陈景元有言：南炎北沍，而水土任适为乐。蒋锡昌则说：乐其俗，言俗不必奢华，苟能淳朴即乐也。

《老子释义》中提到：傅本和范本"俗"作"业"，诸多本如王本作"俗"。作"业"，即职业，人们在日常生活中所从事的事务。

（一）世俗·脱俗

在第二十章中，老子将自己与俗人之间画了一道分界线。他认为世俗价值的判断过于执着，美丑、善恶、是非泾渭分明；世俗的人，熙熙攘攘，纵情于声色货利，对于一切都斤斤计较。而他却遗世而独立，昏昏闷闷，无欲无求，甘守淡泊，澹然无系，鼓励我们从容自若，弃绝官本位思想。正所谓："争名夺利者整日提心吊胆，为前程一再焚龟问卜，只有我惯于一启一闭。"

老子不愿随波逐流，与人群保持一种疏离感，但是这其中还有无可奈何的心境。某种程度上，这种无可奈何更像是一种自我嘲讽。春秋战国时期，周王室没落，礼崩乐坏，诸侯争霸，人人自危，入世之难不言而喻。正如《沧浪歌》所言：

"君子处世，遇治则仕，遇乱则隐。"老子鄙夷世俗，却无能为力于改变周围环境，于是，他选了脱俗，或者说他不得不选择脱俗。在那样的社会背景下，仅凭一己之力去牵扯历史的缰绳，最后可能也是鸡蛋碰石头，最后落得个支离破碎的结局。因此，脱俗不是适用于所有人的，也不是适用于任何时代的。"没有人是一座孤岛"，终究人还是社会动物，并不是所有人都可以归隐山林，采菊东篱下的。前些年很火的最具情怀的辞职信——"世界那么大，我想去看看"掀起了人们对自由生活的向往。但是也有人做出现实主义的发问："世界那么大，你凭什么去看看？"庄子在《逍遥游》中写到"夫列子御风而行，泠然善也，旬有五日而后反。彼于致福者，未数数然也。此虽免乎行，犹有所待者也。"列子善行，犹待于风，而我们是依靠五谷杂粮充饥的活人，又如何能真正做到"超然自得，无所待也"呢？所谓超然自得不过是聊以自慰而已，以表自己与那些世俗之人不同，愿意保持一片冰心罢了。说到底，老庄道家思想是期望人们能够有一种境界与胸怀来使自己能够保持自己真我的风采，而不稀里糊涂地过日子。

固然有人为人处世与常理相悖，似乎走着命运轨道相向的行迹；固然有人摒弃沦丧的道德，逃脱宿命的羁绊，常常为世人所不解。只不过他们自我流离于六道之外，形体在三界间蹀躞，不为名而炫，为利而亮。当然，这个世界上更多的还是普普通通的人，我们要保持的应该是知世俗而不世故，入浊世而自清。

（二）高雅·通俗

有人将这样比喻高雅与通俗：高雅与通俗是赏和读，财富和金钱，劳动和工作，歌唱和唱歌。在评价艺术作品的时候，"俗"常常被看作一个贬义词，但是在《道德经》的第八十章，这个"俗"字便更加象征着自然淳朴。用现代的话来说，就是接地气的大众文化。这样的"俗"是生活的点滴，是最简单的日常，有泥土的味道，真挚的情感，有历史的印记，生活的气息。如今，总有人推崇高雅的文化，却忽视了所有高雅的文化都是由通俗的文化打磨、升华而来，再一步步远离大众的。《诗经》从人人传唱的民间歌曲变成现在的国学经典，当初街头的戏曲也慢慢在历史的长河里沉淀变成国粹的明珠。由通俗到高雅不过是文化的循环往复和新陈代谢罢了，没有所谓谁优于谁。

谁人不俗，圣人不俗；可惜，人非圣人。其实本来就是"俗人本天成，雅者偶得之。"有人说：俗从来不是旁门左道，而是人间正道。俗人不高雅，但是也不会装高雅。俗人的喜好是俗的，过平常人的日子，喝点小酒，打点小牌，吹点闲牛，扯点闲天，娱点俗乐。俗人的理想是俗的，人生只求有意思，不求有意境，眼界不远，心愿不大，志趣不多，格调不高。但俗人不是卑俗的小人，不是低俗的庸人，不是恶俗的浑人，也不是媚俗的潮人。他们拿得起，放得下，算起来也是响当当一粒铜豌豆。他们也许不像雅士调琴瑟，不爱诵诗书，但他们是不愿附庸风雅，不装腔作势，不装聋作哑，不装神弄鬼。俗人是好人，是差一点就完美的好人，不是飘在天上的神人，只是接地气的凡人。但是俗人是快乐的，就连最简单的日常也能带来快乐，所以他们可以每天都享受生活，随心所欲，常得大自在。

　　俗人不必非要追求高雅，自然天成，何必邯郸学步？其若能巧妙地将俗就俗，俗人也能做到"乐其俗"，寻出不俗的趣味来。有时低调的俗人，看起来更像是雅士。反而，有些被人们所推崇的高雅文化被供上圣坛，成了玻璃柜的"化石"。就像《红楼梦》，作为四大名著之首，具有极高文化价值和艺术内涵，绝不会亚于其他三部著作。但是，除了在从事红学研究的人和少部分爱好者中，《西游记》《三国演义》《水浒传》的大众阅读率要远远高于《红楼梦》。过于"清高"的高雅文化远离大众，让人不愿靠近，文化失去了它传播的生命力。可见如果只有高雅文化，我们的文化生活会失去一大片的色彩。通俗的大众文化是大背景，高雅文化就是锦上添花，指导文化发展的大方向。两者相互补充、相互促进，保持文化的先进性和竞争力、活力。这也印证了我国"以高雅文化为主旋律，以大众文化为背景"的文化建设指导思想。

　　由此两方面看来，《道德经》中的俗不是庸俗、鄙俗、陋俗、恶俗、粗俗、媚俗、卑俗之糟糕的俗，而是凡俗、土俗、通俗、民俗、风俗、习俗之淳朴美好的俗。我们可以做俗众，但不为俗夫。

　　对于个人来说，俗便俗，雅便雅，保持本我，秉持原则即可。乐其俗，乐其雅，雅俗共赏，在心中追求美好又不脱离人民群众，在人群中不显突兀和孤立，品的了阳春白雪，处得了下里巴人。对于国家和社会来说，既要坚持高雅文化的主导地位，又要鼓励、支持和引导通俗的大众文化的发展，实现百花齐放，百家争鸣的文化多样。

（马倩钰　姚雅靖　谢清果）

知足之足

"知足"一词语出《道德经》,讲究的是适可而止的智慧,是中华民族重要的语码之一。我们从《道德经》的文本及创作的时代背景出发,可以看出"知足"一词重要的政治意味。"知足"是针对统治阶层的,其希望达到的目标是以"知足"止损,进而休养生息,从而达到和谐的社会状态。同时,用现代的眼光看待"知足",对个人修养的提高也有重要意义。

一、老子"知足"观的政治伦理意蕴

鲁迅曾在《汉文学史纲要》第三篇中写道:

老子尝为周室守书,博见文典,又阅世变,所识甚多,班固谓"道家者盖出于史官,历记成败存亡祸福古今之道,然后知秉要执本,清虚以自守,卑弱以自持"者盖以此。然老子之言亦不纯一,戒多言而时有愤辞,尚无为而仍欲治天下。其无为者,以欲"无不为"也。"

春秋时期战争频发,礼崩乐坏。人们生活在水深火热之中。有"为周室守书"的经历,故老子博览群书又知晓世变。老子从内心渴望和平安宁的社会。因而老子的申论也必然是联系政治的。这些政治哲学虽然往往是乌托邦式的幻想,却是包含了在社会动乱中的许多经验教训,言辞平稳却内蕴激烈。"知足"思想也从此而起,即老子渴望统治者不再有征伐的欲望,而是"知足"于自己的国土与人民,减少征伐,所以又由此提出了"不争""尚俭""无为而治""小国寡民"等要求。所以我们可以得知,"道"是老子"知足"思想的根源,而"不争""尚俭""无为而治""小国寡民"等要求,是对"知足"思想的深入及具体化。

《道德经》中,"知足"一共出现了四次,分布在三章之中。细读文本,我们也能明显看出老子对于统治阶级的要求和企盼。《道德经》第四十六章写道：

　　天下有道，却走马以粪；天下无道，戎马生于郊。祸莫大于不知足，咎莫大于欲得。故知足之足，常足矣。

　　《道德经》第四十六章的阐发是在战争背景之下的，讲的是人主应当有自我满足的富足，从而让国家运行有道，而不是常于征伐。所以第四十六章很明显是对于统治阶层的批评和教育的。而《道德经》第三十三章和第四十四章，却又有许多解释。如《道德经》第三十三章：

　　知人者智，自知者明。胜人者有力，自胜者强。知足者富，强行者有志，不失其所者久，死而不亡者寿。

　　刘笑敢先生认为是"从个体与他者关系入手"，"强调个体的自我约束"①。但笔者认为，把"知足者富"当作是对每一个个体的自我约束的看法是对老子"知足"观的扩大。在这里"富"不仅仅代表着财富的积累，更代表了精神世界的充实。老庄哲学追求"圣人"境界，《庄子·逍遥游》有言："至人无己，神人无功，圣人无名。"这是一种极高的修养境界。老子用"富"来劝诫人要有所"知足"，是为了劝诫已经拥有巨大财富，却仍然一心向往财富、国土、统一的统治者应当有所知足，追求更高的道德境界，而非是对每一个个体的劝诫——春秋征伐时代下的百姓，首先就没有了"富"的前提，何来"追求"一说。
　　而《道德经》的第四十四章亦是如此：

　　名与身孰亲？身与货孰多？得与亡孰病？甚爱必大费，多藏必厚亡。故知足不辱，知止不殆，可以长久。

　　老子认为生命高于一切，过度聚敛财富会导致更多的损失。老子希望被劝解者懂得知足，从而止损。尤其"货"字，道出了老子劝诫的主体——"货"指的是百姓的财富，而聚敛百姓财富的人，必定是统治者。因而，后文的"知足""知止"正是对统治者所提的，希望统治者懂得适可而止，保存长久的平安，领悟"止损"的智慧。

──────────

　　① 刘笑敢：《老子古今：五种对勘与析评引论》，中国社会科学出版社，2006年，第350页。

综上所述，老子提出的"知足者富""知足常足""知足不辱"的思想本意，是为了劝诫统治者的。老子希望统治者能够不再过度追求财富，不再征兵买马扩展边境，而是懂得"知止"和"知足"，收敛欲望，注重国内发展，从而建设和谐稳定的社会。

二、从人生处世的角度看待"知足"

对于《道德经》的解读，我们不能只停留在老子的立论之处，而应当从文本出发，联系社会现实，看到《道德经》中思想的延展性和普适性，挖掘价值，学习借鉴，指导当代生活。

"知足"是老子重要的道德理论。所谓"知足"，"不是要人们满足于现状，安于现状，而是要人们合理控制自己的欲望，知道有所节制，不要恣意放纵、贪得无厌"[①]。人们要安于现状，重要的是学会满足，只有知道满足，才能真正地知足。因而"知足"成为老子内心的道德，适用于人们的自我反省和自我约束，让人们"知足"而"常足"。

"知足不辱"是一种保身之道。"知足不辱"告诉人们要懂得满足，只有满足了才不会受到屈辱。而满足的客体是什么，是人的欲望。那么，"知足不辱"就是让人们要控制自己的欲望，在任何时候不应膨胀欲望，为了欲望不择手段。老子认为："祸莫大于不知足，咎莫大于欲得。"（第四十六章）老子以"道"阐发立论，而"道"是运动的、规律的、原则的。守道在于知道，从而认识运动和变化，找出"道"的规律和原则，应用于人类社会。"知足"思想产生于"道"，也同样是符合运动转换规律的。人类社会的进步是欲望的产物，但毁灭人类社会的也是欲望。老子的知足观看到了人类欲望无尽的规律，希望能够用知足来制止欲望的膨胀，试图将欲望控制在最合适的基础上，使欲望成为助人的工具而不是害人的凶器。

而如何能做到"知足"呢？老子给予的答案是："上善若水。水善利万物而不争，处众人之所恶……"（第八章）人应当像水一样，滋润万物而不与万物相争，停留在众人都不喜欢的地方。这是一种谦卑的境界，处在人们不愿就留之处而心甘情愿。而如何能够做到这般心甘情愿呢？老子在《道德经》第九章中说道：

> 持而盈之，不如其已；揣而锐之，不可长保；金玉满堂，莫之能守；富贵而骄，自遗其咎。功遂身退，天之道。

---

① 张国春：《智慧的维度——〈道德经〉品悟》，人民出版社，2014年，第279页。

　　人们应当时刻警觉，认识到自己得到的东西已经十分丰富了，而此刻就应当停下，不让别人"眼红"，给自己栽下祸根。只有心甘情愿，让自己的理智认识到欲望带来的灾祸，从而"功遂身退"，明哲保身。

　　而"知足者富""知足常足"是一种精神状态，告诉人们只有人懂得知足才会得到满足，人真正的富足是知足。这样的富足是无争的，是"若水"的。老子认为一切看似柔弱的事物都富有坚强的一面：草木是软的，而枯槁的草木是坚硬的，牙齿坚硬则容易脱落，而柔软的舌头则不会……这样的例子，也同样为"知足"这个看似软弱逃避的方式做了解答。知足看似是对欲望的逃避，但实则是对欲望的控制。往往知足的人能够保全、懂得享受，这才是真正的富足。人应当有这般精神状态活在世上，而不是执着于物质财富以及永远的"不满足"。

　　人们要真正做到知足，应当"无欲""取舍"和"谦逊"，最终能够"止损"而"常足"。"'知足'的本质是合理欲望的满足，'无欲'的本质是不合理欲望的控制"。从其本质上说，"知足"和"无欲"是对欲望的两个方面进行规范控制，这二者是相辅相成，相互促进的。将极端的思想去掉，留下人合理的欲望是做到知足的第一步。而在人们的合理欲望得到保存后，就产生了"取舍"的问题。老子在《道德经》中发问："名与身孰亲？身与货孰多？得与亡孰病？"（第四十四章）就是让人们明白，一切功名利禄在生命面前都是微不足道的。将"无欲"和"取舍"投射至人间，便是要"谦逊"。《道德经》中："不自见故明，不自是故彰，不自伐故有功，不自矜故长。"（第二十二章）谦虚退让方能长保、骄傲自大必遭失败就是这个道理。人们通过这一系列的道德约束和警示，最终能够做到"知足"，保存自我，安然于世。

（林晓培　谢清果）

下　篇

道与德的本质

"道"不仅是宇宙之道、自然之道，也是个体修行即修道的方法；"德"不是通常以为的道德或德行，而是修道者所应必备的世界观、方法论以及为人处世之方法。道生万物，德育众生，道在物中，物在道中。当一切事物遵循道德的规律，便能应运而生，随其而发。当人的心性、行为都符合道、德的要求，才能掌握为人处世的分寸，高位者才能把国家天下治理得井井有条。

《道德经》文本以哲学意义之"道德"为纲宗，文意深奥，包涵广博，被誉为万经之王。道、德二字贯穿《道德经》八十一章，是其论述的中心，也是老子辩证思想的核心。在政治上，老子主张无为而治、不言之教。在修身方面，老子讲究虚心实腹、不与人争的修持。这些观点生于"道""德"，合而为一，推而至上，又成就了"道""德"二字，环环相扣，体现了老子集大成的智慧。

以通行的王弼本《道德经》为例，书中"道"字共出现在 37 个章节中，累计 76 次，"德"字共出现在 16 个章节中，累计 44 次，其中"道""德"对应出现共有 5 个章节。

在我国学说思想史上，道是最根本、最概括、最抽象的概念之一。自古以来，各派各家对于道德理论和实际应用又多不相同。老子在《道德经》中说："道可道，非常道。"（第一章）作为老子哲学中的专有名词，在中华道德文化中，道是自然的本质和最高境界，是中华传统文化各家学说、各个学派的最终归宿，也是世界各宗教理义中的最高境界[1]。人们认识事物的规律，用简明扼要的命题表达出来，就是公理、定律、原则、法则、学说或主义，古人所说的道即相当于我们今日所说的这些。[2]关于道的名称来源，老子又说道："吾不知其名，字之曰道，强为之名曰大。故道大，天大，地大，王亦大。"（第二十五章）所谓大道，大为名，

---

[1]　郭树芹、王胜：《老子〈道德经〉释译》，中央编译出版社，2015 年。
[2]　陈高傭：《老子今解》，商务印书馆，2016 年。

道为字。道有大的属性，天有大的属性，地有大的属性，身外之王即君王与身内之王即大脑也有大的属性。而"人法地，地法天，天法道，道法自然"（第二十五章），修养的过程和次第，就是人效法地，地效法天，天效法道，道效法自然修化、修同。

《道德经》中有许多经典的句子，如："道常无名。譬道之在天下，犹川谷之于江海。"（第三十二章）道常常幽冥无形，不可名状，不显名声。道莅天下涵养万物，从道而将心身畅泳于道境中，就好像很小的个体在江海中沐浴一样，如水投水，似火投火。"大道泛兮，其可左右。"（第三十四章）大道泛滥于各处，上下左右，四面八方，无所不有。"道之出口，淡乎其无味，视之不足见，听之不足闻，用之不可既。"（第三十五章）道这种东西说出来是淡而无味的，看是看不见的，听是听不到的，它的作用却是无穷尽的。"道常无为而无不为。"（第三十七章）无为是道之体，无不为是道之用。体即今所谓本质，用即今所谓功用。这句话是对"道之为物"的最概括也是最具体的说明，是老子思想的核心。

而对于"德"，老子说，"生之、畜之，生而不有，为而不恃，长而不宰，是谓玄德。"（第十章）即老子认为德应当是无声无息、幽邃深远的，所以名为玄德。"德是由道派生出的产生宇宙万事万物和推动其发展的源动力。德既是能量，同时也是品格；只有具备德的品格，才能装载德的能量。"[1]另外便有"常德不离，常德不忒，常德乃足"（第二十八章）的说法，德即属性，常德即永恒不变的属性，即事物的本质属性。如果人失去人的本质属性，或使本质属性出现错误，或弄得不充足，就要失去人的资格，所以说常德不离、常德不忒、常德乃足。而"上德不德，是以有德；下德不失德，是以无德。上德无为而无以为，下德为之而有以为"（第三十八章）则说明上等的德行是自己并不以为是德行，这倒是真有德行；下等的德行是自以为没有失德，那就是没有德行。因为上等的德行，是顺着规律，合于人情，无须作为，没有打算计较，就能内得于己，外得于人；下等的德行是要勉强有所作为，而且是有自己的打算计较，因此虽然不至失德，也不能说是有德。

从《道德经》中，我们最该学到的还是为人处事的道理。"水善利万物而不争，处众人之所恶，故几于道。"（第八章）道性之一，即是水性之善。处众人所不愿，清净安详；处下不争，经常怡然自得，没有忧患。德善丰厚，能够持守诚信，默默施予，不责望其报，能够持正公允而善巧方便地进行治理，处事有独特的能力，行动能把握住最佳时机。"故从事于道者，道者同于道。同于道者，道亦乐得之。"（第二十三章）做事与做人一致，治国与修身同理，行道的人与道的规

---

① 陈高傭：《老子今解》，商务印书馆，2016 年。

律相印。反之，同于失者，道亦失之，与离失道德环境相同的人，道也会离他而去。"大道废，有仁义。"（第十八章）大道不行，于是产生仁义，离开道德合一的圆满状态，则随着德性能量的缺失，就进入到仁德义德的状态。真正进入上德境界者，是自然地体道合德、无为而为，身处道德合一，心空居无驭有，并没有对道德、仁义、礼智、慈孝、圣贤等名相概念的刻意区分与形式追求，却因其德性的淳厚饱满而行为心意始终表现出道德的本性。另一方面，"其在道也，曰余食赘行。物或恶之，故有道者不处。"（第二十四章）私心欲念、禀性习性，在道境中、大道的眼里，都好像吃多粘性很强的糯米类食物梗塞心腹及多余累赘的行为一样，会妨碍道。"以道佐人主者，不以兵强天下，其事好还。"（第三十章）用道辅佐君王而不用兵器武力在天下逞强，这样做事，才容易获得善的回报。"物或恶之，故有道者不处。"（第三十一章）身处道境的人对物外之诱也是厌恶的，所以有好战欲望的人，也不能居于道境。总而言之，要符合道性德性，就要积德行善，摒除杂念，专心致志，学会包容，无私奉献。

《道德经》中关于道德的论述，还有非常重要的一点，那就是关于物极必反的思考。"物壮则老，是谓不道，不道早已。"（第二十一章）万物一旦强壮就走向衰老，这叫没有生养之道，没有生养之道就会过早衰亡。"物壮则老，谓之不道，不道早已。"（第五十五章）事物到达强壮的时候就要变成衰老。穷兵黩武的人想永远逞强，是不合道理的，不合道理的事情还是早点停止吧。所以老子常有"道冲而用之或不盈"（第四章）和"功成身退，天之道"（第九章）的观点。道以虚为体，用空、用无，所以能够永远没有盈满。以道治身而功成，即时退藏于密。凡是不能过于盈满，应以适度为要，才能达到最良好的状态，即是"保此道者不欲盈"（第十五章）。保持这种状态而不想让它充盈超过。这种状态是指厚重并使其静定下来，就会慢慢清明；安宁并使其不断增加，就会慢慢生发。

最后，用《道德经》中这样一句话来总结以上，"知常容，容乃公，公乃王，王乃天，天乃道，道乃久，没身不殆。"（第十六章）知道真常之理于是有包容的心量，有包容的心量于是有公正的胸怀，有公正的胸怀于是有王身国内天下的气度，有身为王的气度所以能够以圣人的德行来配天地，也就能够明白道德规律，到达道境，与道合同，达到生命的永恒，至善的顶点。

（詹李双 谢清果）

"有""无"之相生

　　"有"和"无"是老子《道德经》一书中极具代表色彩的哲学含义。虽然"有"和"无"在书中出现的次数较多，但本文主要以分析其中几个比较具有代表意义的，进行篇章的意思分析以及相关老子思想的阐述。

　　在春秋战国，这个社会动荡不安的时期，道家学派在社会上有着重要的影响地位。作为道家学派的创始人，著名的哲学家老子，为后人留下了一部经典的著作——《道德经》。老子用他极其独特的哲学性思想，向人们阐述了自己的思想以及观点。"无为""道法自然"等思想是其中比较重要而且有着代表性的。

　　历史上有很多人对《道德经》进行了研究和编注，比如河上公、王弼、唐玄宗李隆基、宋徽宗等。《道德经》当中的"道"字，在书中频繁出现，其意义各不相同。而老子也从多方面、多角度，为人们解释了他说阐述的"道"这一词的含义。"道"是万物的本源，同时这也上升到了哲学命题的范畴中。老子常用对立统一辩证的思想观念来分析事物。

　　在王弼著的《老子注》中"有"出现75次，"无"出现101次。"无"表示没有，"有"的对立面。在我们的认识当中，"有"与"无"一般是用来表示某种事物的存在与不存在，它们之间为一对相反的意思。"无"字的含义表示没有，与"有"相对。而在《道德经》当中"无"的含义不仅仅只有一种。为了让读者有直观的认知，现将有与无在《道德经》中出现的章句罗列如下：

　　出现有、无的章句：

　　第一章：无名天地之始，有名万物之母。故常无欲，以观其妙；常有欲，以观其徼。

　　第二章：有无相生。 生而不有。

　　第十一章：三十辐共一毂，当其无，有车之用。埏埴以为器，当其无，有器之用。凿户牖以为室，当其无，有室之用。故有之以为利，无之以为用。

第十三章：吾所以有大患者，为吾有身，及吾无身，吾有何患！

第三十八章：上德不德，是以有德；下德不失德，是以无德。上德无为而无以为，下德为之而有以为。上仁为之而无以为，上义为之而有以为，上礼为之而莫之应，则攘臂而扔之。

第四十章：天下万物生于有，有生于无。

第四十三章：天下之至柔，驰骋天下之至坚，无有入无间，吾是以知无为之有益。不言之教，无为之益，天下希及之。

第四十六章：天下有道，却走马以粪；天下无道，戎马生于郊。

第四十八章：损之又损，以至于无为，无为而无不为。取天下常以无事，及其有事，不足以取天下。

第五十九章：早服谓之重积德，重积德则无不克，无不克则莫知其极，莫知其极，可以有国。有国之母，可以长久。

第六十九章：用兵有言，吾不敢为主而为客，不敢进寸而退尺。是谓行无行，攘无臂，扔无敌，执无兵。

第七十章：言有宗，事有君。夫唯无知，是以不我知。

第七十九章：有德司契，无德司彻。天道无亲，常与善人。

第八十章：使有什伯之器而不用，使民重死而不远徙。虽有舟舆，无所乘之；虽有甲兵，无所陈之。

出现"有"的章句：

第二章：生而不有

第十章：生之、畜之，生而不有，为而不恃，长而不宰，是谓玄德。

第十四章：执古之道，以御今之有，能知古始，是谓道纪。

第十七章：大上，下知有之，其次，亲而誉之。信不足，焉有不信焉。

第十八章：大道废，有仁义；智慧出，有大伪；六亲不和，有孝慈；国家昏乱，有忠臣。

第十九章：绝巧弃利，盗贼无有。此三者，以为文不足，故令有所属，见素抱朴，少私寡欲。

第二十章：众人皆有余，而我独若遗。众人皆有以，而我独顽似鄙。

第二十一章：惚兮恍兮，其中有象；惚兮恍兮，其中有物。窈兮冥兮，其中有精；其精甚真，其中有信。

第二十二章：不自见故明，不自是故彰，不自伐故有功，不自矜故长。

第二十三章：信不足，焉有不信焉。

第二十四章：物或恶之，故有道者不处。

第二十五章：有物混成。　域中有四大，而王居其一焉。

第二十六章：虽有荣观，燕处超然，奈何万乘之主，而以身轻天下？

第三十章：大军之后，必有凶年。

第三十一章：物或恶之，故有道者不处。

第三十二章：始制有名，名义既有，夫亦将知止。

第三十三章：胜人者有力，自胜者强。知足者富，强行者有志，不失其所者久。

第三十四章：万物恃之而生而不辞，功成不名有，衣养万物而不为主。

第四十一章：故建言有之。

第五十章：生之徒十有三，死之徒十有三。人之生动之死地，亦十有三。

第五十一章：生而不有，为而不恃，长而不宰，是谓玄德。

第五十二章：天下有始，以为天下母。

第五十三章：使我介然有知，行于大道，唯施是畏。　财货有余。

第五十七章：法令滋彰，盗贼多有。

第六十二章：人之不善，何弃之有！故立天子，置三公，虽有拱璧以先驷马，不如坐进此道。

第六十四章：为之于未有，治之于未乱。

第六十七章：我有三宝，持而保之。

第七十四章：常有司杀者杀，夫代司杀者杀，是谓大匠斫。

第七十五章：民之难治，以其上之有为，是以难治。

第七十七章：有余者损之，不足者补之。天之道，损有余而补不足。人之道则不然，损不足以奉有余。孰能有余以奉天下？唯有道者。

第七十九章：和大怨，必有余怨，安可以为善？

第八十一章：圣人不积，既以为人，已愈有，既以与人，已愈多。

出现"无"的章句：

第三章：常使民无知无欲，使夫智者不敢为也。为无为，则无不治。

第七章：非以其无私耶？故能成其私。

第八章：夫唯不争，故无尤。

第十章：载营魄抱一，能无离乎？专气致柔，能如婴儿乎？涤除玄览，能无疵乎？爱国治民，能无知乎？天门开阖，能为雌乎？明白四达，能无为乎？

第十四章：绳绳不可名，复归于无物，是谓无状之状，无物之象，是谓惚恍。

第二十章：傫傫兮，若无所归。

第二十四章：自见者不明，自是者不彰，自伐者无功，自矜者不长。

第二十七章：善行无辙迹，善言无瑕谪，善数不用筹策，善闭无关楗而不可开，善结无绳约而不可解。是以圣人常善救人，故无弃人；常善救物，故无弃物，是谓袭明。

第二十八章：为天下式，常德不忒，复归于无极。

第三十五章：道之出口，淡乎其无味，视之不足见，听之不足闻，用之不可既。

第三十二章：道常无名，朴虽小，天下莫能臣也。

第三十七章：道常无为而无不为，将王若能守之，万物将自化。化而欲作，吾将镇之以无名之朴。无名之朴，夫亦将无欲。不欲以静，天下将自定。

第三十九章：其致之，天无以清将恐裂，地无以宁将恐废，神无以灵将恐歇，谷无以盈将恐竭，万物无以生将恐灭，候王无以贵高将恐蹶。

此非以贱为本邪？非乎？故致数舆无舆。

第四十九章：圣人无常心，以百姓心为心。

第五十章：入军不被甲兵，兕无所投其角，虎无所措其爪，兵无所容其刃。夫何故？以其无死地。

第五十二章：用其光，复归其明，无遗身殃，是为习常。

第五十七章：以正治国，以奇用兵，以无事取天下。

我无为而民自化，我好静而民自正，我无事而民自富，我无欲而民自朴。

第五十八章：孰知其极？其无正？

第六十三章：为无为，事无事，味无味。

故终无难矣。

第六十四章：是以圣人无为，故无败；无执，故无失。

慎终如始，则无败事。

第七十二章：无狎其所居，无厌其所生。

第七十五章：夫唯无以生为者，是贤于贵生。

第七十八章：天下莫柔弱于水，而攻坚强者莫之能胜，其无以易之。

一、有无的辩证意义

"有无相生，难易相成，长短相形，高下相倾，音声相和，前后相随，恒也。"（第二章）在此章中"有"与"无"的含义，是我们熟悉的意思。老子在这章中告诉我们，如果没有"无"的存在就没有"有"的存在，如果没有"困难"的感觉就没有"容易"的感觉，可见有些互为相反含义的形式，却是相辅相成的，缺少其中一种，你无法感受到另一面。正因为有"无"的存在，才有"有"的存在，才能使某种状态很好的表现出来。帛书甲乙本作"有无之相生也"，此下5句皆有"之""也"，如此句。此"有""无"不是指第一章的道的形上性格，而是指形下的现象界事物的存在与不存在。①

通过有无、难易、长短等对立的社会现象和自然现象来阐述相互依存的统一矛盾关系。对于矛盾世界，老子接着提出无为观点。张松如认为老子不只教人看重相对的比较关系，而且教人更看重超脱相对关系的绝对的统一关系。老子虽然非常重视矛盾的对立和转化，而且这种重视对立物的相互影响、相互渗透、相互转化的见解，是朴素辩证法思想的具体运用。这两章都是对有无的总体关系概述。学术界有人认为第一章是全书的总纲；也有人认为前两章是全书的引言，全书的宗旨都在其中。这两章都是对有无的总体关系概述。②

二、以有无对道进行命名

"无名，天地之始；有名，万物之母。"（第一章）道，《道德经》一书当中极具哲学意义的一个字了，在书中道的含义有很多。道是世间万物的源头，是一切事物的总和。道，你无法用言语去形容和表述它。老子在开篇，就对道进行了命名。没有名字是天地的开始，有名字是万物的母亲。道其实就在我们的身边。所以河上公所注的《道德经》给第一篇的篇名便是体道。道，你无法用你的感官器官去感觉它，但它无所不在，我们可以细细地去体悟道。老子在书中多次用不同形式去阐述道，这也让我们感到老子思想的奥妙之处。

同时，也有很多学者指出的那样，"常无"和"常有"不过是强调了无和有的永恒性，无，"常有"和"常无"也就是作为"道"之构成机制的"有"和"无"。需要指出的是，这里的"有"并非经验事物的静态堆积，而是指动态的"有起来"的过程。在"道"之"有"的运动中，万物生成，经验世界得以敞显，《道德经》称此为"朴散则为器"。在"道"之"无"的运动中，一切经验事物又绝对不会久居不化，这是"疏而不失"的天道规则，即使天地也"尚不能长且久"。这样，道生和道返作为动态的"有"与"无"共同构成了一个"出生入死"，"天门开合"的格局，这是一种闭合的环形旋转运动，老子称此为"玄"。③

"反者道之动。弱者道之用。天下万物生于有，有生于无。"（第四十章）"有"与"无"同第一章的含义是一样。"无"同样是被指称为"道"。天下万物都是从

　　① 罗义俊：《老子译》，上海古籍出版社，2012年，第9页。
　　② 谢清果：《道德真经精义》，宗教文化出版社，2015年，第60页。
　　③ 孙功进：《〈道德经〉有无观新诠》，《河南大学学报》（社会科学版），2010年第5期。

万物之母的"有"中出生。万物之母的"有"则从天地之始的"无"中出生。①在阐述道的同时，"有"与"无"也有某种关联性。不再是我们较为熟悉互为相反含义的两个词，而"有"则是在"无"的情况下产生。

三、有无在空间、时间、生活的层面中

老子曰："三十辐共一毂，当其无，有车之用。埏埴以为器，当其无，有器之用。凿户牖以为室，当其无，有室之用。故有之以为利，无之以为用。"（第十一章）三十根辐条共同凑集在一个轮毂上，就在轮毂当中虚空的地方，有了车辆的作用。揉搓黏土，制成器皿，就在器皿当中虚空的地方，有了器皿的作用。开凿门窗，建成房屋，就在门洞窗洞四壁中虚空的地方，有了房屋的作用。所以，靠了"有"而成为便利，靠了"无"才能发生作用。②此章中，老子通过对事物的"有"与"无"的不同存在进行了阐述。一开始，通过事物在生活层面上的"有"与"无"进行了分析。接着通过空间意义上的"有"与"无"。最后通过"有"与"无"的利用关系，表现出"有"与"无"的利用性以及关联性。

我们平常所认识的"有"与"无"只是用来表示某种事物存在或者不存在的能指。如果从生活层面来分析"有"与"无"，它们则是相辅相成，互相促进的关系。"有"与"无"不再是一对表示相反的含义，老子通过生活上的事物，阐述了"有"与"无"之间一种较为奥妙的含义。往往大家看问题只会看到其中的含义，但老子确能透过事物本身，看到其后面深层的含义。

所以，有些学者在研究中国的哲学时，会避免用西方哲学的超越概念、二元论、目的论来代替中国哲学的主体性、关联性、过程论。③

四、有无的引申意义

也有人认为《道德经》的"有"和"无"不过是"混成"与"周行"之"道"所涵摄的两种内在动力与构成机制。这里的"有"和"无"不是名词而是动词，不是静态的而是动态的，是"道生"和"道返"的趋势，过程与交替回环，道摄有无，有无环生。④同时，老子在《道德经》中阐述道，二者之间相辅相成，也是互相促进的。没有"无"，何来的"有"。没有"有"的出现，也就没有"无"。如果没有虚空的部分，原本有的东西无法借助虚空的部分发挥其作用。"有"和"无"

---

① 罗义俊：《老子译注》，上海古籍出版社，2012年，第95页。
② 罗义俊：《老子译注》，上海古籍出版社，2012年，第28页。
③ 谭晓丽：《"文化自觉"的翻译观与〈道德经〉中"有无"的翻译——以安东哲、郝大维〈道德经〉英译为例》，《亚太跨学科翻译研究》，2010年第1期。
④ 孙功进：《〈道德经〉有无观新诠》，《河南大学学报》（社会科学版），2010年第5期。

的作用也有循环的过程。太极阴阳就是个循环的过程。虽阴阳两极为相反，但正是因为其相反，维持着天地万物的一种平衡。而"道"是万物的本源，是世间万物的总和。老子在第一章中，也开篇就用"有"和"无"来给道进行命名，用此来表明"道"的含义。可见，"道"是循环往复，周而复始的。

老子无法描述天涯无终的宇宙"自然"，只好用形象的比喻帮助人们理解，说"无"就像中央空旷周边实在的车毂、陶器、房屋一样。总体的"无"，依赖于周边个体的"有"的支撑而存在。①

总之，通过对《道德经》有无的观念经行一定的分析和了解，深感老子学说的精华和奥妙之处。老子从多个角度，阐述了"有无"之间的含义，进而产生出富有哲理性的人生道理。

（张惠衔　谢清果）

---

① 谭晓丽：《"文化自觉"的翻译观与〈道德经〉中"有无"的翻译——以安东哲、郝大维〈道德经〉英译为例》，《亚太跨学科翻译研究》，2010 年第 1 期。

朴与器之变

"朴"与"器"在《道德经》中可以分别被视为道与物的化身。道常无名，朴虽小，天下莫能臣也；工欲善其事，必先利其器。两者意义相斥，却又有着紧密的关联与辩证关系。于国家，戒奢无为，清净而治，方可使国家长久地兴盛下去；于社会，教化万民，散朴为器，才能让社会得以长治久安；于个人，韬光养晦，朴行于世，以求得到内心的平静和生活的安定。此种智慧可以归纳为"扬朴铸器，行久不息"。

笔者选取"朴"与"器"二字进行品析，希望能够通过这种管中窥豹的行为从《道德经》中领略到老子的真知灼见。

在《道德经》一书中，"朴"字共出现了 8 次，"器"共出现了 12 次。"朴"与"器"共同出现的只有两处，分别是第二十八章的"常德乃足，复归于朴。朴散则为器，圣人用之则为官长，故大制不割。"和第五十七章的"天下多忌讳，而民弥贫；民多利器，国家滋昏；人多伎巧，奇物滋起；法令滋彰，盗贼多有。故圣人云，我无为而民自化，我好静而民自正，我无事而民自富，我无欲而民自朴。"

"朴"，本义未加工的木材，在《道德经》中通常用来表述淳朴敦厚，如"敦兮其若朴，旷兮其若谷，浑兮其若浊"（第十五章）；"见素抱朴"（第十九章）。后其也代道，见"道常无名，朴虽小，天下莫能臣也"（第三十二章）；"吾将镇之以无名之朴。无名之朴，夫亦将无欲。不欲以静，天下将自定"（第三十七章）。或者说，"朴"即是万事万物的本来面目，即为未加更改的自然状态，即是一种追求本源的道。"朴治"，即道治，即以"以质朴无文的自然方式治民"①。

而"器"的意思便简单多了。在《道德经》中，"器"大多译为有型的物质或是有形的工具。同样，"器"也可以被理解为事物被加工修饰后的非自然状态，如"埏埴以为器，当其无，有器之用"（第十一章）。器者，大多被加以特殊的功用，被赋

---

① 贺荣一：《老子之朴治主义》，百花文艺出版社，1994 年。

予了人们独特的期望。这，显然与代表着万物未加修饰状态的"朴"意义相背驰。

然而，"朴"与"器"之间的关系却不仅仅是互为反义词这么简单。它们更像是一种心与物之间的关系。笔者将从"朴"与"器"之间的关系品析其于国家，于社会，于己身的重要意义。

一、国之道：求朴抑器，戒奢无为

在开始这个话题之前，我们先思考一下老子为什么要著书立说。对于这个问题，陈鼓应先生在《老子今注今译》中给出了自己的解释"老子立说的最大动机，是要缓和人类社会的冲突。而人类社会冲突的根源，就在于剥削者肆意扩张一己的占有欲。所以老子提出'无为''质朴''谦退''不争'种种观念，莫不是在求减损人类占有的冲动。"在这里，陈鼓应先生将"质朴"一词拔高到与"无为"等词等同的地位，充分表现出了"质朴"一词的重要性。质朴即无为，追求回归到国家本质的地方去。

从老子的时代以来，世界各地总是纷争不断，各种各样的势力或明或暗地相互争夺，给国家和人民都带来了极其严重的灾难。究其原因，除去意气之争外，最主要的原因便是统治者对于外物的占有欲望，这还仅是一人的不"朴"导致的结果。倘使一个国家的人都难以维持"朴"的信念，就难免陷入对奇功巧技的盲目追求，对奢靡生活的迷醉，对国家法令的漠然，从而给国家带来毁灭性的伤害。

如若一个国家可以遵循自然大道，无为而治，强调"质朴"的重要性，抑制住"利器"的泛滥，那么这个国家的人们自然会"无为而民自化，好静而民自正，无事而民自富，无欲而民自朴"。

二、社会之药：朴散为器，布德于民

《道德经》第二十八章中论述道"常德乃足，复归于朴。朴散则为器，圣人用之则为官长，故大制不割"。王弼注曰"朴，真也。真散则百行出，殊类生，若器也。圣人因其分散，故为之立官长。以善为师，不善为资，移风易俗，复使归于一也。大制者，以天下之心为心，故无割也"。

朴者，大道也。大道而散，德化天地。此处的器亦可译作人才。将大道普及于民众，使民众不再迷茫，而能够很好贯彻自然大道的那些人便可被称为人才。充分发挥这些人才的作用，就可以使国家稳定统一，不会破灭。

在这里，可以看成是老子为社会下的一剂药方，即教化民众，给民众加以合适的教导与指引，给民众指出大道的方向，使民众脱氓，移风易俗，知耻奋进，成为对社会有贡献的人，进而用这些人才完善维护这个社会。大道绝不应该是高高在上的，它应该是每个人都触手可及的，每个人都可以看到并了解大道的存在，每个人对这个玄之又玄的大道又都会有着自己的理解，虽然道是不可道的，但哪怕他们理解的道只是部分的、片面的，但这足以使他们成为"良器"，只要加以合适的利用，就一定可以使"大制"难割，社会稳定和谐。

三、人生之路：藏巧露拙，顺时知命

在另一本道家著作《止学》中有这样一句："物朴乃存；器工招损！"意为：事物朴实无华才能得以保存，器具精巧华美容易招致损伤。

《道德经》第三十六章中"将欲歙之，必固张之；将欲弱之，必固强之；将欲废之，必固兴之；将欲夺之，必固与之，是谓微明。柔弱胜刚强。鱼不可脱于渊，国之利器不可以示人"。藏巧并不是为了露拙，求朴也不是为了弃工，所谓柔弱胜刚强，避战并不是惧战，只是避其锋芒，不做无谓的意气之争。外表的示弱恰恰是对胜利追逐，国之利器不当示人，出必封喉。

所谓大智若愚者，不需要自我夸耀，而是韬光养晦，守愚守拙，外似笨拙，而内在却以拙为用，其巧无比。[①] 正如钱学森先生所说："智慧是人脑更高层次的活动，聪明、机灵，以及所谓智力、智能都是在低层次，低一个或几个层次……中国有句老话：'大智若愚'嘛，真正有智慧的人，看上去好像都有点迟钝！"国人总是强调的中庸之道也就是如此，积攒实力，不逞口舌之利，不做意气之争，不显山露水，才是人们应该秉持的人生之道。

同样，所谓的养生之道也不过如此。老子将养生称作"摄生"，世界上哪里有什么所谓的长生之道呢，无非就是善于躲避危险而已，所以袁培智先生在《老子新译》中有言："在老子看来，这个世界到处埋伏危险，生命随时受到威胁。他主张处处小心，不要进入威胁范围，只有无所作为，才最安全，最足以保全性命。"

结语

作为一部影响了整部中国史的著作，《道德经》的字字句句莫不是真知灼见，每一章从不同的角度看过去都能得到不同的人生启示。单是"朴""器"二字便可以教会我们治国者要戒奢从俭，无为而治；经世者要德化万物，散朴为器；为人者要掩藏锋芒，顺势而为。

（季晓敏 谢清果）

---

① 姚淦铭：《读国学书系·读老子》，上海辞书出版社，2013年。

"真伪"可辨

　　老子是中国古代著名的思想家、哲学家。《历世真仙体道通鉴》记载：周康王时尹喜为巨大夫，后为东宫宾友，结草为楼，仰观乾象。一日，观见东方紫气西迈天文显瑞，知有圣人当度关而西，乃求出为函谷关令。不久老子驾青牛薄板车至函谷关，尹喜把他迎入官舍，北面师事之。居百日，尹喜以疾辞官，复迎老子归楼观本宅，斋戒问道，并请老子著书，以惠后世。于是老子在函谷关前著五千言的《老子》一书，又名《道德经》或《道德真经》。这里我们还得感谢一下这位尹喜关令，要是没有他，不知道我们现在还能不能看到这样的思想瑰宝。而今天我们要讨论的就是《道德经》中关于"真"与"伪"的问题。

　　《道德经》中全文关于"真"与"伪"的描述并不多，其中"真"只在书中出现三次："恍兮惚兮其中有物。窈兮冥兮其中有精。其精甚真"（第二十一章）。"质真若渝。"（第四十二章）。"修之于身，其德乃真。"（第五十四章）。而关于"伪"的直接描述也并不多，只出现了一次，就是在第十八章中出现的"大道废有仁义，智慧出有大伪，六亲不和有孝慈，国家昏乱有忠臣。"因此笔者还试图去寻找书中关于"真"与"伪"意近的描述："实"与"虚"，但是发现关于这两个的描述也是屈指可数。关于"虚"与"实"的描述分别出现了 5 次和 2 次，笔者从中挑选除了意义与前文所提"真"与"伪"相近的内容，分别有一条："古之所谓曲则全者，岂虚言哉！诚全而归之。"（第二十二章）"处其实，不居其华。故去彼取此。"（第三十八章）

　　接下来笔者便尝试着从这些关于"真"与"伪"，"实"与"虚"的描述中去体会老子思想中关于"真伪"的道。

　　谈到真与伪，笔者首先想到就是毛主席在《中国革命战争的战略问题》中提出的"去粗取精、去伪存真、由此及彼、由表及里"十六字法。其中的去伪存真就时在理解"伪"与"真"过后在治理国家上的一种运用。但"真"与"伪"究竟有何意义，首先看一下去伪存真的字面意义吧：去掉外表虚假的东西发现事物的真相，不为假象所迷惑。从这里就可以看到，"伪"指的是虚假的表象，是与"道"相背的，而"真"就刚好相反，是事物的真实面貌。要理解"真"，笔者以为从《妙真经》中的"自然者，道之真也"一句可以很好地看到。这句话虽在说的是自然，但是我们可以从中推敲"真"的含义。这句话的意思是，自然是真实的道的表现，自然是遵从统领万物的"道"的。可见，"真"是说事物是顺应"道"的发展规律的。

我们看看《道德经》中老子关于"真"与"伪"的阐述："孔德之容惟道是从。道之为物惟恍惟惚。惚兮恍兮其中有象。恍兮惚兮其中有物。窈兮冥兮其中有精。其精甚真。其中有信。自古及今，其名不去以阅众甫。吾何以知众甫之状哉！以此。"（第二十二章）这里讲的是德，原文的意思是，大德的形态，是由道所决定的。道这种东西，没有清晰的固定实体，恍恍惚惚啊，其中却有某种形象。恍恍惚惚啊，其中却有具体的物质。深远幽暗啊，其中却有精微之气。这精微之气十分纯真，那里面有可靠的验证。自古至今，它的名字从未泯灭，可用它来审视实践万物的初始。我是如何来了解万源之始的情况呢？靠的就是这大道。因此，笔者以为"真"是一种接近老子想要尽力描绘清楚的"道"本身。

《道德经》中另外一处出现"真"的是："广德若不足。建德若偷。质真若渝。"（第四十一章）这句话的意思是：广大的德好似不足；刚健的德好似怠惰；质朴而纯真好似污浊。这里的"真"描述的就是一种本性，本原，与《妙真经》中"自然者，道之真也"相仿。想要表述的就是一种天性，最原始的、最自然的、最纯真的本性。

"修之于身其德乃真。修之于家，其德乃余。修之于乡，其德乃长。修之于邦，其德乃丰。修之于天下，其德乃普。"（第五十四章）这句话的意思是："把这个道理付诸自身，他的德性就会是真实纯正的；把这个道理付诸自家，他的德性就会是丰盈有余的；把这个道理付诸自乡，他的德性就会受到尊崇；把这个道理付诸自邦，他的德性就会丰盛硕大；把这个道理付诸天下，他的德性就会无限普及。"这里的"真"指的就是与客观事实相符的，与现代大多数时候使用的真意义相近。想要说明的就是修身便是要"善建""善抱"，即抱持大道。

我们再来看看《道德经》中出现的与"真"相近的字——"实"："是以大丈夫，处其厚不居其薄。处其实，不居其华。故去彼取此。"（第三十八章），这句话的意思是大丈夫立身敦厚，不居于浇薄；存心朴实，不居于虚华。所以要舍弃浇薄虚华而采取朴实敦厚。可见，这里的意思与"质真若渝"中的"真"意思相近，这里便不再赘述。

从以上对《道德经》中出现的"真"的简单分析可以看出,"真"在老子看来是一种接近于"道"的一种品质,而一个纯真质朴之人便是"真"人。想要保持自身的"真",就得要"善建""善抱",更要善明道,并且问道而行之。

我们再来看看《道德经》中的"伪":"大道废,有仁义;慧智出,有大伪;六亲不和,有孝慈;国家昏乱,有忠臣。"(第十八章)大道被废弃了,才有提倡仁义的需要;聪明智巧的现象出现了,伪诈才盛行一时;家庭出现了纠纷,才能显示出孝与慈;国家陷于混乱,才能见出忠臣。这里"伪"的意思便与"修之于身其德乃真"中的"真相对",说的便"假","虚"与"伪"。

"伪"在《道德经》中出现得次数并不多,仅此一次,并且还是我们常用的意思。"伪"与"真"相对,便是作虚假解,是与道相背离,而要想做到"不伪",便努力向着"真"的方向努力便可。

综上可知,《道德经》中关于真伪的讲述实际上讲的是一种与"道"的相符程度,若是远离道,背离道而行,那么便是"伪",相反的,若是,接近道,察明道,并勤而行之,便是"真"。

(李根深 谢清果)

事与物的相连

老子所著一书《道德经》，是中华元典之一，深刻影响着中国人的思想，所以我想从《道德经》中的"事"与"物"来一窥老子《道德经》中出现的精神与价值观。

在王弼本的《道德经》中，"事"有 21 处，"物"共 36 处。其中"物"大多与"万"联合作为万物来翻译，而"事"大多翻译为事情或者做事，抑或与"有"或"无"组成有事或无事，翻译为有为或无为。显然事与物已经成为《道德经》价值观的一部分。

在《道德经》第一章中老子写道："无名天地之始，有名万物之母。"其中"无"，是形容道生万物的过程中一种无以名状的状态，而"有"，是指万物的根源。这"有"和"无"是老子提出的两个重要的概念，是表明道生宇宙万物的过程。由此可以看出，老子认为道萌生宇宙万物，而道是无形的，万物是有形的。所以万物只是道的具体表现，并不能完全代表道，因为"道可道，非常道"（第一章），若道能够被万物来形容，那便不是道了。

老子在《道德经》第二十一章说："孔德之容，惟道是从。道之为物，惟恍惟惚。惚兮恍兮，其中有象；恍兮惚兮，其中有物。窈兮冥兮，其中有精；其精甚真，其中有信。自古及今，其名不去，以阅众甫。吾何以知众甫之状哉？以此。"老子说"道"其所谓恍惚而又不恍惚，恍惚其中又有实物，因为从道中便认识了万物，这便也是道与万物的联系了。

老子认为道是万物的根源，从"道常无名，朴虽小，天下莫能臣也。侯王若能守之，万物将自宾"（第三十二章）也能看出，万物服从于道，而道无法拥有也无人能够支配，唯有保有它。而有了万物，便有了世间各事，这便是道生物再创造事物之间的联系了。老子还说"大道泛兮，其可左右。万物恃之而生而不辞，功成不名有，衣养万物而不为主。常无欲，可名于小；万物归焉而不为主，可名为大。以其终不自为大，故能成其大。"（第三十四章）从中便能知道，万物虽然服从于道却不被其约束，道养育万物却不自以为主宰，从中便可看出道的伟大，而万物与道便也成了依靠的关系，万物依靠道而生存。在"反者，道之动；弱者，道之用。天下万物生于有，有生于无"（第四十章）也能说明这个关系。

老子在《道德经》中还有一个重要的思想即是"无为"。道家所宣扬的"无为"是一种生存的大智慧，道家的无为，并非消极避世，而是应该通晓自然和社会规律，善于处理人际关系。从"是以圣人处无为之事，行不言之教；万物作而弗始，生而弗有，为而弗恃，功成而弗居"（第二章），便可看到老子对待事与物的态度，他认为要以"无为"的态度对待世事，任凭万物自然变化不去干扰。这便是事与物的联系了，对待世事如对待万物一样，讲究"无为"的态度，从"悠兮其贵言。功成事遂，百姓皆谓我自然"（第十七章）中也能看出老子对待事的无为态度。

在《道德经》中，老子对待事物无为的态度犹如道对待万物无为的方式映射一般。就如"以正治国，以奇用兵，以无事取天下""我无事而民自富，我无欲而民自朴"（第五十七章）一般，老子的思想在其中体现得淋漓尽致。所以，道与事与物之间，有着密不可分的联系，道对万物的方式，映射道生活中的事，从中又表达了自己的无事态度。于是《道德经》中的事与物就被串联了起来。老子在第六十三章如是说"为无为，事无事，味无味"，从这便能一窥老子的思想一二了。

从道与万物之间的联系，能得出更多对待事物的方式。"万物得一以生，侯王得一以为天下贞""万物无以生将恐灭，侯王无以贵高将恐蹶""故致数舆无舆。不欲琭琭如玉，珞珞如石。"（第三十九章）这里表明了万物与具体实例的侯王的共通之处——万物与侯王一般都应像道养育万物而不自以为主宰一样，如石块一般坚实朴质。

所以，在现世中，行为处事，应顺应道的方法道的规律。人的行为到底脱离不了天道，万物都脱离不了道的范畴，因此每个人心中要有道。犹如"道者万物之奥，善人之宝，不善人之所保。""古之所以贵此道者何？不曰以求得，有罪以免邪？故为天下贵"（第六十二章）所示。

《道德经》里面蕴含着前人积累的智慧，告诉了我们事物与道的关联，从而为我们指引了在现世为人处事的方向。唯有守住心中的道，以道为引，方能在万物之中不感到茫然，从而获得自己的成功。

（林千恩　谢清果）

明与昧的表里

　　中国哲学里面以老子为代表的道家，集中阐释了"无为而治""道"等思想，其中大部分的哲学思想在其著作《道德经》中得以体现，以"道"和"德"为论点，从自然的规律出发，联系客观事物，对世界的本源问题，对事物的发展规律等的认识，老子有其自身的独到见解。为了深入研究《道德经》这一著作，了解老子的人生观价值观，增强自身明辨是非的能力，笔者选择"明昧"这一对立有统一的词汇出发来浅析老子的价值观与人生哲学智慧。

　　以王弼本《道德经》为例，书中"明"字出现 12 次，"昧"字则出现 2 次。"昧"在书中主要释义为"阴暗、不清楚"，指代事物显得阴暗，看不清本质，暗指人的认知不够充分。而"明"的释义则较为多变，"清楚、了解""明亮""明智""精巧"，等等，其作为名词、动词、形容词均可。但大多殊途同归，表达了对人或事物清楚明智的判断，以"何为明"作为引导，将人引向明智，通往光明的道路。

　　《道德经》中将"明昧"作为"道"方向的指引，表明立场和表达老子对一些行为态度的认可。书中仅有一处将"明昧"同时出现，是谓"明道若昧"（第四十一章），意思是"光明的道好似暗昧"，将"明昧"对立，列举了构成矛盾的事物双方，表明现象和本质的矛盾统一关系，它们彼此相异，相互对立又相互依存，彼此具有统一性，从矛盾的观点，说明相反相成是事物发展变化的规律。

一、明昧的辩证关系——互为表里

　　"明"字最早见于甲骨文，其本义是明亮、清晰，后延伸至懂得，了解。与之相对，"昧"则表示隐藏、隐瞒，衍生为糊涂、昏乱。两者常常以反义词出现。在第四十一章中阐述了"上士""中士""下士"对道的反应。不仅仅指代政治上的等级制度，同时主要指思想认识水平的高低。"道"的本质隐藏在现象之后，浅薄之士无法明白，第四十一章用了十二句成语，用一句话加以概括则是："道"是幽暗无名的，它的本质是前者的"明"，而表象是后者的"昧"。老子从有形与无形、存在与意识、自然与社会各个领域多种实物的本质和现象中，论证了矛盾的普遍性，揭示出矛盾辩证法的真谛。"明""昧"之间互为表里，阐述了"道"的特质，正所谓"道生一，一生二，二生三，三生万物"，"道"的特质具象也表现在世间万物之中，无数的正道被浅薄之士嘲笑。安徒生的童话《皇帝的新装》，皇帝光着身趾高气昂地游行，可全城人除了孩童都看不明白，正是"明道若昧"的具体体现；哥白尼创建了"日心说"却遭迫害，终为宇宙理论添砖加瓦；《红楼梦》起初被定位为风月杂谈，最终却成为中国古典小说的奇葩。表为"昧"，里为"明"，这既是老子对"道"和大多数美好事物的定位，也是老子对时世的控诉。

在第十四章中"其上不皦，其下不昧"，"皦"在此处释义为光明，可以将其视为"明"，此处老子对"道"的阐释则是将其置于"不皦""不昧"之处，即既不显得光明亮堂，又不显得阴暗晦涩，"明"和"昧"在此则是表现为极端的标准。"视之不见名曰夷，听之不闻名曰希，搏之不得名曰微。"（第十四章）这样视之却不见，听之却不闻，搏之却不得三者之间，似乎也很适合于当今人的心态。人功利心重，往往会被名利目标迷乱了双眼、双耳、人心，三者混而为一，似乎也成了一种必然。是不是有别的什么意思，似乎有些什么道理，可似乎又没有道理，公道自在人心，如何"其上不皦，其下不昧"，似是关键，没有标准，就是标准。

二、以"明"为本

"明"在老子文中出现极多，多用于积极地形容或是比较，"清楚、明智"是其最多的解释，不同于老子在《道德经》中经常阐述的"智""愚"之间的关系，此两者是一种横向的比较，老子将"智"视为非理想状态，而将"愚"视为理想状态，在此两者之外，还有一个正面理想的"明"字。第十六章云："复命曰常，知常曰明。不知常，妄作，凶。"第二十七章："是谓袭明。"第三十六章，"是谓微明。"第五十二章："见小曰明。"等等，不可忽略老子对于"明"的提倡。《道德经》中关于"明"的出现有若干不同的形容和阐释，但是大多数都是作为直接的阐释和说明，我们将其视为一个独立的概念来思考，因此可以把"明"与"智""愚"加以纵向的比较。以"明"为本，在第五十二章中更加明显地将"明"与"本"的概念联系起来，"见小曰明，守柔曰强。用其光，复归其明，无遗身殃，是为习常。"在这里，"明"作为"归"的方向，便可视为整篇对于"归根"思想的进一步阐释。

《道德经》中"明""昧"对比出现仅有1次，但"智"和"愚"则是多次对比。在老子眼中这种"智"便是"昧",而"愚"恰好是"明"的外在表现。这种结论是《道德经》行间之义,没有得以直言,却隐形于文中。

三、看待事物的做法——弃"昧"寻"明"

综合来看,"昧"在《道德经》中所指代的便是士达到"道"前所遇到的困难与局限。也表明了"道"在当时的时代背景下便是难以被众人所认识的存在。"道,可道,非常道",《道德经》以"道"字开篇,第二十五章中说"人法地,地法天,天法道","道"便是老子终其一生的追求。第四十一章"明道若昧"则是阐释了"道"于当时时代之间存在的矛盾。"明"道之路也是老子一生所致力的。

《道德经》其实便是在讲述如何"明"道,"道"是如何存在的?第二十五章中"人法地,地法天,天法道,道法自然"。"法"字在这里是效仿的意思,"自然"并非我们今天说的自然界的自然,"自然"一词在《道德经》第十七章中已经出现,"功成事遂,百姓皆谓我自然"。意思是事情办成功了,老百姓说,我们本来就是这样。"自然"在这里是形容词,即事物的自然而然的存在,自然而然地发展。"道法自然"中的自然也是同样意思,人效法地,地效法天,天效法道,而道纯然自然,本来如此。道衍生万物而任其发展,并不对万物妄做干涉,这便是"道"的存在方式"无为",使得万物蓬勃生长,生生不息。"明"道如何存在,知晓如何抵达真正的"道",便是《道德经》的主要目的和老子一生的追求。

总而言之,老子思想博大精深,人人都能从老子的《道德经》中学到不同的"道"的智慧,"身先""民治""成其私""成其大""为天下贵""为百谷王",而老子自己所追求的道,却不是一个结果,而是整个生命过程。见素抱朴、处无为之事,与道法一致,最终达到天人合一。天道长久不生不灭,虽道处于"昧",然道身"明"。"道乃久,没身不殆",正是老子所追求的。道本自明,而人因不知常而处于昧之中。当然,道从形象而言,又是恍惚不定的,因此,一定程度上可以称之为"昧"。有时难得糊涂,何尝不是一种"明"。因此,对于明与昧当辩证对待。

(蔡子宸 谢清果)

黑白之理

　　"黑白"观向来是《道德经》哲学思想的重要命题之一。黑白两个方面的精神内核和物质表现具有辩证统一的性质，即具有相生相克、对立平衡的辩证关系。对于事物的认知上面，老子对待万事万物的态度是"知雄守雌""知白守黑""知荣守辱"，教导人们看事要善于以黑御白，知白守黑，把握万物的全面，得到大道的完全，身为道法万世效仿，德行永恒，归复于无极。在生活艺术美学上，老子启发人们，虚以成韵，万物以形存在，空灵而成美，懂得黑白变幻的相生相克，相融相守，把握事物的形骸与神志，方可得道之神韵，得诗歌、国画之妙。玄之又玄，众妙之门。总之，老子教会了人们正确认知万事万物的方法，欣赏其本相之妙，明白道之一体两面三值之理，近道得道，"常德不忒，复归于无极"。

　　一、"黑白"的存在，异象与古今释义

　　"黑白"这一对词组在王弼版的《道德经》总共计只出现了一次，于第二十八章："知其白，守其黑，为天下式。为天下式，常德不忒，复归于无极。"其直译为"知道它的白，持守它的黑，成为天下的模式。永恒的德行不会差忒，归复于无极的状态"。（黄友敬《老子传真》）此句告诫人们好为或者善为道者对待万事万物，一定要明了事物"黑白"二性，要明了其白之一面，又要持守其黑之本性，以黑御白，从而在本源上对事物有一种整体的感知，得到大道的完全，其自身便为天下之模式的映射，是百姓万世自然效法。以此永恒的德不会差爽，复归于无极的状态。

　　联系上下两句，分辨讨论了"雌雄""荣辱"这两组辩证对立的两组词汇，老子是在告诉世人一种辩证看待事物的关系。不论"雌雄""黑白""荣辱"这三对词组的差异，其本质上皆为道之一体两面。此两者相生相克，互相转换，而又不离于道。是一种看待万事万物的哲学思考。"知雄守雌""知白守黑""知荣守辱"

在本质上体现出了道家思想的平衡之道，强调万事万物存在三值的客观事实。并不是非白即黑这一观点，而存在中值平衡的境界，这就是道的体现。知白守黑，同时以黑御白，犹如有无相生之理，天地浑然一体，而复归于大道的本初状态——无极。

修身如是，修之于天下，莫不如是。"道隐无名。夫唯道，善贷且善成。"是以黑白之理成无极大道。柳存仁说："则守黑之旨，盖亦有近乎玄德。知白而守黑，则守之者其黑亦非如普通之暗矣。"而宋常星说："知白守黑，不受万物之染，终无得失之患，所以圣人以此为天下式，即是万民之模范，万事之准则也。"又如（第六十五章）："玄德深矣，远矣，与物反矣，乃复至于大顺。"玄德积之使广，天下大顺，乃治天下之道。

二、乃至寰宇——从"黑白"观到"一体二面三值"的世界体系

"道可道，非常道。"（第一章）老子《道德经》5000字是通过一种类似今天符号学的方式，以概念提出，再引出命题，最后再论证的有效推理过程，构建出人类关于自然的认知哲学，社会哲学理论与价值哲学理论来阐述人的存在与目的的问题，传达出的是一种道的外在异象，是《道德经》中的第一命题——"道生一，一生二，二生三，三生万物。万物负阴而抱阳，冲气以为和。"（第四十二章）由于"道隐无名"且有名与无名之论，使得这一命题不可言语、不可证明，如老子在第七十章阐述了："吾言甚易知，甚易行，天下莫能知，莫能行。"

而第二命题则为"怎么做"，描述《道德经》对于世界事物的认知方式。正如"知雄守雌""知白守黑""知荣守辱"这三组相生相根的词组，《道德经》阐述事物存在世界的本质形态。此间事物有存在世间的两个对立面，如黑白相对，而老子则提出真假同显的第三个值——知白守黑，黑白相辅相成而归复于无极。这是事物存在的一般形式，为不确定不稳定的形态，其中隐用了三值逻辑，彻底质疑了根深蒂固的"非此即彼"的确定性思维模式，黑与白之间并非那么果断，还有不确定性思维"。[1]

通过对于"雌雄""黑白""荣辱"的列举证明，老子要告诉我们的是万事万物都统一在道之下，即"道生一，一生二，二生三，三生万物。万物负阴而抱阳，冲气以为和。"（第四十二章）其中每一种与阴阳之理，真假之道具有同样的存在本质，即为"一体二面三值"中的某一种不确定状态。如同太极图释义一样，雌雄之间、黑白之间、荣辱之间并非界限分明。而如何去认知这一部分的事物，则

---

① 吕青毅：《〈道德经〉的哲学逻辑及其启示》，《山西大学学报》（哲学社会科学版），2013年第3期。

应从起本质了解掌握，知白守黑，唯遵"大道"，以不变应万变才能正确地审视事物的变化发展，顺应道的发展。道法自然，最终得道。

三、归于毫末——知白守黑中体现的生活智慧与国画艺术思想

体现在古人生活智慧上面，首先知白守黑是一种生活态度，非此非彼，迷幻朦胧，虽物已至此，而神趣悠扬于九天之外，是古时文人骚客追求的境界。此间的知白守黑，黑为实，白为虚，以黑为物质之基，白则为神识志趣，虚以成韵，使得此间此物之妙，超脱于黑之界限，"玄之又玄，众妙之门"。庄周谓之逍遥之游，其中哲理在于虚幻之间，"为人之所不至，故几于道"。

在古典诗歌当中，知白守黑是一种重要的美学原理，诗歌要有"诗韵""诗味""虚空"等。唐司空图认为诗必须有"韵外之致""味外之旨"，要"超以象外，得其环中""不著一字，尽得风流"。尽显黑白之理，此处"黑"谓之为诗歌的文字基础、异象基础，而白与黑相辅相成，从异象、诗韵而来，表现为诗味、虚空之境。以实映空，妙不可言。范温在其《潜溪诗眼》中解释："有余意之谓韵""不足而有韵""行于平夷，不自矜炫而韵自胜"。"韵"就是"有余意"。"不足""平夷"才能"韵自胜"。明代王世贞同样强调"镜中之相、水中之月……无迹可求""色相俱空"，强调"空"字，强调"清运"，是以唯"空灵""清远"乃有神韵。

如柳宗元的《江雪》："千山鸟飞绝，万径人踪灭。孤舟蓑笠翁，独钓寒江雪。"诗中描绘了一系列空旷悲寂的场景，转笔写到"在江上的一只小船上，有个披着蓑衣，戴着斗笠的老翁，在寒冷的江上独自垂钓。"没有交代老翁为何人，为何行此事，天地为何如此。此为知白守黑，以恰到好处之黑，结合空灵虚幻之白，黑白交融浑然天成，复归于无极。诗中并未详细交代处，因其有了想象的巨大空间，从而也就使这首诗具有了韵味，可以称之为诗歌中的空白艺术。前人早有"虚以成韵"之说。庄子说："虚室生白，唯道集虚"。高旦甫："即其笔墨所未到，亦有灵气空中行"。从某种意义上说，它已冲破了"黑"与"白"，"虚"与"实"的正常处理方法，达到"笔"所未到精神存之，笔所到气亦不尽的绝妙意境。这些皆为道之体现，道之妙事。在另外层次上这也是道德经无为而至，道法自然的表现。于诗歌，黑为词，白为意，两者相辅相成，无词而意不全，无意则词无趣。黑为实体，承载白之韵味，其隐含大道，"天之道，损有余而补不足。"（第七十七章）同时黑不能过多，诗中语句有度，不能过盈，诗意亦然，以达到自然和谐。老子曾言："曲则全，枉则直，洼则盈，敝则新，少则得，多则惑。是以圣人抱一，为天下式。"（第二十二章）黑白之理亦然。

在国画艺术中，中国传统的色彩观念体现于"黑白"，黑白是太极、阴阳。黑白水墨画，它天生的精神占绝对优势，显示出很高的创作性，在国画中，"形"上物体的物质外貌，即为黑；"意"是画家自身思想的表达，即为白；"理"是物象内含的精神，是控制画的基本法则，是谓黑白把控的平衡。知白守黑是其中最重要的思想方法，以使国画达到自然和谐的境界。对于绘画，其本身就是一种道法天地的体现，其不注重外部特性表现，物质的传达，旨在说明意境玄妙，只为表达出道的精神内核。

其哲学境界正是老子的"玄之又玄，众妙之门"。又由于"道可道，非常道；名可名，非常名"，故国画艺术，用一种纯粹黑白的辩证方法，以异象式的表达，类似与阴阳太极图一般，说明大道之意。由于黑白之理，如上文所述，其为一种不确定的第三值的稳定关系，处于"其上不皦，其下不昧。绳绳不可名，复归于无物，是谓无状之状，无物之象，是谓惚恍"的玄妙状态。故而国画中的"形"的精细正确是无意义的，正如苏东坡诗中所云："论画以形似，见与儿童邻。赋诗必此诗，定非知诗人。"凡作画者，得其形不如得其势，得其势不如得其韵，得其韵不如得其性，称"性"之作，巧于心，寓于境，直参造化。与"是以圣人处无为之事，行不言之教，万物作焉而不辞，生而不有，为而不恃，功成而弗居。夫唯弗居，是以不去"可谓同理。

（陈威宇 谢清果）

"正反"的意蕴

老子的"正反"思想几乎贯穿于《道德经》全书，是老子的一项重要思想成果，其含义丰富，意蕴深远。"正"和"反"两个方面，它们彼此相异，互相排斥和对立；但又同时互相包含，互相融合，互相渗透，彼此统一和一致。将"正"与"反"的思想引入现代社会中，我们可以从中获得多方面的启示。"正反"思想运用于生活中，教与你做人的道理；运用于社会中，教与你辩证看待世界的能力；运用于人生，教与你有关选择的真谛。

老子作为我国古代重要的哲学家和思想家之一，其所著的《道德经》一书充溢着丰富的辩证思想。为中国哲学发展做出了十分重大的贡献，同时也为后代留下了珍贵的精神思想财富。

在老子所著的《道德经》中，不容忽视的一点就是老子对于"正反"思想的辩证与阐释。"正"字在全文中共出现了七次，"反"字在全文中共出现了四次。不仅如此，《道德经》中许多篇目内容中也隐含着"正反"的辩证思想，如"大成若缺""大盈若冲""大直若屈""大巧若拙""大辩若讷""明道若昧""进道若退""夷道若纇""上德若谷""大白若辱""广德若不足""建德若偷""质真若渝""大方无隅""大器晚成""大音希声"，等等。这里，"成"为正，"缺"则为反；"盈"为正，"冲"则为反；"直"为正，"屈"则为反……两两之间互相对立而又互相统一，可互相转化而同时循环往复，这也揭示了"正反"辩证思想内部的联系与转化。

刘笑敢将老子的辩证观念概括为四层命题：第一，正反相依及正反相生，如"有无相生，难易相成"。第二，正反互转，如"祸兮福之所倚，福兮祸所伏"。第三，正反互彰或以反彰正，如"大成若缺""大巧若拙"。第四，以反求正，如"欲将翕之，必故张之"。同时，他还将这四层命题简化为两个方面：一方面是侧重于描述客观事实和规律，包括正反相依、正反相生和正反互转；另一方面主要是价值判断、方法主张或行事原则，包括以反彰正，以反求正。前者是理论基础，后者是应用引申。

基于刘笑敢的这一思想，笔者将《道德经》中的"正反"思想置于现代生活之中，探讨这一辩证思想对于现代人、物、社会所产生的作用影响或启示启发。

一、"正反"思想运用于生活

老子在第七十八章中说："正言若反。"同一种事物通常都有着"正"和"反"两个方面，它们彼此相异，互相排斥和对立；但又同时互相包含，互相融合，互相渗透，彼此统一和一致。这一观点就体现了事物概念的流动性和转化性。事物具有正反两面性，因此我们在认识事物之时也要同时从正反两个方面出发。

"老子认为事物是在对立关系中造成的。因此观察事物不仅要观看它的正面，也应该注视它的反面（对立面），两方面都能兼顾到，才能算是对于一项事物作了全盘的了解。常人只知执守着正面的一端，然而老子则提醒大家更要从反面的关系中去把握正面的深刻含义。"[1]

柏拉图说："事物都存在着正反两面，美的事物身上有丑的成分；好人有时候也会做坏事。"柏拉图的这一观点与老子的"正反"辩证思想有着异曲同工之处。

事实上，将老子的这一"正反"辩证思想运用于人们观察事物的过程中，可以给我们带来很大的启迪，比如，运用在观察"人心"的过程之中。

人际关系通常是人们在社交过程中难以把握和极难处理的一个问题，然而在一个社群中保持良好人际关系又是十分重要的。世界卫生组织给出健康的定义是：健康不仅指一个人身体有没有出现疾病或虚弱现象，还是指一个人生理上、心理上和社会上的完好状态。这里"社会上的完好状态"指的就是在社会上能够拥有良好的社会关系。

然而老话说得好：人心隔肚皮。人们表现出来的东西往往不同于他们心中真正所想的。在我们观察人心的过程中，首先要清楚一点：人是一个复杂的结构体。人通常有着很多面，有善，也有恶；有慷慨的时刻，也有自私的时刻。而人的许多面可归纳为两大类：积极的一面，如善和慷慨；还有消极的一面，如恶和自私。当我们在观察一个人的时候，就需要从积极的方面和消极的方面同时出发。"人性本善"和"性本恶"这两种观点应该同时存在于脑海里，运用于观察之中。既不可相信一个人是完美的，全然地去相信和依靠；同时也不可判定一个人是完全邪恶的，而最终导致自己的一些损失。

---

[1]　陈鼓应：《老子今注今译》，商务印书馆，2016年，第30页。

二、老子"正反"思想的社会应用

老子说："反者，道之动；弱者，道之用。天下万物生于有，有生于无。"（第四十章）循环往复的运动变化，是道的运动，道的作用是微妙、柔弱的。天下的万物产生于看得见的有形质，有形质又产生于不可见的无形质。老子在此揭示了事物运动变化的根本规律——循环往复。

"老子认为自然界中事物的运动和变化莫不依循着某些规律，其中的一个总规律就是'反'：事物向相反的方向运动发展；同时，事物的运动发展总要返回到原来基始的状态。因此，反字可作相反，也可作返回讲（反即返）。它蕴涵了两个概念：一是相反对立；二是返本复出。"[①]

例如，文学在历史上的发展就是一个循环往复的过程。理性主义发展到极致之后浪漫主义便开始流行，而当浪漫主义盛到极致之后伴随着的就又是理性主义的再次兴起。循环往复，这一观点在时尚圈也同样适用。八十年代流行的阔腿裤在前二十年间遭到人们的摈弃，然而近十年间又重新频繁出现在大众视野之中。

三、"正反"思想的人生实践

老子认为事物的发展到某种极限的程度时，就改变了原有的状况，而转变成它的反面了。这就是古语所说的物极必反的观念。事物达到强的顶峰、盛的极致的时候，也就是向下衰落的一个转折点。

老子的这一思想极具价值，同时有着广泛的现实意义，能够带给人们多方面的启示。

当不同的人面临极度困境的时候，通常会做出不同的反应。一种人会想，他再也坚持不下去了，事情不会有任何一丝转机，这种人通常不能够走出困境。还有一种人，他们会想，事情已经糟糕到如此地步，再也不会有更糟糕的可能了，现在自己还能坚持下去，那就继续下去吧，这种人通常最终反而能够度过困境。

生活从来就不是轻松的，确定一个正确的面对人生的态度就显得十分重要。而"物极必反"思想就提供给了我们一个重要思路：当生活很糟糕的时候一定要再坚持一下，因为它没办法变得更糟糕了，只能变好了。内心的暂时静止不动是为了事物向好的方面转化，从而使我们的内心得以继续延展，进而延续我们的一生。

当然另一方面，好的事物好到极致势必又会向坏的一方面转变。这也提醒着我们，在人生得意之时也要时刻保持警醒，永远为自己留一条可以后退的道路很

---

① 陈鼓应：《老子今注今译》，商务印书馆，2016年，第228页。

重要。

老子的这一思想为"生活"这一重大的命题提供了一种新的思路和想法，贯穿古今，延续到未来，其现实价值是不可估量的。

总而言之，老子"正反"思想为我们进一步剖析世界，剖析社会，剖析自我提供了新的途径和思路。然而老子"正反"思想的运用却远不止于此。我相信，多角度地理解老子"正反"思想的真谛，并灵活运用于思考问题的过程当中，更多领域、更多方面的新发现将会被挖掘。

（陆羽欣　谢清果）

"闭启"的智慧

　　"道可道，非常道；名可名，非常名"。由"中国哲学之父"老子开创的道学对中华文化和民族精神具有深远影响，其著作《道德经》更是代代相传，成为中华文化的重要组成部分。后代学者前赴后继地对其所蕴含的"天地自然，无为而生"的道学思想展开了深入研究，仅中国，其译注本已超过三千。西方哲学家尼采说："《道德经》像一个不枯竭的井泉，满载宝藏，放下汲桶，唾手可得。"孔子曾问礼于老子，其后孔子如是评价老子："鸟，我知它能飞；鱼，我知它能游；兽，我知它能走。走者可用网缚之，游者可用钩钓之，飞者可用箭取之，至于龙，吾不知其何以？龙乘风云而上九天也！吾所见老子也，其犹龙乎？学识渊深而莫测，志趣高邈而难知；如蛇之随时屈伸，如龙之应时变化。老聃，真吾师也！"可见，老子道学思想是中华文明的一颗明珠，值得人们去探究感悟。

　　"道生一，一生二，二生三，三生万物。"作为一部影响中华文明千年的圣作——《道德经》，其中辩证论述了许多"二（即相对）"的关系，如第二章讲述了善恶、有无、难易、长短、高下、前后，第十三章的宠辱，等等。此节笔者将着重于其中的"闭启"观展开论述，管中窥豹，但求能循龙之踪，窥得老子思想的一点点精髓。

一、启、闭的含义及其在《道德经》里的延伸

　　一般来说，启闭直译为开和关，古时也将立春、立夏称启，立秋、立冬称闭。在科学中，启闭是连通和断开的意思，如电路的通断；从国家层面来，闭启是外交策略，如清政府的闭关锁国和新中国的改革开放；在个人性格来看，闭启是一个人选择的人生态度和处事方式，如内向的人和善于交际的人就分别对应闭和启。如此看来，闭启是一对完全相反的概念。然而，老子道统思想里并没有绝对的概念。老子认为，天地万物都处于不断地周而复始之中，相互转化，彼此依存，如

"有无相生，难易相成，长短相形，高下相倾，音声相和，前后相随。"这些相对的状态在老子看来，皆是"同出而异名"，并没有绝对的界限。纵观古今，老子的"天下大同"思想无不符合天地万物的规律。由此，"闭"和"启"，一阴一阳，亦是天地混成，并非水火不容，而是针对不同的时势采用不同的策略来处事、处世。

老子第一次直接讲到"闭""启"时说："天门开阖，能为雌乎？明白四达，能无知乎？"（译文：任性自由，动静自如，能不柔弱自守吗？明亮坦白，四通八达，能够无执无着吗？）这里讲述了闭启的人生意义，即闭能守而启可攻，这正是老子"万物负阴而抱阳，冲气以为和"的一种体现。而在个人修养方面，老子的"闭启观"更是智慧，他说"俗人昭昭，我独昏昏。俗人察察，我独闷闷。"这是一种"闭"，当别人都在四下追逐名利，老子却甘愿收敛自己的锋芒，闭塞自己的欲望，装作一个"昏昏"或者"闷闷"的人，若是每个人都能修行这种无争的胸怀，那么天下哪里还有强盗呢？老子认为，"闭"是"启"的准备，"启"是"闭"的目的，如同西方哲学中的质变和量变的关系，两者之间有着特定的关系。所谓厚积薄发，长期的韬光养晦是"闭忍"，一鸣惊人则是"启"。

二、老子的"闭、启"观与谋略

闭和启是修养，也可以是一种谋略。此处先介绍一个《左传》中的故事：

初，郑武公娶于申，曰武姜。生庄公及共叔段。庄公寤生，惊姜氏，故名曰"寤生"，遂恶之。爱共叔段，欲立之，亟请于武公，公弗许。及庄公即位，为之请制。公曰："制，岩邑也，虢叔死焉，佗邑唯命。"请京，使居之，谓之"京城大叔"。

祭仲曰："都，城过百雉，国之害也。先王之制：大都，不过参国之一；中，五之一；小，九之一。今京不度，非制也，君将不堪。"公曰："姜氏欲之，焉辟害？"对曰："姜氏何厌之有？不如早为之所，无使滋蔓。蔓，难图也。蔓草犹不可除，况君之宠弟乎？"公曰："多行不义，必自毙，子姑待之。"

既而大叔命西鄙、北鄙贰于己。公子吕曰："国不堪贰，君将若之何？欲与大叔，臣请事之；若弗与，则请除之，无生民心。"公曰："无庸，将自及。"大叔又收贰以为己邑，至于廪延。子封曰："可矣。厚将得众。"公曰："不义不暱，厚将崩。"

大叔完聚，缮甲兵，具卒乘，将袭郑。夫人将启之。公闻其期，曰："可矣！"命子封帅车二百乘以伐京。京叛大叔段，段入于鄢，公伐诸鄢。五月辛丑，大叔出奔共。

这个故事中，郑庄公母亲武姜和弟弟太叔动作明显，搞得司马昭之心路人皆知，可谓是勇而不谋。郑庄公再三念及亲情，一再忍让，表面上看，是仁义。实则不然，作为兄长、国君，他有义务一早就去制止公孙段的无理要求，但是他没有，他一再地闭而不发，其实是作为一个精明的政治家的计谋。他纵容弟弟，其实是在助长他的野心，推动他谋反，只有等到公孙段真正出兵时，他就有正当理由除去那个对王位有潜在威胁的人，并且深得民心。所以，可以看出，其实郑庄公的谋略不可谓不过人，闭而不发是手段，一举成事才是目的。

另外，兵法有云"围师必缺"，其意义是指在围剿敌人时，不能将其全部出口封闭，而是要给敌人留下一定的希望，防止敌人背水一战作困兽之斗给己方造成不必要的损失。其实，只不过是让敌人在疲于奔命中逐渐消亡，自己就能在最小的伤亡之下完成狙杀。

这种"闭启"谋略正是老子思想的"将欲歙之，必固张之；将欲弱之，必固强之；将欲废之，必固举之；将欲取之，必固与之"的集中体现。（读者可能发现，郑伯克段于鄢出现在老子之前，怎么会有老子思想呢？笔者认为，老子思想是浑然一体的，其自然之道可以切合许多具体事实，所以无论时间先后，老子思想都可解释。）

三、外交中的闭启

当今世界，大国林立，外交成为一个国家立足世界，处理好国际关系的必要手段。有时候，合适的外交策略能避免一场生灵涂炭，能争得和平，能展现国家的浩浩之风。

一个国家要发展，必得开眼看世界，闭关锁国、故步自封是终将落后的。观中国历朝历代兴衰事，自秦汉以来，每个强盛的朝代都是认真处理与邻国关系，与其他国家互派使者。明成祖时期，国力强盛，天下一片欣欣向荣的景象，成祖派遣郑和七下西洋，四下交友，敞开国门，热情对待前来朝贺的别国使节。这是开放的胸怀，是大国的包容。然而，17世纪中期后，在西方国家工业复兴之际，清朝闭关锁国，中国的发展远远落后于西方，鸦片战争、八国联军侵华战争、日本侵华战争等使得中国许多珍贵财富流失，甚至险些使传承五千年之中华文明就此湮灭。故步自封、抱残守缺必将导致落后。

1955年，周总理在万隆会议上提出中国的外交政策——"和平共处五项原则"得到世界认可，这是我们国家在"塞其兑，闭其门"。改革开放以来，中国科技进步，经济腾飞，再一次成为世界强国，但是，习近平总书记提出我们"不称霸，不扩张"的外交政策，我们与世界和平相处，搭建"人类命运共同体"的主张得到世界支持，正是老子所言"大国以下小国，则取小国；小国以下大国，则取大国"，这其中是开放而强，强而敛闭的大道。

所以，外交亦需要开阖启闭，恰当作用，不仅能使国家发展强盛，也能促进世界和谐。

四、老子的"闭启观"与个人修养

老子说"圣人处无为之事，行不言之教"，其中明确表达了自己的人生观点。圣人知道"多言数穷，不如守中"的道理，所以不多言，而是守其本心，认真做好该做的事。这是老子的事启言闭。厦门大学李琦教授曾如是说道："一个人做十分说一分，做十分说十分都情有可原，但是如果他做一分说十分，那么，他必定不会成为一个通彻的人。"初闻这句话，就觉得与《道德经》的少言多行十分切合。真正有大智慧的人不会说太多，往往点到即止，而说太多的人，往往是轻浮浅薄之人，此所谓"知者不言，言者不知"。老子闭敛守中，为而不启的思想已经成为中华精神的一部分。

古语有云"木秀于林，风必摧之"，其意与俗语"枪打出头鸟"具有异曲同工之妙，都指为人不可风头太盛，否则必将招致祸事。其实老子亦说过："吾有三宝，一曰慈，二曰俭，三曰不敢为天下先。"老子作为一个超越俗世的智者，对于人性的捕捉实在是准确，前文《郑伯克段于鄢》的故事亦是一个好的例证，共叔段正是那棵秀木，而郑庄公则是一阵隐忍的风。对此，老子还提出要能长存，就需要学会"挫其锐，解其纷；和其光，同其尘"。所以，一个善于养生的人，必是懂得闭塞的人"功成名遂身退，天之道也。"

随着人类文明的进步，社会关系越来越复杂，无论身处什么位置，都应当懂得恰当的"闭启"，一则能达到自己的行事目的，二则也能保全自己。

综上所述，老子一生只留下短短五千字的《道德经》，但是这五千余字却仿佛一眼永不枯竭的甘泉，其天地之道、人生之道就在呼吸之间。徜徉在《道德经》的世界，如同遨游在永无止境的大海。

道可道，非常道；名可名，非常名……

（饶加伟　谢清果）

高下的哲理

在王弼版《道德经》中，"高"字，共出现4次；"下"字，共出现81次，其中以"天下"词语形式出现60次，具有特定的意义，略去。其余"下"字，出现21次，而在这里面又有若干"下"也具有特定的含义。除去这些，以相对概念出现的"下"共11次。接下来，笔者则以《老子注》《老子今注今译》《老子传真》《老子译注》等书为基础，对"高下"一词进行辨析，理解其在各个章节中的意义，结合自己对该词语的分析，给出自己的解读。

第二章中，"高下"出现一次，来源于"高下相倾"。

本章主要阐明"美丑""有无""难易""高下"等对立关系，是在比较当中产生的。二者对立，但又相互依赖、相互补充。虽是相反的关系，但显现了相成的作用。但同时，这种相对立的关系，来源于人们的认知：当众人都认同一件物品是美的，它才能显现出美的含义；当众人都认同一件事情是难的，它也才能是难办的、棘手的。换句话说，这种"有无""高下"等概念、价值完全是取决于人们的主观判断。当这种主观判断为越来越多的人所接受后，主观即成为客观，也就是所谓的"三人成虎"。而随着人们的观念改变，或者由于年代更替，老人被新人取代，则又会有另一套体系来对这些（绝对的）客观事物进行判断，从而呈现出不同的社会习俗，整个社会的价值观也会有所改变。

这种改变可以是很缓慢的，也可以是很快速的，甚至同一时期就会有两种，甚至更多的价值观存在。某些人认为这是"善"，另一些人却认为是"丑"。主观判断的不同就极可能成为冲突的根源，引起无休止的言辞纷争。而老子认为，真正的圣人是超脱出这些观念之外的，也就是说，圣人，并不真正赞同某一个观点，不局限于某一种价值观。只是根据自然的规律，而不强作妄为。天地万物各呈己态，圣人却不强求其按照自己的心意发展，而是顺其自然，仅仅从旁辅助。

再看第十三章，"宠为上，辱为下"。

　　这是大众心中从未变过的一个价值观。众人都期盼着得到他人的认可，得到上级、比自己有能力，有经验的人的赏识，而却不希望得到他人的侮辱。

　　但从另外一个角度来看，宠辱本质相差无几。不论别人给予的，是恩宠还是诋辱，只要自己接受了，重视了，就已经抛弃了自身人格独立性。就如同前面所说，宠辱也是两个不能独立存在的概念。有宠才有辱，有辱也才明白宠为何种感受。两者虽然对立，但也是相辅相成。

　　正如老子在《道德经》第三十九章中所说，"贵以贱为本，高以下为基"。此处贵贱相对，高下相对。宠也是以辱为根本，而发展出来的一个概念。而这两个概念都是建立在他人对自己的评价上，这也就说，受辱，固然损伤了自尊；但宠幸，恩宠同样也是使得自身人格的独立性受到了损伤。就如同一个童话故事当中所说，白兔对月亮有着莫大的欢喜，但上帝将月亮赠给它后，白兔却整天惶恐不安，唯恐失去月亮，再也没有以前那种自由自在、无拘束的、单纯的欣赏月亮的美的心境。对于来自他人的"宠"也是一个道理。因此，老子更愿意将宠，也视作一种"精神鸦片"，得到之后唯恐失去，也更想要维持下去，无意之间就中了"宠"的毒，令人难以舍弃。所以老子给人当头棒喝："宠为上！"

　　而接下来，老子紧接着又说了一句："贵大患若身。"大患，严重的疾病。贵，重视。当得了严重的疾病时，当然得重视起来，而重视自己的身体，也应该重视这些严重的疾病。这么说来这句话像是平淡无奇。但此处的"身"则更应该译成：自身。人重视自身的程度，应该要与重视大患相同。这就体现出老子"贵身"的一个思想。而结合前面的"宠为上"，更印证了老子在此处提出的"贵身"思想：一个人应当以自身为重，恪守自身人格的独立性，而不去附会外界的非议，不被外界的评价所影响。

　　而这一观点，在千年之前，在远隔万里的希腊，也被另一位智者提出来过。在希腊德尔菲，阿波罗神庙的门楣上就刻着这么一句话："人啊，认识你自己！"这也是当时的哲人对自身发出的警醒之言。当时人们所信仰的神话即将没落，少部分人开始用理性的方式思考人与自身、与世界、与自然的关系。而当他们开始认同"人啊，认识你自己"这句话的时候，也就说明了他们认识到了人的独立性，人的主观能动性的作用。这也跟老子的"贵身"思想不谋而合。

　　而在第三十八章中，老子将"德"分为两类，上德和下德。上德顺应自然，自然而为；下德有意为之而恪守形式。老子整个思想的一个基调就是低调、不张扬。因此下德也是不被老子所倡导的。失去了上德之后，便是上仁。上仁有所作为，但出于无意，而在上仁之下的上义，则是有意的有所为。再之下则是上礼，有所作为，但却得不到回应，于是"攘臂而扔之"。在老子当时的那个年代，礼乐崩坏。礼已不再是人们自发进行的行为；或者礼的实际含义和作用，已经发生了变化，变得勉强、繁复，而不是用来使人向善，不是用来约束人的规则，被是当作上位者篡位夺权的借口，被当作剽窃名位的工具。各式各样的人打着礼的幌子，行着不义之事。仁尽礼至，老子对此也感到十分沉痛。

第六十一章中"下"的概念与接下来的第六十六章、第六十八章，第七十六章大体上相同。老子在第八章中说道："上善若水"。老子认为，最上等的德行，应该就像水一样，滋润着万物却不争功名，而是处在"众人之所恶"。也正像杜甫诗《春夜喜雨》中的"好雨"一般：

> 好雨知时节，当春乃发生。
> 随风潜入夜，润物细无声。

而在第六十八章中，老子也做了类似的阐述"善为士者不武，善战者不怒，善胜敌者不与，善用人者为之下"。何谓"善用人者"，根据个人的品德，才气，个性将他们安排在合适的岗位，让他们发挥出最大的效率，取得不菲的成绩，是为善用人。而如何才能让众人都能安心地处在被安排的岗位上，这就是如何"为之下"。对人谦让，善于因势利导，不去与人争功劳，安于下，才能做好工作。

一个著名的例子就是汉高祖刘邦。萧何、张良、韩信个个都是栋梁之材，刘邦信而用之，听取他们在擅长领域的意见，才能成就霸业。这不仅是为人处世之道，也是治国理政之道，更是国与国的交往之道。第六十六章中说道，"江海所以能为百谷王者，以其善下之，故能为百谷王。"江海之所以能汇聚所有的河流，正是因为它善于处在低下的地方。而想要成为人民的领导，就必须要把自己放在低下的位置，把人民放在更重要的地位。要对人民谦下，敢于身先士卒，人民才有信心来跟随领导者。

在第六十一章中，老子则将其理想中的大国比喻成下流的江河和安静的雌性。"牝常以静胜牡"，其中的缘由就是牝以静为下，处下而能胜过牡。江河处于下流，也正是处于一个众人所恶的地方，也就是处于接近于道的地方。故而，若国想要成为大国，就更应当谦让，这样才能使小国信服。大国想要聚养人民，小国想要寻求庇护、生存，二者各取所需，也能达到自己的愿望。而这也就取决于大国是否谦下。

而第七十六章中，老子从人与自然的生存现象进行思考。人在还活着的时候是柔软的，死后变得僵硬；而草木生前也"柔脆"，死后枯萎，变得干枯、脆弱。

老子对学生说，牙齿与舌头哪个更坚硬？

学生答，当然是牙齿。

老子说，你再看看我的嘴里，还剩下什么？

学生答，就只剩下舌头了。

这也是老子从万物活动中观察到的一切而得出的结论：刚强坚硬的东西易折，而柔软的东西则具有更持久、更强大的生命力。"树大招风"，不外如此。老子此种"柔弱胜刚强"之说在《道德经》中出现过多次。在第三十六章就有明确提出："将欲歙之，必固张之；将欲弱之，必固强之；将欲废之，必固兴之；将欲夺之，必固与之，是谓微明。柔弱胜刚强。鱼不可脱于渊，国之利器不可以示人。"而在第七十八章中提到，"天下莫柔弱于水，而攻坚强者莫之能胜"。社稷主和天下王，都是承受了全天下的苦难、屈辱才有所作为、有所成就。这也正印证了老子以下胜上，以弱胜强，以柔胜刚的思想。

《道德经》的内涵远比我们想的要深远，就算从同一主题出发，不同的人，对同一主题也有着不同的理解。在当代社会的发展下，我们也应该用现代的眼光来解读《道德经》，发掘其在现代生活中对我们的启示。

（邹家胜 谢清果）

"上下"之相较

　　"上"与"下"两者是相互对立的，也是相互依存的，同时又是不存在互补关系的。如果没有上，就没有所谓的下。如果失去了下，也就不存在上。在处理统治者与人民之间的政治问题和国与国之间的政治问题时，老子提出"善为下"的政治主张。只有"善为下"，才能让人与人之间，国与国之间的和谐相处，共度美好的理想生活。

　　《道德经》，中国春秋时期思想家老子的哲学作品，是道家哲学思想的重要来源。纵观整本《道德经》，惜字如金，字字经典，老子先是讲述了一番世间万物的道理，然后叙述了圣人是如何为人处事的，再以此为基础论述治国策略。鲁迅说过："不读《道德经》一书，不知中国文化，不知人生真谛。"读《道德经》，令人感悟颇深，书中的智慧教导我们如何释然地对待万物，如何体悟万物的阴阳两面。

　　"道生一，一生二，二生三，三生万物。万物负阴而抱阳，冲气以为和。"（第四十二章）《道德经》中充满着许多对立的东西，因此书中有着丰富的反义词，本文选择从"上"和"下"二字出发，探索该二字对表现老子的哲学思想的意义。

　　以王弼本《道德经》为例，书中"上"字共出现18处，"下"字共出现81处；其中，"上"有18处，"下"有78处作为相互对应的概念出现。这说明"上"与"下"已成为《道德经》中不容忽视的一对重要概念。

　　《道德经》中多数的"下"字都来自"天下"这个词。"下"在"天下"这个词中大部分情况下翻译成下面，空间位置在低处；有时也翻译成地（与天相互对应）。逐字翻译"天下"即为天空的下面或者天地。但在文言文中，我们一般不把"天下"拆开逐字翻译，而是作为一个整体翻译成四海之内，全中国；人世间，社会上；全世界，所有的人；国家或国家的统治权；自然界，天地间这五种意思。所以在接下来的文章中便不讨论"天下"的"下"字。

一、上与下的关系——相互对立，相互依存

上与下二者是相互对立的，也是相互依存的。如果没有上，就没有所谓的下。如果失去了下，也就不存在上。

"其上不皦，其下不昧"（第十四章），这里的"上"翻译作空间位置上的高处，"下"翻译作空间位置上的低处。这里上与下的意思就是我们生活中常说的方向、方位的上下。但在《道德经》中，上与下还有更多的释义。"上德不德，是以有德；下德不失德，是以无德。上德无为而无以为，下德为之而有以为。"（第三十八章）这里的"上"翻译作品质良好的，"下"翻译作品质不好的。老子以是否居心为标准，将德分为上与下：无心即为上德，居心则是下德，两者相互对立也相互依存。"上士闻道，勤而行之；中士闻道，若存若亡；下士闻道，大笑之，不笑不足以为道。"（第四十一章）这里的"上"翻译作次序或等级靠前的，"下"翻译作次序或等级靠后的。老子将世间的人士分为上中下三种类型。上士是具有大智慧之人，听了道深信不疑，努力去实行；中士听了道半信半疑，若存若亡；下士听了道哈哈大笑，不相信道，此处上与下相互对立也相互依存。"是以欲上民，必以言下之；欲先民，必以身后之。"（第六十六章）这里的"上"翻译作君临，"下"翻译作谦下。老子认为统治者要想领导人民，必须用言辞对人民表示谦下，此处上与下相互对立也相互依存。"强大处下，柔弱处上。"（第七十六章）这里的"上"翻译作尊位、强势，"下"翻译作卑位、弱势。老子揭示了生之道的根本规律："坚强居下，柔弱居上。"可见无论上与下作何种翻译，二者都是相互对立又相互依存的，而且也不存在互补关系。所以上与下在《道德经》中对对立统一的客观事物和人类的思维活动有着很好地反映，能让读者更加准确明了地辨别出万物的阴阳两面，如：方位的上下、次序的先后、等级的高低、事物的优劣等。

上与下互相联系、互为前提，如果失去某一方，另一方也就失去了存在的条件。有上就有下，有下就有上。

二、老子的思想中心之———善为下

上与下两者相互对立又相互依存，但似乎两者之间不存在互补关系，所以世人往往关注的是两者之间的好坏之分。其实，上与下也是相对的，在上与下相比的情况下，老子更强调要处下，因为下为上之基。上如果忽视了"下"，就失去了"上"之所为上的根基，好比统治者脱离了群众，就成为孤家寡人了。

那我们到底是要选择上，还是选择下呢？老子在《道德经》中告诉我们要善为下。

"江海所以能为百谷王者，以其善下之，故能为百谷王。"（第六十六章）江海之所以能成为许多河流所汇往的地方，是因为它善于处在低下的地位，不择细流，所以能成为百川之王。

老子进而揭示了统治者与人民群众的关系——"是以欲上民，必以言下之。"（第六十六章）老子认为，治理国家绝不能凭借统治者的自我主观意识去随意发挥，因为统治者有权有势，一旦乱用权势，必将给人民带来负担与苦难，所以老子呼吁统治者应该向江海学习，学习江海广阔的胸怀，学习江海谦卑"善下"的高贵品质。不是高高在上地发号施令，而是"以百姓之心为心"（第四十九章），以人民的根本利益为利益，对百姓宽厚包容，谦下相待，使人民外有所感而内有所应，这样才能更好地领导人民。"以其不争，故天下莫能与之争。"（第六十六章）因为统治者不与人民相争，国家也就变得富强起来，所以天下没有人能和他相争，由此可见善为下的重要性。

统治者与人民群众之间的问题可以通过"善为下"的方式解决，那大国与小国之间的问题又该如何处理呢？老子在《道德经》中给出了同样的答案——"大者宜为下"（第六十一章）。古今中外，人类社会能否安宁与和平，往往由大国所决定。因为大国想要的是兼并小国，而小国想要的是与大国和平共处并不断壮大自己。在这两者的关系中，大国更加有决定权，所以在老子看来，国与国之间能否和平相处，关键在于大国是否凌辱、欺压、侵略小国。为此老子呼吁"大国者下流。天下之交，天下之牝。牝常以静胜牡，以静为下。故大国以下小国，则取小国；小国以下大国，则取大国"（第六十一章）。老子认为大国不应该自恃强大而欺凌弱小，而应像娴静的雌性，以静自处下位，而胜雄性。大国对小国谦下忍让，就可以取得小国的信任和依赖；小国对大国谦下忍让，就可以见容于大国。二者相互容纳，就能够相安无事，做到"虽有甲兵，无所陈之"（第八十章），共享"甘其食，美其服，安其居，乐其俗"（第八十章）的理想社会。

总之，《道德经》一书中融入了老子对人生、社会、自然的深刻思考，蕴含着深邃的道德理念和人生智慧，很多书中的道理已经被几千年的历史和无数人的实践所证实。这次对《道德经》中"上"与"下"的探究，让我明白到万物都有对立面，更让我意识到处下谦下的重要性。一个人只有与他人和睦相处，对他人谦和礼让，每时每刻以较低的姿态去面对生活，才能学到和得到更多的东西。

（柯键基 谢清果）

始终之相继

老子是中国哲学之父，其所著的《道德经》长久以来深刻地影响着中国人的性格和思维方式。近年来，在举国上下倡导复兴中华优秀传统文化，增强民族文化自信的背景下，《道德经》研究与传播的热潮已然出现。为了深入研究《道德经》，并结合时代需要，阐发出其蕴涵着的"理身理国"的核心价值，笔者选择从"始终"这一人生常态出发来管窥老子博大精深。

以常见的王弼本《道德经》为例，"始"字在书中出现了7次，"终"字在书中出现了10次；而"始"字有7次、"终"字有4次作为相互对应的概念（初末）出现。这说明，始终在《道德经》中提到的次数并不多，但这并不意味着始终观念不重要。相反，在大道本体论上和人生处事上要使用始终观念的。

"始"字有三个意思：一、开始；二、起初，当初；三、方，方才。《道德经》中"始"的意思当为前两种。

一、《道德经》中的"始"

（一）开始之"始"

"始"有"开始"的意思。《道德经》第一章"无名，天地之始也"中的"始"，就是开始的意思。所谓"无名"，是指人类没有产生或产生后，尚未发明语言文字前的时段中没有"道"这个名称前的宇宙存在和有了"道"名后永恒变化不断进行着的自然新造事物的孕育状态。有名中不断孕育着无名之物；无名中又不断产生有名之物。"道"的有名、无名的两个时空阶段，同样是天地万物的始祖。《李安纲玄参道德经》和《道德经新译新评》都把这里的"始"译为"开始"。《道德经》第三十二章"始制有名，名亦既有，夫亦将知止"中的"始"也翻译为开始、兴始。《老子新译》中将"始制有名"翻译为：万事万物兴作，于是产生了各种物种名称；人事上也产生了各种官职的名称。《道德经》第三十八章"道之华而愚之始"中的"始"，《老子说解》译为起源；《道德经注释与析解》译为根源；《老子新译》译为开始；三本译作里两本把它译为开始、起源，一本译为根源，在这里把它放入"开始"的意思里边。《道德经新译新评》里把"道之华而愚之始"翻译为：借道的外衣行私妄之事，就是愚昧人心的开始。所以"道之华而愚之始"里的"始"，也是开始的意思。同样的，《道德经》第六十四章"千里之行，始于足下"中的"始"，也是开始的意思。《老子说解》《道德经注译与析解》《老子新译》都把这里的"始"译为"开始"。还有这一章里的"慎终如始"里的"始"也翻译为"开始"，这句话的意思是：在快完成的时候，像在开始的时候那样慎重从事。老子启迪世人，做人应当有始有终，开了头就不要停止，一直坚持到最后，方能立于不败之地。

（二）起初、根本之"始"

"始"还有"根源""起初"的意思。《道德经》第十四章"执古之道，以御今之有，能知古始，是谓道纪"中的"始"，《李安纲玄参道德经》翻译为"根源"；《道德经译释》把它翻译为"原始"，指宇宙或"道"的初始。在《老子新译》里，这句话的意思是："但用自古就原本存在的自然法则，来驾驭当今不断涌现的新生事物，就能知晓万物运作的规律，这就是掌握了道的纲要。"所以"始"在这里就是根源的意思。《道德经》第五十二章"天下有始，以为天下母"的"始"，也是根源的意思，由《老子新译》的翻译可以明确的判断，这句话的翻译："道是天下万物的祖始和根本"。"天下有始"中的"始"与"以为天下母"中的"母"为互文，而这里的"母"是根源，根本的意思，因此与之对应的"始"可以判断为根源、根本的意思。在这里，老子告诉我们，做人做事要守自己的原则，守自己的"根"，不能随波逐流，风吹墙倒，要守住自己的本心，不能失去自己的"根源"。

二、《道德经》中的"终"

"终"字有六个意思：一、终了，结束；二、坚持到底；三、死；四、自始至终；五、终究；六、全，整。《道德经》之"终"主要有以下三个层面的意思。

（一）终了、结束之"终"

"终"字有终了、结束的意思。《道德经》第五十二章"塞其兑，闭其门，终身不勤。开其兑，济其事，终身不救"中的"终"就是终了、结束的意思，整句话的意思是："假若堵塞那私欲的缺口，阻闭那私妄的门户，终身就不会有愁苦忧患的事。假若开启了各自私欲的门户，周全那私欲之举的事成，这样做就终身无法挽救了。"由《老子新译》句子里面的"终"与"身"搭配，一起翻译就是"终身"，所以可推断出这里的"终"，应该是"终了、结束"的意思。《道德经》第六十四章中也提到"慎终如始，则无败事"，这句话的意思是"在快完成的时候，像在开始的时候那样慎重从事"，所以这里的"终"也是终了、结束的意思。这里老子启发我们要懂得戒除私欲，清心寡欲，就可以消除身边许多忧愁之事。

（二）自始至终之"终"

"终"还有"自始至终"的意思。《道德经》第三十四章："以其终不自为大，故能成其大。"《道德经译释》和《道德经注释与析解》都把这里的"终"译为"始终"，而在《老子新译》里边，这句话的意思是："因为它始终不图大事才去做，而是从具体而微的万物都给予呵护，所以它才成就了以上普天公认的大事。"可以很明显地看出，这里的"终"，是"自始至终、始终"的意思。类似的，《道德经》第六十三章"故终无难矣"也是这个意思。老子告诉我们，大道无所不在，它可以左右一切，万物都在仰仗着它。它生出万物却不干涉它们，成就大功却不要求名分。护养万物但既不主宰它们也没有任何欲望，这种品质可以叫作"小"，万物归顺于它但它仍不去主宰万物，这种品质可以叫作"大"。由于"道"始终不主动去做"大"这件事，所以能够成就它"大"的品质。

（三）全、整之"终"

"终"还有"全、整"的意思。《道德经》第二十四章、第二十六章中"故飘风不终朝，骤雨不终日"和"重为轻根，静为躁君，是以圣人终日行不离辎重"中的"终"均是"全、整"的意思。《李安纲玄参道德经》把第一句里的"终朝"译为"整个早晨"；把"终日"译为"一整天"；《道德经新译新评》把"不终朝"译为"不过午"；把"不终日"译为"难连日"；《道德经译释》把"终朝"译为"整个早晨"；把"终日"译为"一整天"；而第二句话中，《李安纲玄参道德经》把"终日"译为"整天"；第一句话整句话的意思是："为何狂风和暴雨刮下不了一整天"，第二句话整句话的意思是："慎重是避免轻率的根本所在，静定是抑制躁动的主导所在。因此，君子远行办事，始终不忘慎重地保护行装钱货。"可以看出，这两句话里的"终"都对应的"全、整"的意思，与"日"相匹配，变为"整天、全天"的意思。类似的，还有《道德经》第五十五章里的"终日号而不嗄，和之至也"里的"终"也是一个意思，这句话是说"小孩终日号哭不止，却不气逆，是由于和谐达到极点"。老子教导我们，事物过于壮盛了就会变衰老，因为它没有因循自然规律做事，失于和谐。

综上所述，老子告诉我们，不管做人还是做事，始终要慎始如终，坚持原则守住自己的"根本"，脚踏实地的从开始做到结束，方能在这上面取得出色的成就。所以说，做人，要有始有终。

（蓝涛　谢清果）

古今之念

古今是人处于天地间的历史感的体现。人会怀念过去，因此有对古往智慧的汲取，所谓前事不忘，后事之师。而今天又都是历史的当下延续，因此，古今观是世人常常需要玩味的命题。

一、"古"与"今"的含义划分

（一）"古"与"今"时间上的划分

所谓"古""今"与如今的古今含义相同，意味着古时候；如今，现今等。如古人说"古之善为士者"，"自古及今"，"今舍慈且勇"等。老子笔下的"古"，在指时间时，是一个模糊的概念，如同道一般，是虚无缥缈却又有所指的。

（二）"古"意味着原始，本初，即原始的道

《道德经》第十四章中所提"执古之道，以御今之有，能知古始，是谓道纪"启发人们不能忘记本源，不能因为福利，或是其他诱惑，而改变自己。

本章中，老子抽象地描绘道的本质，是看不见，听不见，摸不着的。看不见的东西，并不意味着不存在，只是很微小，无法用肉眼识别；听不见，并不意味着没有声音，或许只是很轻微，缥缈；摸不着的东西，并不意味着不存在，只是我们无法用触觉感知。这些是一个不可分割的整体，是"古道"。道的普遍规律自古以来就支配着现实世界的具体事务，理想中的"圣人"能够掌握自古以来固存的支配物质世界运动变化的规律，可以驾驭现实存在，这就是感悟到的道，也就是"执古之道"。

二、老子的古今观的启示

在老子那里，古与今的地位悬殊，他认为道的自古以来的真理，是前人智慧的结晶，运用了大量的借古讽今的手法。老子的怀古情节，说明他是一个向往和平，本初的人。老子所提及的"古"，是一个时间性的概念，但又不仅只限时间。"古"并没有精确到一个具体时间，只是一个抽象概念。说明老子的理想社会是一个原始社会，是一个没有压迫的社会，是一个自然意义上平等的社会。老子厌恶人类社会所缔结的契约，他认为这种牺牲自然自由来保障社会自由的契约是不符合"道"的。我们应该遵循大自然的法则，平等地看待周围一切事物，哪怕它们很渺小很细微。

但是老子并没有办法明确指出，他心中的"古"，也就是所谓的原始社会应该去哪追寻，看似离我们很近很近，却又可望而不可及。简单来说，老子认为世间万物，由"一"发展而来，而"一"即是"道"。"一"是一切，又可以说是什么都不是，因为它可以发展成任何事物，而它在未发展之前，便无法确定其发展的方向。而任其自然的发展，是世界形成至"今"的原因。当初或许是因为，人类的能力尚不足以影响"一"的发展进程；或是人类的语言文字能力有限，无法记录其影响方式；或是人类对于世界的认知有限，无法掌握或把握其对于世界的影响。不管怎么说，在世界形成之初时，人类对于自然的影响是微乎其微的，哪怕有一定的影响也是完全可以忽略不计的。那是一种"道"的本源，是一种最贴切的自然。

老子认为我们要遵循大自然原本的发展方式，我们应该平等地看待我们周边的事物。既是对自然的一种尊重，也是对于未知风险的规避。在人类对于世界认知还是有限的时候，贸然去人为干涉自然，是一种自不量力的行为。我们应该遵循自然发展之道，哪怕是在科技高度发达的今天，我们依然需要与自然和平共处。

（徐鸿浩　谢清果）

动静之相安

　　天地之间生有万物，而万物自生命开始那一刻便不断地在运动，直至心脏停止跳动的那一刻才回归道永恒的寂静中去。所以，从有生命，有意识的那一刻起，动和静便是一对天然的矛盾概念。而老子在《道德经》中，也提出了他对动静的看法。

　　以王弼版《道德经》为例，"动"字在全文中共出现五次，"静"字共出现六次，其中有三次二者是作为对立的概念共同出现的。由此可见，动静是老子哲学中的一组重要概念。而老子哲学的核心观念是他的"道"，以及他"无为"的思想。而"静"在老子的阐述中，是"道"的本初的状态之一，是"无为"的体现形式之一。故"静"在老子的哲学中拥有不可替代的地位。笔者也拟以"静"为主导概念，深入挖掘老子的动静观。

一、"静"胜于"动"

　　唯物主义认为，宇宙万物都处于不断的变化和发展的状态中，老子在《道德经》中同样提出了这一点，他提出"天地之间，其犹橐籥乎？虚而不屈，动而愈出"（第五章），将天地比作一个风箱，王弼注曰："故虚而不得穷屈，动而不可竭尽也。"便点明了天地这个"风箱"的特质，即不会枯竭，这正印证了绝对运动的观点。但与辩证唯物主义将运动放在主要地位不同，老子将运动的反面"静"放在主要位置，而将"动"放在次要的位置。"致虚极，守静笃""归根曰静"（第十六章），老子认为天地万物的根源是"虚""静"，而"虚""静"都是老子对道的重要形容，故老子所言天地万物最终的根源便是道。而由"道"出发，再回到万物，老子提出"夫物芸芸，各复归其根。归根曰静，静曰复命"。万物蓬勃生长，老子在蓬勃生长的现象中，看出往复循环的道理。"以他看来，万物纷纷芸芸，千态万状，但是最后总要返回到自己的本根，而本根之处，乃是呈虚静的状态。"（陈

鼓应《老子今注今译》)

　　而从自然规律出发，老子又将这个观点应用到人格和政治方面。在个人的生活方面，老子提出"虚静"的观念，"这是对生活上具有批判性与启发性的观念。'虚静'的生活，蕴涵着心灵保持凝聚含藏的状态。唯有这种心灵才能培育出高远的心志与质朴的气质，也唯有这种心灵，才能导引出深厚的创造能量。"（陈鼓应《老子今注今译》）在第四十五章中，老子形容了一个君子应有的表现，言其"大成若缺""大盈若冲""大直若屈""大巧若拙""大辩若讷"，并用"躁胜寒，静胜热"做出归纳，老子用这五对矛盾关系，进一步论证了其物极必反，"正言若反"的思想，而紧接着的"清净为天下正"更直接点明了看法，清净者，天下本无事，庸人自扰之，故而唯有清净，可以为天下正；唯有清净，可以抵达大成、大盈、大直、大巧、大辩的境界；唯有清净，可以直抵老子的"道"。

　　而政治方面的应用，老子认为人事的纷争，仍以返回清净状态为宜。因此，"静"这一概念在《道德经》中多次与"无为"联系在一起，例如"不欲以静，天下将自定"（第三十七章），"清净为天下正"（第四十五章），"我好静而民自正"（第五十七章），这些都体现了"静"就是老子对"无为"的解释之一，并且都指出施行"静"的结果会是天下自定，达到老子理想中的社会形态。那么，到底什么是施行"静"？在第二十六章中，"重为轻根，静为躁君"，老子用清静与躁动这一对概念进行了说明，他认为，"静""重"是相对的，持重者恒静，一个统治者，在日常生活中必须能够持守"静重"。也就是说，一个统治者虽然拥有华丽的生活享受，却能安居泰然。并且，在统治中的行政命令也要尽力做到"清静"，老子在第五章中提出"不若守于中"，在这里，"老子以天地喻人身，"不若守于中"，是保持其"虚而不屈"，使其"动而愈出"，所以守中，乃守其身心的虚静。身心虚静，自然不屈。此中是对外而言，心既不仁，自不当外露，外缘，外驰。守中者，去其两个极端，令其中和无偏，而执万物的枢机，自然运转无碍，周行而不殆，而遂其冲气为和，生生不已。此是老子的守中之教。"（语出《老子传真》），而其于统治方面的，便体现在他认为一个圣明理想的统治者，政令繁多反而令人困惑，破坏了"道"，其应当遵循自然规律，采取无为而治，任凭老百姓自耕自息，繁衍生存，而不会采取干预的态度和措施。而这个道理放大到国家的层面依然是成立的，在"牝常以静胜牡，以静为下"（第六十一章）中，老子用雌性和雄性来比喻大国和小国，并认为处于"静"的状态才有可能使国家间和谐相处。总而言之，在老子的观念中，处处取"静"，以"静"胜"动"。

二、动静的辩证关系

运动和静止，是我们生活中常见的一对矛盾概念。但老子秉持着其物极必反，"正言若反"的观点，同样提出了"动极而静""静极而动"的观点。第十五章中"孰能浊以静之徐清？孰能安以静之徐生？"，是老子对修道之士的描述，其中"浊"与"清"对立，"安"（静）和"生"（动）对立，一是说明动极而静的生命活动过程，一是说明静极而动的生命活动过程。"浊"是运动的状态，体道之士在运动的状态中，透过"静"的工夫，恬淡自宜，静定持心，转入清明的境界，这是动极而静的生命过程。而在长久沉静安定之中，体道之士，又能生动起来，趋于创造的活动，这是说明静极而动的生命活动过程。这是人格上的"动静"。在人的心灵层面，动极而静，静极而动，都是极为高深的境界。动是喧闹，动是纷扰，在其中取静是对心灵的磨砺；静是沉淀，静是积蓄，是为了将来动时的一鸣惊人。动静在这一事物层面上同样会相互转化，老子对这一转化也做了论述，第四十章"反者，道之动"，其中的"反"字，林希逸先生解作"返"，并说"反者，复也，静也。"将"反"作"静"的含义，那么老子这句话就是"静"是"道"的"动"。"反"，即相互对立，是老子哲学中的一个重要概念，"老子认为自然界中事物的运动和变化莫不依循着某些规律，其中的一个总规律就是'反'：事物向相反的方向运动发展，同时事物的运动发展总要返回到原来基始的状态。任何事物都有它的对立面，也因它的对立面而体现，认为'相反相成'的作用是推动事物变化发展的力量。老子重视事物相反对立的关系和事物向对立面转化的作用，但老子哲学的归结点却是返来复初的思想，事物的根本是虚静的状态。老子认为纷纭的万物只有返回到本根，持守虚静，才不起烦忧。"（陈鼓应《老子今注今译》）因此，动静这一矛盾概念在老子哲学中相互依存，相互转化，这就是老子哲学中动静的辩证关系。

三、"静"的养生哲学

长寿几乎是每个人的梦想，而养生之法则是其中的关键。在《道德经》中，老子也给出了他的养生之道。本部分由"静"这一概念初窥门径。第五十章中，"出生入死，生之徒，十有三；死之徒，十有三；人之生，动之于死地，亦十有三。"这句话的意思是人始出于世而生，最终入于地而死。属于长寿的人有十分之三；属于短命而亡的人有十分之三；人本来可以活得长久些，却自己走向死亡之路，也占十分之三。具体来讲，老子认为短寿有两个原因，一种是因营养过剩，骄奢淫逸，故而短命夭折；一种是因行动不慎而造成伤亡。而要避免这些，老子提出如能够依照天道行事，那么外患就不能侵入其身，也就不会走向死亡的领域。

任继愈先生说："老子看来，这个世界到处埋伏着危险，生命随时受到威胁。他主张处处小心，不要进入危险范围，只有无所作为，才最安全，最足以保全性命。"（《老子新译》）

　　总而言之，"静"作为老子思想的一个重要部分，在当今社会仍然可以释放出其旺盛的生命力。我们去深刻领会老子哲学中"静"的意义，让我们的心灵在这纷乱的尘世间沉静下来，细细体悟生活的美好。

（黄佳钧　谢清果）

巧拙的循环

巧，读作 qiǎo，指技艺高明、精巧。

拙，读作 zhuō，本义是指笨拙，不灵活，引申义是不善于。该文字在《书·盘庚》和《离骚》等文献均有记载。

巧与拙是一对反义词。在我们的日常生活中，这两个字是极其常见的，一般情况下"巧"有褒义和贬义，但是"拙"大部分用在贬义的语境中，而这两者并不是非黑即白界限分明的，它们两个具有一种互相融合联系的辩证关系，也就是你中有我，我中有你的。这两者的这种关系在《道德经》中第四十五章中有阐述说明。原文如下：

大成若缺，其用不弊。大盈若冲，其用不穷。

大直若屈，大巧若拙，大辩若讷。

躁胜寒，静胜热。清静为天下正。

其中大巧若拙反映了老子的一个重要的道家思想——"无为而无不为"的哲学思想，认为真正的巧不在于违背自然的规律去卖弄自己的聪明，而在于处处顺应自然的规律，在这种顺应中，使自己的目的自然而然地得到实现。

一、巧与拙之间相互融合的辩证关系——拙生巧，大巧若拙

"大巧"何以"若拙"，王弼与范应远做了如下解释：

大巧因自然以成器，不造为异端，固若拙也。——王弼

大巧者，至妙无机，固若拙也。——范应远

刘熙载《艺概·书概》："正行二体始见于钟（繇）书，其书之大巧若拙，后人莫及。"拙是巧的前提，巧又是拙的递进，巧极生拙，极致的在外表上表现为拙。

首先，这两者是一个相互递进的关系。在做一件事或者掌握一项技能的过程中，首先体现出来的是拙，因为任何人在刚开始的时候都是不熟悉，不熟练的，那么就说这个人刚着手某项技能显得很笨拙，但是在经过一段相当的时间后，人逐渐熟悉了这项技艺或者技能，那么就会显得很熟悉——也就是常说的很有技巧，这就是一个由拙过渡到巧的过程，但是在熟练了各种技巧之后，对整个技艺的核心有了把握，当追溯这些技巧形成并想更进一步的时候，发现其实这项技能的最简单的部分就是最开始没有任何技巧的阶段，发现新的技巧时，对比之下旧的技巧也就看似变拙了，不断把技巧熟练的过程也就是在把技巧变拙的过程，这样又回到了最初的拙。

老子在这一段中用巧和拙的一个辩证关系告诉人们自然是有规律的，要达到巧的境界，必须先经历拙，而在精通了巧之后，才会在外在表现上看似轻松简单。而在最巧的状态便不能再进一步了，此时应该回归拙，如果再继续追求巧上加巧，势必会打破极点违反自然，造成弄巧成拙。

这样的实例在我国古代的一些寓言故事当中有所体现，如欧阳修的《卖油翁》：

陈康肃公善射，当世无双，公亦以此自矜。尝射于家圃，有卖油翁释担而立，睨之久而不去。见其发矢十中八九，但微颔之。

康肃问曰："汝亦知射乎？吾射不亦精乎？"翁曰："无他，但手熟尔。"康肃忿然曰："尔安敢轻吾射！"翁曰："以我酌油知之。"乃取一葫芦置于地，以钱覆其口，徐以杓酌油沥之，自钱孔入，而钱不湿。因曰："我亦无他，惟手熟尔。"康肃笑而遣之。

此与庄生所谓解牛斫轮者何异？

这个卖油的老头并不是有很强的技巧，他只是把最拙的动作重复了一遍又一遍，从而达到了非常灵巧的地步，而对于他来说，这只是很简单的动作，也就是拙，所以这样的一个故事揭示了巧拙之间相互依存相互融合的关系。

二、如何正确处理巧和拙的关系——由拙至巧，以拙守巧

正如前文所提到的巧拙的递进关系，以及两者之间相互融合的辩证关系，无论是个体还是集体，工作还是生活，艺术还是技术，都首先要遵循一般的自然规律，从拙开始，慢慢积累沉淀，达到巧的地步，而到了奇巧的地步的时候，则要返璞归真，尊重最"拙"的自然规律，切忌贸然打破自然规律，这样的话只能是弄巧成拙。事物的进一步发展，人的进步，需要巧来作为突破口，追求巧是可以找到进步的办法的，但是不能一味地追求巧。《红楼梦》中王熙凤"弄小巧借剑杀

人"，借秋桐之手杀死尤二姐，没想到天道好还，自己也难逃人生劫数，反倒成了弄巧成拙的悲剧了。老子早就说过："自见者不明，自是者不彰，自伐者无功，自矜者不长。"说到底，"守拙"，就是"不自见""不自是""不自伐""不自矜"。老子讲"功成名遂身退"，实在是"大巧"的一种"拙道"，"大巧若拙"是关于自然和人工关系的重要命题。大巧是最高的巧，拙，是不巧。大巧（拙）不是一般的巧，是"天巧"。自然而然，不劳人为，从人的技术性角度看，它是笨拙的，没有什么"技术含量"，但从天的角度看，蕴涵着无上的美感。在老子看来，一般的巧是凭借人工可以达到的，其实是真正的拙劣，是出自人机心的巧。机心即伪饰，伪饰则不自然，往往是对自然状态的破坏，也是对人和谐生命的破坏。

《道德经》第二十五章中就提到"人法地，地法天，天法道，道法自然"。这样强调的就是对自然的尊重，也就是对拙的尊重，一切的巧都是由拙过渡而来的，而在巧的境界当中，也是寓拙于巧的，若在此刻打破自然规律，则是"不巧"这样的话就是真正的"拙"了。北宋黄庭坚也曾阐述过这样的观点：

> 觅巧了不可，得拙从何来。打破沙盆一问，狂子因此眼开。弄巧成拙，为蛇画足。何况头上安头，屋下盖屋。毕竟巧者有余，拙者不足。
>
> ——黄庭坚《拙轩颂》

老子以大巧若拙这样的道理来告诉我们，巧与拙之间的临界点，就在自然与非自然之间，巧极生拙，真正的巧不在于违背自然的规律去卖弄自己的聪明，而在于处处顺应自然的规律，在这种顺应中，使自己的目的自然而然地得到实现。

综上所述，在所有的范畴当中，个体或者总体都应该把尊重自然，与道合一，从拙开始奉为圭臬，这样才有可能正确处理好巧与拙之间的关系。

三、从巧和拙中得到的感悟——巧是一种能力，拙是一种态度

巧与拙是一直存在的，人类从生疏地使用石器，到精确地运用科技，都是在巧和拙之间一直周转的；整个世界是这样，个体也同样是这样，从婴儿时期的毫无生存能力，到精通各种技能，掌握很多知识，也都是拙与巧之间的周而复始，往复循环。

掌握拙与巧背后的真谛，能够帮助我们在所从事的工作或者学习当中达到更好的熟练程度，同时也不会导致物极必反，弄巧成拙的后果。首先要明白，一切的开始都是由拙而始，拙生巧，在不断精进的过程中，达到巧的境界，这是能力上的提升，同时也不能忘了拙是一切技能的本源，不能因为拙而抛弃了笨拙的方

法。能够接受和保留拙，是一种态度问题，曾国藩说："天下之至拙，能胜天下之至巧。"养成大拙便是巧。同时也不要忘了道法自然，也就是尊重自然规律的原则，切不可胡乱取巧，巧巧生拙。

（马显琦　谢清果）

损益之相衡

"损益"观是《道德经》的重要哲学思想命题之一,"损"和"益"具有对立统一的性质。损通常解释为减损,而益通常解释为增加。老子用"损益"来指导人们的为人处事,教导人们在做人、做事方面懂得舍与得,正确看待成功与失败,以及客观面对世界,不过度发展,也不过度缺损,从而使世界更加和谐,顺天道而行。

以通行的王弼本《道德经》为例,书中"损"字出现了8次,"益"字共出现了6次,其中"损"有8次,"益"有3次是作为相互对应的概念出现的。说明损与益已成为《道德经》中不容忽视的一对重要概念。这里重点以《道德经》里的第四十二、四十八、七十七章来阐释。

一、故物或损之而益,或益之而损

第四十二章中,老子提到"故物或损之而益,或益之而损"。这里的"损"解释为贬损,"益"解释为增益。这是老子由"阴阳中和"总结出来的经验,意思是:许多事物遭受损失反而受益,也或许因为获益反而遭损。这和"塞翁失马,焉知非福",以及"祸福相依"的理念有些相似。为什么呢?损失了反而获益,因为所损失的,就是本身不该有的东西,比如身上的赘疣,自然是损之而益;获益了反而遭损,因为所受益的,是本身不该得的利益,比如受贿财货益之而必损。

一损一益,一阴一阳,老子在第四十二章的开头提到,"万物负阴而抱阳,冲气以为和",即万物都具有阴阳两种对立的属性,阴阳二气需要相互调和。事物处于阳盛之位,适当受到阴损,有利于遏制阳气,平衡阴阳,保持中和。

老子举了王公自称的例子来说明,他告诫王公要能适当贬损自己。"孤、寡、不谷"是人们所忌讳的,但众人之上的王公们却以之称谓自己。坐到王公这一地位,高高在上,但是王公自己却要戒骄戒躁,悉心治理国家,把国家要事放在心上，减少对权力和享受的欲望，所以用孤这样的自称来时刻提醒自己。因此，对权力的贬损或许就是增益，颂扬反而或许带来损害。

在其他章节中，"损之"对应"为道日损""后其身"或"外其身"，而"益"对应于"身先"或"身存"；而"益之"对应于"益生曰祥，心使气曰强"中的"益生"或者"物壮则老"中的"物壮"，而"损"对应于"曰祥"或"则老"。所以，"知其雄，守其雌""弱者，道之用""守柔曰强"。

二、为学日益，为道日损，损之又损，以至于无为，无为而无不为

这句话选自《道德经》的第四十八章，这里的益也是增加的意思，王弼说："务欲尽其所能，益其所习"。"为道日损"，"为道"指尊道而行，"损"，减损，主要指减损与权力有关的欲望。王弼说：务欲反虚无也。整句话的意思是，获取知识重在日积月累，以道立天下重在日日减损。不断减少权力滥用，直到权力不干预百姓之自然，权力无为则事无不成。

老子是从统治者的角度来阐释这句话的。在老子看来，修成圣人（即"大器"），是与修成"器"大为不同的过程：修成"器"是逐步深入具体事务的过程，需要积累专业知识，故"为学日益"，而修成圣人或"大器"是逐步远离具体事务的"损之又损，以至于无为"的过程，重在权力的合法使用或有道无道问题，故"为道日损"。

"为道日损"就是不断减少权力干预社会的过程。权力越大，诱惑越多，因此，重在欲望的减损以防止权力滥用。圣人不积权，所以不集权，削减欲望对权力的影响，才能以道立天下，从而无为而治。这里特别注意的是，减损欲望不是目的，更不是宗教式的禁欲，只要个人欲望不影响公共权力的公正性，私人欲望就不一定在减损之列。当然作为提升境界而言，欲望越小就越能超然。

而从个人成长角度来讲，损益之道要怎么积累呢？分三步：（1）通过学习新东西，消化新东西，让自己从糊涂人变成明白人。（2）通过归纳总结，把多余的去除。（3）把懂的内化后，学到、忘掉。不断重复，熟练运用自然而然就忘了。但是通过不断的损益，学了又忘和什么都没学过是不一样的，因为，道增加了。

为学与为道其实是一体两面，因为没有学就没有道的可能。"为学"是个起点，意味着人的蒙昧，"为道"的终点也跟这个蒙昧一样，只不过我们学过大智若愚、大巧若拙、大象无形、大音希声。大巧若拙，拙是起点，但大巧是到了终点了，结果是拙。大智是终点，愚是起点，但大智和愚是等同的，即一个最高的智慧看起来是最笨的，一个最机巧的东西看起来也是最拙的。

三、有余者损之，不足者补之。天之道，损有余而补不足。人之道则不然，损不足以奉有余。

这里，"损有余而补不足"，损也是减损的意思，即把多余的拿出来补给不足的。

整体的意思是：天道就是拿掉多余的，补给不足的；有些人的做法却不是这样，以损害不足者来奉养有余者，谁能把多余的奉献给天下呢？只能是有道之人。损有余而补不足，并非利益的牺牲，相反，它是一种明智的价值创造，是目标的实现。

这令人想到"天地不仁，以万物为刍狗；圣人不仁，以百姓为刍狗"。（意思是：天地无私，任万物自生自灭；圣人无心，任百姓自由自主。）天地无心所以能平等对待万物，有心则有等级秩序。不仁即无常心，不是独裁的个人意志，而是"有物混成"。这句话似乎与"损有余而补不足"在含义上相冲突，其实不然，前者是规则的平等，后者是无形之手的作用。二者反映了法治和市场的关系。从法治角度讲，世间万物都需要有个位置，它们共同生活在一定的秩序与规律中；而从市场角度讲，没有绝对的等级，强帮弱，富帮穷，才能促进整个社会向前发展，而此，强也可以更强，富也可以更富，这是一种明智的价值创造。

老子以对立统一的思维方式总结出自然界这一规律。自然界的一切现象，既相互对立，又相互统一，诸如昼夜的交替，四季的变化，它们都是均衡统一的，而这种均衡统一，既不是外力作用的，也不是人为造成的。而是自然而然，由自身运动表现出的一种互补，和谐，均衡。这和"不患寡而患不均，不患贫而患不安"是一个道理。

道法自然，损益之道给我们揭示的道理可以概括为：有失必有得，有得必有失，损中有益，益中有损，权衡利害，正确取舍。

（涂江莱　谢清果）

取与有道

　　"取与"是《道德经》中的一个重要哲学概念。与普遍意义上将两者归于正面和负面不同，老子将两者置于同等的地位。在自然世界中，取和与的共存揭示了自然运作的本质特征，与自然科学理论不谋而合。在人类社会中，掌握取与之度，能够建立更加长久的人际关系，同时对事业的成功也有一定的引领作用。此节从老子对取与的观点出发，探讨《道德经》的思想内涵以及其对人们认识、行为的启示和指导。

　　《道德经》对世界二元对立的辩证关系有着深刻的揭示。在第二章中，老子就提到"有无相生，难易相成，长短相较，高下相倾，音声相和，前后相随"，描述了世界的运行常态。然而老子并不认为这些二元因素是彼此相抵触的，在第三十六章中，老子提出了他的处世之道，"将欲歙之，必固张之；将欲弱之，必固强之；将欲废之，必固兴之；将欲夺之，必固与之，是谓微明"。笔者选择"取与"这一二元对立统一因素出发，以窥视《道德经》对自然运行规则的描述和老子处世之道的特点。

　　"取"在古代汉语中是一个很普通的字，其基本意思是取得、获取之义。《道德经》中"取"字使用 11 次，其中有三章提到以无事"取天下"的观点。当代学者大多据河上公注把"取天下"之"取"解释和翻译成"治理"之"治"。然而，河上公之注并没有提供任何论证和旁证，在先秦典籍中也很难发现典型的例句来印证以"取"为"治"是必要和可靠的训释。《道德经》中"治天下"之治应参考《左传》中"取国""取邑"之取。《左传》多次明确指出，用"取""言其易也"。按照"取"的这一特殊意义来解释老子以无事"取天下"的思想就若合符节，与老子主张自然无为的思想毫无矛盾了。

　　"与"在《道德经》中的含义则相比之下更易理解。为给予、赠与之义。老子在第八十一章中提到，"圣人不积，既以为人，己愈有，既以与人，己愈多"，表达了对"与"的积极态度。事实上，老子认为："将欲夺之，必固与之。"（第三十六章）这种由"与"而"取"的思想可以从自然中得到印证，同时也能指导人们的为人处世及事业建设。

为此，笔者拟着重从长期以来被学者忽略的"取与"入手，梳理老子的取与观深刻内涵，进而探讨其对自然、对人生和社会的指导价值。

一、"取与"辩证关系在自然中的体现

《道德经》的重要价值一部分体现在其深厚的哲学思想中，其包括了老子对宇宙、自然运行规则的深刻洞察。这些洞察的结果与当代的科学研究结果常常不谋而合。

在自然界中，平衡是真谛，这也就是"损有余而补不足"的本质内涵。老子的核心思想在于"道"，其支配着万事万物的运行，维持着宇宙的平衡。这与自然科学中最基本的"能量守恒定律"十分契合：能量既不会凭空产生，也不会凭空消失，它只会从一种形式转化为另一种形式，或者从一个物体转移到其它物体，而能量的总量保持不变。能量守恒定律是自然界普遍的基本定律之一。

从"损有余而补不足"这一思想，老子在取与这一维度上揭示了自然界的最根本规律。

二、取与观对人生的指导作用

《道德经》之所以对中国人的思维方式、中国的文化产生如此深远的影响，是因为其不止体现了深厚的形而上学思想，同时又教给了人们处世之道。

老子在第八十一章提到"圣人不积，既以为人，己愈有，既以与人，己愈多"。付出与收获是互相依靠的。首先，我们之所以认识到收获的存在，就是因为有付出的存在对其进行了彰显。其次，在人与人的相处之中，付出是一个双向的过程，没有一个个体会接受一味地给予，更没有一个个体有可能只得到收获。朋友之间、爱人之间往往需要相互信任，彼此聆听、互相帮助，其中，每一个主体都既是付出者，又是得到者。即所谓"将欲取之，必固与之"。老子从未将"与"视为一种负面的存在，也更未把其视作达到"取"的手段。事实上，老子认为，取与二者对人而言，应当被置于等同的位置，就如同老子看待福祸一般："祸兮福之所倚，福兮祸之所伏"。

苹果公司前 CEO 乔布斯（Steve Jobs）亦十分认同老子对于二元对立元素的应对之道。其有广泛流传的一句话："保持饥饿，保持愚蠢（Stay Hungry, Stay Foolish）"，因为保持饥饿的我们才会有无比的动力去获得食物，而保持愚蠢的我

们也能够激烈地去获得更多的知识，去创造。可见，老子这种认同负面元素，而非逃离负面元素的思维方式、处事方式，可以为人们提供很多指导。老子的本性是冷静的，他观自然，看到"天地不仁，以万物为刍狗"。老子正视天地间所有的负面元素：祸、失、与，等等。他看到，这些元素同其对立面一样，是自然的存在。通常意义上两者的高下之分，是由于人的情感诉求所致，然而从事物的自然走向角度来看，两者的确是对等的，并且可以互相转化，需要互相支持、互相印证。将所有的对立二元因素抽象起来，即得到柔与刚。普遍意义上来说，人们认为刚优于柔，正像人们爱福憎祸，爱取吝与一样。然而老子提出，"以天下之至柔，驰骋天下之至坚""柔弱胜刚强"。这种逆向思维，是老子思想的精华。

　　理解老子思想中的取与，要看清其所揭示的自然本质，同时也要将其运用到行动中去。在这个过程中，人就能够达到心灵和事业上的平衡，同时获得一份宝贵的智慧，活成一个清醒、冷静的人。

（李昀熹　谢清果）

"多少"的困惑

"多少"一词在《道德经》中只出现过一次，然而这个词却概括了《道德经》中的主要思想之一：量变引起质变，万物由细微处诞生。在处事上，老子教导我们要做大事需从小事做起，要以少为多、积少成多。

在《道德经》中共出现9个"多"，3个"少"，其中与六十三章中的"多"意思相近的有6个，与"少"相近的有1个。在第二十二章中提到的"少则得，多则惑"是意思与"多少"一词最接近的。在《道德经》中，老子抑"多"而扬"少"，认为许多祸患都是因为贪多而造成的，如第六十五章中"民之难治，以其智多"就是这个意思。

"大小多少"（第六十三章）的字面意思大概是大生于小，多起于少；另一解释是大的看作小，小的看作大，多的看作少，少的看作多；还有一说是，去其大，取其小，去其多，取其少。

在姚鼐看来，这句话是少了后续的言论，不可以强行解释，只有将其与下文"天下难事必作于易；天下大事必作于细"结合起来思考，才能理解其中含义。

以对待大事的态度处理小事，以对待复杂的态度处理简单，要用合道之行所生发的德能去消解细微的怨望纠结。老子在《道德经》中未详细解释过"多少"，但是河上公注说："陈其戒令也。欲大反小、欲多反少，自然之道也。"王弼也注解："小怨则不足以报，大怨则天下之所欲诛，顺天下之所同者，德也。"这些注解就令人明白"多少"不止提醒人要积少成多，也是在说万事不可过度，不然就会有相反的结果。

任法融道长在他著的《道德经释义》一书中有提到"大、小、多、少，报怨以德。"修道者，不论大、小、多、少，于我有怨者，均以德报。"善者，吾善之，不善者吾亦善之"。"信者，吾信之，不信者，吾亦信之"。常人不然，不分大、小、多，少，以怨报怨，人由怨而加于我，我以怨还报于他。你还我报，一来一往，无有止期。如怨以德报，人必以德感，彼此相化为无事，其怨顿消。

人在面对抉择时，常会喜欢取大、取多，却不知若无从小处、少处积累，只会徒增人怨，而且太多也会引起祸患，如第五十七章"天下多忌讳而民弥贫。民多利器国家滋昏。人多伎巧奇物滋起。法令滋彰盗贼多有。"指出不能令人有太多利器、奇物，天下不能有太多忌讳和法令，而是愈少愈简才好，这也正对应了老子的"无为"思想。

在《道德经》中也仅有一个"多"是提倡的，即第八十一章中有"既以与人，己愈多。"提出圣人给予人愈多，他收获的也愈多，所以人不要自己积蓄太多，要有付出才能有所获，这其实也从侧面教导人们要贵少而不贵多。

虽然《道德经》中对"多少"的论证较少，但都极其深刻，历代对其的注解也都较为一致，由此可见，老子用"多少"一词来教导人们积少成多，经常付出才能有所得。

（颜帅　谢清果）

虚与实的对待

　　"虚"与"实"是《道德经》中一组重要的反义词。虚与实两个范畴可以互相对立，也可以互为前提。虚与实可以说是无处不在。譬如道，既虚，也实。人，要"虚其心，实其腹"。

　　刘固盛教授讲道："《道德经》作为中国传统文化中最伟大的经典之一，拥有一个精神玄奥的思想体系，具有跨越时空的恒久价值，故一直受到社会的高度重视。《道德经》不仅对中国传统文化产生了及其深远的影响，而且远播海外，成为全人类的共同精神财富。《道德经》在历史长河闪耀出来的哲学光彩，在现实世界透露出来的思想启示，无不显示出道家和中华文化生生不息的活力。《道德经》凝聚着中华文化的内在精神，体现了中华民族的坚实底气，反映出中国智慧的深邃博大。《道德经》是真正能够给予我们文化自信的经典之一。"《道德经》的普世意义由此可见一斑。

　　在常见的王弼本《道德经》里，"虚"字一共出现了五次，"实"字出现了两次。其中只有第三章中二者是成对出现的。

　　虚与实是相对的。通俗地讲，梦想的或者看不到的、不符合真实情况的东西是为虚；实际存在的、填满的东西是为实。虚和实是一对反义词。但是，虚和实是道的两个方面，它们却又在道中和谐统一。在人学习的方面，又需要"虚其心，实其腹"，虚为实的前提。在自然中，天地不仁，虚而不屈，动而愈出。我们却又实实在在的生活在这天地间。

　　因此，笔者选择从虚与实的对立统一关系出发，来探索道、人、与自然。

一、道之虚实

　　在《道德经》第一章中有讲，道是"玄之又玄，众妙之门。"在第二十五章中又讲"有物混成，先天地生，寂兮寥兮，独立不改，周行而不殆，可以为天下母。

吾不知其名，字之曰道。"就是说在天地未成之前，有一个混混沌沌的"物"就已经存在了，它是那样的空虚寥廓，又是那样的寂寞宁静。它独立于世间而无物可比，从古至今没有丝毫的改变；它时时都在发挥着作用，遍行于万物而毫不倦怠。它真可以说是天地万物的本原。我不知道应该如何称呼它，给它取了个名字叫做"道"。道看不见，摸不着，形而上，并不是一个客观存在能够碰触的事物。相似的表述还在第四章中出现，"道冲而用之或不盈，渊兮似万物之宗。挫其锐，解其纷，和其光，同其尘。湛兮似或存，吾不知谁之子，象帝之先。"道体是虚空的，然而作用却不穷竭。渊深啊！它好像是万物的宗主；幽隐啊！似亡又实存。我不知道它是从哪里产生的，似乎在有天帝之前就有了它。

另一方面，道也确确实实地内含于万事万物之中。道能生物，能成物，能统物，能通物。道生物的道不是生完就消失的，而是植入万物之中，就像万物的种子一样；道成物的道是无形的，落实到具体的物中而成就它们各自的本性，成为一物之为一物的依据；道统万物的道是存在于万物之间或内在于万物的相反相成、物极必反的法则；道通物的道是万物的共性，是能沟通万物之理的那个最高的"理"。

二、人之虚实

《道德经》第三章里讲"虚其心，实其腹"。字的解释离不开对章节的理解。对于这一章，各位学者都有不同的理解。有的说是虚民的心，结合前文，"不尚贤，使民不争；不贵难得之货，使民不为盗；不见可欲，使民心不乱。"即让民无功名心，无利禄心，无声色心；实民腹，让民能够丰衣足食；弱民智，使民没有政治抱负，从而易于治理；强民骨，使民身强体壮利于劳作。还有的说是虚君心，虚指心灵宁静与清净之极致，没有忧虑与私欲，才能够受道；实君腹，因为老子擅养生，"腹者，丹田之处"是生命的根本之所在，实君腹，才能使君王长寿，使足其实用，充其内养，含哺而鼓腹，精足气足神足，清净自守，而不役于物，所以养内也；弱君志，指使君王意志柔韧，不去好勇斗狠，逞强作乱；强君骨，与前面实君腹相照应，强君骨以使得君王长寿，固于其本，道全德全。所以说，虚其心是指君王的学习状态，而实其腹是一种养生方式。而对于我们来说，虚其心，实其腹，更像是老子在告诉我们学习的正确态度。虚心，把自己的姿态放低，才能实腹，更好地接受别人的知识。我们在学习的时候，倘若不能以虚心为前提，而是骄傲自满，得意洋洋，心不虚，本身就持有偏见，就势必听不进去别人的意见，无法做到实腹。就像一种学说要能够博采众长、与时俱进才能够发扬光大。倘若只一味保守自己本身原有的观点，听不进去忠言逆耳，不能够与时俱进，就终究会走向沉寂。

三、自然之虚实

《道德经》第五章有言，"天地不仁，以万物为刍狗，圣人不仁，以百姓为刍狗。天地之间，其犹橐籥乎？虚而不屈，动而愈出。多言数穷，不如守中"。这章的第一句"天地不仁，以万物为刍狗；圣人不仁，以百姓为刍狗。"中的"不仁"并非是现在我们所说的"不忠不孝不仁不义"的"不仁"。而是像苏辙说的"天地任自然，无为无造，万物自相治理，故不仁也。"也像范应元所说"圣人之于百姓，亦如天地之于万物，辅其自然而不害之，使养生送死无憾。"天地和圣人都遵从着道，万物和百姓"当生即生，当杀即杀；当行即行，当止即止；当成即成，当毁即毁"，顺其自然即可，不必偏爱。

天地就像一个巨大的风箱一样。风箱在使用过程中，操作人员用手拉开活动木箱，空气通过进气口使风箱的皮囊内充满空气，而且并不塌缩，再拉动其体能够将其内的空气压出，空气通过输风管，可以进入熔炼炉中。当皮囊风箱在静虚的时候，里面的空气充盈好像永不竭尽。但是当拉动它的时候，里面的气体就会不断逃逸，引起扰动。天地之间是一个虚空的状态。虽然是"虚"状的，而它的作用却是不穷竭的。这里的"虚"含有无尽的创造的因子。所以说，"动之愈出"——天地运行，万物便生生不息了。这个"动"便成为产生万有的根源了。天地无为，顺其自然，万物反而能够生化不竭。虚空的天地，创生出了实在的万物，自然之虚实，尽在于此。

由此可见，道、人、自然之中都是既包含着"虚"，又存在着"实"。对于我们来说，要保持虚心，保持谦卑，才能学习到更多的知识。当我们遭遇困难时，不要就此把眼光局限于眼前的艰辛，而要放长远些，一切都将过去，做好自己能做的事情，其他的就顺其自然吧。这不就是看不见摸不着，却又实实在在的道理吗？

（胡远迪　谢清果）

静躁的较量

　　"静"不仅代表着安静，宁静，在老子看来"静"是万物运动的趋向。事物终究会回到一个原点，那就是"静"。"静"与"躁"是两个相互对立的字，是自然变化的辩证观。人不能过于浮躁，受到外界各种干扰而蒙蔽了自己的内心，却也不能太过于平静，何事也不去做。

　　在《道德经》中，"静"也是尤为重要的。世上一切事物只有自然生长，遵循规律，追随本心，那么一切都会趋于平静，天下就会自己呈现出安定的局面。若是急躁而为，急功近利，不但不会成功，还会败得彻底。就如三国时代的名将张飞，虽武艺非常，但脾气十分暴躁，对部下的惩罚很重，经常鞭打自己的左右随从人员。而最终，这名盖世英雄并非死在战场上，而是在卧榻之上亡于小人之手！

　　张飞的结局令人叹惋，这也说明了做事不可急躁，不要被愤怒冲昏了头。要戒骄戒躁，沉着冷静，踏实沉稳，才能把事情办好。保持一颗清静无为的心，这便是老子想要传达给世人的人生启示。本文则重点探讨"静"与"躁"这两者在《道德经》中对人们的启示。

一、"静"与"躁"的关系——相互对立，相互依存

　　老子认为世间万物皆可分为两个方面，相互依存，"静"与"躁"辩证关系，即自然变化的辩证观。事物实现了循环往复的发展变化。

　　"夫物芸芸，各复其根。"万物有其自然生长的规律，一切事物都在运动，但最后都会回到最初的原点，回归到它们的根源，准备新一轮的循环。"归根曰静"，认为静是事物运动的趋向。所以"静"与"躁"是可相互转换的，循环往复，永恒不止。

　　"重为轻根，静为躁君。"重是轻的根本，静是躁的主宰。"轻则失根，躁则失君。"轻率，也就失去了根基；浮躁，也就丧失了主宰。这两句话意在突出静的重

要性。浮躁的话要到哪里去听命令呢？如果是蒙昧的，急躁的，那么肯定无法成功。暴躁一定不会是长久的，只有平静才能让事情顺利。

"静"与"躁"都是两种很强大的心理暗示。"躁胜寒，静胜热。"当你感到焦躁不安时，就不会觉得冷，当你心态平静时，就不会认为炎热。这就与"心静自然凉"有差不多的意思。

二、"静"的重要性——致虚守静

"孰能浊以静之徐清。"让浑浊漂浮的物体安静下来，它就会慢慢地澄清。但又不能一直静下去什么也不做，静下来是为了动起来慢慢得到新生。

"致虚极，守静笃。"追求"虚"，要达到极点，坚守"静"要笃实坚定，这才能体现致虚守静的彻底性。

老子所追求的"道"是看不见，听不着，摸不到的，是无形无象。道以虚无为体，以清净为宗。与老子的另一个核心思想"无为"紧密相连。也可以说是对人的行为所做出的基本要求。只有极致的虚静，才能看清这世界，不要打破自然规律。"不欲以静，天下将自定。"不起欲望而恬静安然，天下就会自己呈现出安定的局面。这类似于老子"无为而治"的治国观点。老子认为，与其胡乱地向天下下达政策，不如静观其变，尊重民众的社会发展。"我好静，而民自正。"领导人喜欢清静，那么人民品格自然就端正了。"清净为天下正。"只有清静无为才能统治天下。

诸葛亮曾说："非淡泊无以明志，非宁静无以致远。"只有淡泊，才能够明确自己的志愿；只有宁静，才能走得更远。可见"静"对我们的人生具有很重要的启示。

由此看来，老子所讲的"致虚极，守静笃"，话语是很简单的，其中却隐藏着大道理。这并不是那么容易做到的，但却是人们应该坚守的一项基本原则。"静"对于人生的修养是极其重要的。

三、正确看待"静"与"躁"——清静无为

"清静无为"与老子所讲的"无为而治"是一种相似的观点。而"清静无为"也是"无为而治"的一种表现以及方法。在《道德经》第三十七章中，老子说："道常无为而无不为。"最后一句是"不欲以静，天下将自定"。最后一句便是第一句所总结出来的无为而治的一种方法。即可以说成为"清静而为"的治国方法。可见老子所蕴含的大道，也可以是应用在政治上的。

老子对于治国之道的研究也是极为深刻的。他认为领导人不应干预民众自身

的发展，而按照自然的社会发展规律，让民众自发地调节。那么民众会在社会市场中选择自己最合适也最喜欢的事情来做，这样会提高民众的积极性，激发市场活力，提高社会生产力，增加社会总资产，使得社会快速发展。也就是说领导不应该一手掌握天下，而是要放手让民众自行的发展，但也并不是说完全放手，而是适当的制定正确的政策，让民众自行去实施。

"静"代表着一种境界，对其相反的"动"则是由内心的躁动产生的，是不安的情绪所导致的。在这种躁动不安的情绪下，不要说感悟大道，就是一丁点简单的小事也做不成，无法静下心来。当心虚烦躁的时候，什么事情也无法完成，可是当心态平静的时候，往往能思考多方面的事情，从而把事情计划周密，把事情做成功。

生气、烦躁，对人们的身体也同样不利的。大动肝火会危害身体，而心态平静，内心动怒则会被抑制下去。轻率就会失去根本，浮躁就会失去控制，轻率地对待民众的生命，到处为了利益心急的发动战争，最后必然会导致国家的灭亡。所以要静下心来去感受，不管遇到什么事情都不能浮躁。

老子认为"静"不仅仅是心中的平静与安宁，它更是表达一种谦卑处下。第六十一章中，老子说："牝常以静胜牡，以静为下。"慈柔往往能够以安静守定而胜过雄强，这是因为它安静且能处下的缘故。老子主张以柔弱胜刚强，他喜欢阴柔的，处于卑下的地位。只有阴柔的才会有"静"而打败强雄。所以引出后文"故大国以下小国，则取小国；小国以下大国，则取大国。"因此大国如能对小国谦下忍让，就可以取得小国的信任，并使其甘心归附；小国若能对大国谦下有礼，就可以见容于大国。"大者宜为下"这句话具有深刻普遍的现实意义。实际上这就是老子所一直强调的"处下"，也是"以柔克刚"的反应。"坚强处上，柔弱处下。"老子也是很具有政治哲学头脑的。

由此可见，《道德经》中蕴藏着无数的人生启示，在"静"与"躁"中实现自我素养的提升，提高修为，这正是老子这位伟大的哲学家所要传达给我们的话语。

（蔡思佳 谢清果）

美恶之同根

老子在《道德经》中对美丑（恶）做了短小精辟的诠释。他引导人们辩证地、运动地乃至超越地去看待美丑，不为其惑，反能尽其用，以一种以静制动的方式幸福生活。

美（善）丑（恶）如何有效地分辨，一直是一个仁者见仁，智者见智的问题；而老子作为中国历史上最伟大的哲学家之一，也在《道德经》中对此给出过自己的答案。本文将就老子对美丑的看法略窥其深奥思想。

"美"在王弼本《道德经》中出现过 8 次，作形容词解的有四处，意为"好的，美的"；作动词解则有三处，意为"使……美、美化"；作名词解的主要集中在一句中，即第二章的"天下皆知美之为美，斯恶已"。"恶"则出现过 7 次，其中 6 次作动词解，意多为"厌恶"；一次作名词解，是第二十章的"善之与恶"。值得一提的是，此处的"善"，在帛书甲乙本中皆作"美"，两字在此处多被认为意义相通，故下文将作此句为"美之与恶"。由于美恶二字作动词与形容词解时，并无益于我们了解老子对美丑（恶）的深刻见解，故本文将就作名词的几处进行展开与思考。

"美"在《道德经》中作名词解时，除了有美丽的本义，还有"好，善，好事"之意；而恶则是"坏，不善，坏事"之意。以下，笔者将就"美丑（恶）的可转化性"，"美丑（恶）的模糊界限（相对性）"和"美丑合一后的超越"三方面入手分析。

一、美丑（恶）的可转化性

老子曰："天下皆知美之为美，斯恶已；皆知善之为善，斯不善已。故有无相生，难易相成，长短相较，高下相倾，音声相和，前后相随。"他在这里突出了美与丑（恶）运动性的相对（吴澄："美恶之名，相因而有"）和相对本身的绝对。具体而言，某种"美"的标准一旦在社会范围内被倡导，极有可能造成美丑（恶）的转化，甚至造成其他的人祸，就如"楚灵王好细腰，臣妾为之约食，饿死者多"。

由此，"天地有大美而不言"（庄子），善者贵乎隐，美者贵乎藏。正如另一种对"天下皆知美之为美，斯恶已"的理解，天下人都知道美好的东西美好，丑的东西也就自然形成了。美丑（恶）的差异或不需要从社会层次去给出，"处事不用施为，行事不拖空谈"，即"处无为之事，行不言之教"，万物自然地发生，在人们心中美丑也就自有比较；相反，如果美丑（恶）之界定被人为的具象化、固定化，其中对美的认识和阐述在现实万般变化下终会是不完备的，甚至在美丑（恶）相对转化运动中成为完全颠倒的谬误。

二、美丑（恶）的模糊界限（相对性）

"绝学无忧。唯之与阿，相去几何？善（美）之与恶，相去若何？人之所畏，不可不畏。荒兮其未央哉！"（第二十章）此处，老子对美丑（恶）的相对性有了更直接的说明。"唯"与"阿"相差甚微，而"美"与"丑（恶）"亦也相差不多。庄子在《庄子·齐物论》中有这样一段"民湿寝则腰疾偏死，鳅然乎哉？木处则惴慄恂惧，猿猴然乎哉？三者孰知正处？民食刍豢，麋鹿食荐，蝍蛆甘带，鸱鸦耆鼠，四者孰知正味？猿猵狙以为雌，麋与鹿交，鳅与鱼游。毛嫱丽姬，人之所美也，鱼见之深入，鸟见之高飞，麋鹿见之决骤。四者孰知天下之正色哉？自我观之，仁义之端，是非之途，樊然殽乱，吾恶能知其辩！"标准之难定可见矣。标准难以确定，美丑（恶）也就没有永恒的稳定性，他们之间不会有明晰的界限，任何差别都可通而为一（"道通为一"——《庄子·齐物论》）。美与丑（恶）之间是相对的，运动的，外界予他们的定义评价在历史长河中更迭不断，唯一不变的是美丑始终是万事万物的两面，万事万物虽存在如此那般的区别，但是却不存在美与丑的性质割裂，就像世间并不存在单极子一样，如果人硬塞给万物美与丑的界限，那么偏私甚至错误的认识也就可能因此形成。若想避免，这就要求我们需要以一种足够包容的眼光去认识事物（尽量从"道"的角度出发），不对美丑做绝对的判断，辩证地认识看待，如此我们对外界的认识才能更全面而深入，思想能保持更持久的适应性与活力，以静制动，以逸待劳，不外如是。

三、美丑合一后的超越

老子辩证地看待美丑，弱化其界限（可以互相转化），合一地去看待，进一步会有对美丑本身的超越——道。"大道废，有仁义；智慧出，有大伪。"（《道德经》第十八章）用来谈论美丑，未尝不可：大道废，有美丑；美丑出，生谬误；换而言之，老子从道的角度来看待美丑：大道无言，大道无际，人无法去准确描述它，是有"天下皆谓我道大，似不肖"；美丑的概念在大道里是无意义，无需存在的；如此，道无美无丑（恶）又何须何能辨得明白。在辩证运动地看待美丑后，以道之角度回看，将美丑回归至道，就仿佛那"看山不是山，看水不是水"到"看山仍是山，看水仍是水"的超越。

四、现实启示

以运动的眼光看待事物美丑善恶，不轻易地去定结论、下定义，这正为更好地欣赏美（善）开辟了空间。要时时刻刻带着老子的疑问："善之与恶，相去若何？"疑问伴随谨慎，谨慎引起思考，思考结合现实则能扩充胸怀眼界，慕然回首，原来世界如此之美！

老子的美丑（恶）见解同样益于创造美（善）。表面丑（恶）的事物往往内蕴美（善），而要拨开重云见青天，就需要基于现实的对"美（善）丑（恶）"的辩证看待，绝不能够固化看法，作茧自缚。持续辩证地观察，若辅以良机，我们就能创造新的美（善）。

至于以大道的视角去纵观万物美丑（恶），这是一种以精神境界的提升为基础的领悟，玄妙而无法强求，只期以不断的历练、思考去努力贴近这种状态。

（吴兆国　谢清果）

善与不善的齐同

老子是中国古代伟大的思想家、哲学家、文学家和史学家，道家学派创始人和主要代表人物，其所著《道德经》是中华乃至世界文化宝库中的珍品，对中国传统哲学、科学、政治、宗教等产生了深刻影响。《道德经》中有大量篇幅对善与不善进行了讨论，其中蕴含的哲理对当代社会的发展有巨大的启发。

在《道德经》全文共八十一章中，"善"共出现了 46 次，"不善"出现了 6 次，几乎每一篇都包含这种"善"思想，老子到处教授善的方法，并在每一句话中都推广良善的行为。

一、上善若水的德性

什么是善，为什么有善，以及善是如何形成的？老子认为善是价值判断的问题。善与恶是相反相因、对立统一的，这是老子朴素的辩证思想。在《道德经》第二章："天下皆知美之为美，斯恶已；皆知善之为善，斯不善已。"它告诉我们善与恶是通过对比来展现的，没有恶就没有善。

紧接着，老子便告诉了我们什么是"善"。"上善若水。水善利万物而不争，处众人之所恶，故几于道。居善地，心善渊，与善仁，言善信，正善治，事善能，动善时。夫唯不争，故无尤。"在第八章中老子通过水来描述善的几大特征，他认为，善是分级别的，而水所具有的善是最高级别的善。圣人之所以能"无尤"，是因为他们"不争"。他们都甘于像水一样，停留在人人所厌恶的卑下地方，泽被万物但却不居功自傲。

水和老子宣扬的大道非常相像。水是柔和的，大道是无形的；水善利万物而不争，大道化育一切而不言功劳。而这正应该是圣人必备的德行。老子认为圣人的性格就像水一样，一是柔软的，二是待在卑微的地方，三是滋养万物而不互相竞争。这是老子著名的"惠万物而非万物"的思想。老子列出了七个"善"的特点，都是受到水的启发。

二、不善与善应当和同

老子在第二十七章中首次将"善人"与"不善人"做了比较。虽然本章着重在讲解物尽其用，表达了老子有道者无弃人无弃物的心怀，但是在最后几句中，老子写道："故善人者，不善人之师；不善人者，善人之资。不贵其师，不爱其资，虽智大迷，是谓要妙。"这几句话的意思是善人可以做恶人的老师，恶人可以做善人的借鉴。如果不尊重他的老师，不爱惜他的殷鉴，虽然自以为聪明，其实是大糊涂。这就叫作精要深奥的道理。简短的几句话写明了老子对善人与恶人的态度，人无弃人，物无弃物，天下的善人不善人，善物不善物，都是有用处的，这就又体现了老子朴素的辩证法思想。他通过日常的社会现象和自然现象，阐明了世界万物的存在是相互依存、相互关联、相互作用的，论述了对立统一的规律，确定了对立统一的永恒普遍规律。善者为师，恶者为资，他们都应该受到善待，尤其是对那些不善良的人，一方面应该鼓励和引导他，另一方面，作为一个好人，给他一个可以学习的榜样。这考虑到了事物中包含的两个相反的方面，而不仅仅是一个方面。

在第四十九章，老子谈到了他眼中的圣人，即老子理想中的执政者。他写道："圣人无常心，以百姓心为心。善者，吾善之；不善者，吾亦善之，德善。信者，吾信之；不信者，吾亦信之，德信。圣人在天下歙歙，为天下浑其心。圣人皆孩之。"老子认为理想的统治者没有私心，他把人民的心作为自己的心，这样每个人都可以信守诺言，做个好人。老子把他用"道"治理世界的希望寄托在一个理想的"圣人"身上，在这个理想的"圣人"的治理之下，每个人都回归到如婴儿般的幼稚天真的状态，以培养和成长自己。

在第五十八章中，老子借善恶来说明了福和祸、善和恶的辩证关系。"祸兮福之所倚，福兮祸之所伏。孰知其极？其无正？正复为奇，善复为妖，人之迷，其日固久。是以圣人方而不割，廉而不刿，直而不肆，光而不耀。"执政和平与稳定，人民将诚实和忠诚；执政残酷无情，人民会变得狡猾和虚伪。所以有道的圣人是正直但不刻板的，诚实但不伤人，直而不放，明而不眩。

第六十二章中，老子借善人与不善的人说明了"道"的好处和作用。老子认为清静无为的"道"不仅是善人的法宝，也是恶人的法宝。因此，有些人认为本章的新观点是指出在"道"之前人人都应该是平等的。"道"保护善人，但它却不抛弃不善的人。它做它需要的一切，改正所有的过错。这就是"道"的价值。

三、善与辩的关系

在第八十一章，作为全书总结："信言不美，美言不信；善者不辩，辩者不善；知者不博，博者不知。圣人不积，既以为人，己愈有，既以与人，己愈多。天之道，利而不害。圣人之道，为而不争。"《老子译注》中解释为：诚实的言谈并不漂亮，漂亮的话语并不诚实。 善良的人不巧辩，巧辩的人不善良。 真正懂的人并不广博，广博的人不能深入地懂得。圣人不私自保留什么，他尽全力帮助别人，自己反而更充足；他尽可能给予别人，自己反而更丰富。自然的法则，是利物而不害物；圣人的准则，是帮助别人而不和别人争夺。

老子在这一段说明了信与美、善与辩、知与博的辩证对立的关系。老子试图解释一些事物的表面现象往往与其本质不一致。这包含丰富的辩证法，这是判断人类行为的道德标准。根据这三个原则，我们应该要求自己"信言""为善"和"博知"，以实现自己的真、善、美的和谐统一。根据老子的思想，这是回归质朴，回归没有世俗污染的本性。天道崇尚利他无为的精神，造福人和物；圣人在世上的生活方式也在于无为，而不是争夺。

这些就是老子眼中的"善"与"不善"，老子在阐述自己思想时处处透露着辩证法的智慧光芒。当一个人真正地做到上善若水，做到失之淡然，得之坦然之时，想必就离老子所说的"道"不远了。

（许博洋　谢清果）

福祸之相依

　　老子《道德经》中的福祸相依律是广为人知的重要哲学思想之一。其中最为出名的，当属《道德经》第五十八章中的"祸兮福之所倚，福兮祸之所伏"。本文就从"福祸"这一对辩证对立的关系来简要探讨一下老子福祸相依律的思想。

　　一、福祸相依之所以——相互依存，相互转化

　　对于福祸相依这一问题，各代的名人文士都有属于各自的见解，例如河上公《道德真经注》中对"祸兮福之所倚，福兮祸之所伏"两句的注释："倚，因也。夫福因祸而生，人能遭祸而悔过责己，修善行道，则祸去福来。祸伏匿于福中，人得福而为骄恣，则福去祸来。"河上公认为，人若能够从祸中吸取经验，修善行道，那么祸就会转变成福；反之，若人因为福而变得骄傲自大，那么福也会转变为祸。

　　陈鼓应《老子今注今译》中也对这一章做出了一些解释，"日常生活上，福中常潜伏着祸的因子，祸中常含藏着福的因素，祸与福是相依相生的。"

　　又如苏辙《道德真经注》中对这一段的注释："天地之大，世俗之见有所眩而不知也。盖福倚于祸，祸伏于福，譬如昼夜寒暑之相代。正之为奇，善之为妖，譬如老稚生死之相继，未始有正，而迷者不知也。"这就指出，福祸相依的存在就有如昼夜更替，寒暑变换一般，是自然之中的必然规律，万物都不可违背。正常与怪异可互相转变，善良与邪恶也能彼此循环，这也就是相互依存，相互转化的关系了。

　　所谓福祸相依，其实，一直都存在于我们的生活之中，正与邪，善与恶，亦莫不如此。甚至一切事象都在对立的情状中反复交变着，这种反复交变的转化过程是无尽止的。正所谓物极必反，否极泰来，这是一种极端情况，但是也印证着所谓的福祸相依：相互对立的两种事物是可以相互转化的。而放到普通的日常生活中，也便是老子对我们对待身边事物的一种要求，我们观察事物，不可停留在

表面，表面所展现的不过是事物本身的极少的一部分，应从显相中去透视里层，做全面的了解。

老子福祸相依的思想，其实是一种辩证的转化思想，世间的对立的事物在一定的情况下也可以互相转化。就如众所周知的塞翁失马的故事，一件事情并不总是看上去那么简单，祸患有可能隐藏于福泽之中，但祸患中也有可能孕育出福泽。而对于个人来说，若是当一个人遭遇了一些事实，不管是福泽或是祸患，都应保持一种平静的心态去对待，就如范仲淹《岳阳楼记》所说：不以物喜，不以己悲。若是遭遇了祸患也不要因此颓废，我们仍可以通过后天的努力来弥补这些祸患，从中收获了新的东西，比如经验、阅历、知识等，那么这样的祸患也就自然地转化为一种福泽。相反，如果只是沉浸在过去所获得的事物中，骄傲自大，人就会逐渐地失去自我，不断退步，那这样的福泽又有什么意义呢？只不过是变成了一种祸患罢了。所谓"富贵而骄，自遗其咎"（第九章），就是这个道理。

二、福祸相依之所在——宠辱若惊，得失若惊

事实上，上文也提到了，福祸相依其实就存在于我们的日常生活之中。我们在日常和社会生活中总会遇到种种福祸，换句话说，也就是宠和得，辱和失。对于平民百姓来说，最让人高兴的无非是宠和得，而最讨厌的也无非是辱和失，换句话说，就是宠为上，辱为下。

世上的人们大都为受宠，为得到想要的东西高兴，而又为受辱，为失去心爱的东西而感到伤心，事实上，这也是一个正常人再普通不过的想法了。但对于这种态度，老子却创造性地也带有一些批判性地提出了"宠为下"，把宠和辱放到了同一位置上。得之若惊，失之若惊，是谓宠辱若惊（第十三章），老子也明确地表示了，不论是为了得到而感到惊，或是因为失去而惊，这都不是好的表现，也即，因为遭遇福祸而感到惊，这并不是老子所推崇的那种状态。

又如第四十五章："大成若缺，其用不弊。"大盈若冲，其用不穷。大直若屈，大巧若拙，大辩若纳，大盈若拙。天下最实用的，最受人欢迎的，往往不是那些十全十美的东西，反倒是那些带有一些缺陷的东西受人欢迎，最为实用。这不也正是福祸相依所在的一种证明？人们喜欢追求那种至极的境界，但事实上，在至极的境界中掺杂一些缺陷，似乎也不是什么不好的事。同样，如果福太过圆满，是不是在另一种程度上，也会变成祸呢？所谓物极必反，或许我们无法确定。但至少，在圆满的福中有着一些掺杂的祸，这也不是坏事。就好比我们在日常总说，话说三分满，饭吃七分饱，任何事都不能做得太过，假如做得太过，就容易伤到自己，这大概也便是福祸相依的一种存在形式吧。

三、福祸相依之态度——端正心态，平和待物

从整个社会和人生的角度来看，不管是福还是祸，到最终都会走向平衡，因此，不管对社会和个人的人生而言，我们在前进过程中所遭受的祸患或是福泽，其实都只不过是漫长人生旅途中的一件很小的事罢了，就如苏轼的《前赤壁赋》："寄蜉蝣于天地，渺沧海之一粟。哀吾生之须臾，羡长江之无穷。挟飞仙以遨游，抱明月而长终。知不可乎骤得，托遗响于悲风。"我们的人生，甚至社会都不过是茫茫宇宙中的沧海一粟，纵使是有些福祸干扰，到最后也未必会影响些什么。所以，这就需要我们在遭遇这些或大或小的福祸时，要保持一颗平静的心态，即所谓的"不以物喜，不以己悲"，不过分地因为事物得失或是个人遭遇而感到或喜或悲，这也是我们对待事物应该有的心态。

同样，老子也说道："名与身孰亲？身与货孰多？得与亡孰病？甚爱必大费，多藏必厚亡。"（第四十四章）过分追求名声和财富到最后必定会造成极大的损耗。确实，名声和财富对于一个人来说可以算是"福"，但为此而失去的身体、健康就同样是一种"祸"了，所以老子在之后也说："故知足不辱，知止不殆，可以长久。"这也便是我们对待福祸的心态，懂得知足，懂得适可而止，这样方可以长久。而这样的心态又可以如"上善若水，水善利万物而不争"（第八章）一般，有一种不争的心态，而同时又以"居善地，心善渊，与善仁，言善信，正善治，事善能，动善时"七善来要求自己，不断修行。或许，这一条路并不平坦，甚至，满是坎坷，满是所谓的"祸"，但当你让自己不断向那个境界前进，看到新的东西，这也未尝不是一种"福"呢？

福祸相依的意义便在于我们需要以一种处变不惊的心态来对待这些福祸，不以物喜，不以己悲。

综上所言，福祸相依，大概就是这么一种智慧吧。它可以让我们所遇到的好的，坏的东西相互转化，它存在于我们生活的方方面面。而在我们遇到生活中的一些好事坏事，福泽祸患时，我们可以保持一颗处变不惊，平和待物的心态。我想，这应该就是我们该从老子《道德经》中学到的有关福祸相依的道理了。

（林炜　谢清果）

荣辱的意境

　　如何对待"荣辱"向来是我们常面临的问题，老子在《道德经》中阐述了其对"荣辱"的看法和思想，运用"宠辱若惊"的方法，引导我们看淡世俗的荣耀与耻辱，做到心中释然，在人生中做到宠辱若惊，方能在追求自身价值的实现上，取得成功。

　　以王弼本《道德经》为例，在第十三章中老子就如何对待荣辱，提出了自己的哲学观念：

　　宠辱若惊，贵大患若身。何谓宠辱若惊？宠，为下得之若惊，失之若惊，是谓宠辱若惊。何谓贵大患若身？吾所以有大患者，为吾有身，及吾无身，吾有何患！故贵以身为天下，若可寄天下；爱以身为天下，若可托天下。

　　用现在的话来说，老子认为：受到宠爱和受到侮辱都好像受到惊恐，把荣辱这样的大患看得与自身生命一样珍贵。什么叫作宠辱若惊呢？得宠是卑下的，得到它时很惊恐，失去它时也很惊恐，这就叫作宠辱若惊。什么叫作贵大患若身呢？人们之所以有祸患，是因为人们有身体；如果人们没有身体，又会有什么祸患呢？所以，以贵（重视）身的态度去治理天下，才可以把天下寄托给他；以爱（爱惜）身的态度去治理天下，才可以把天下托付给他。

　　这一章中，谈论的问题便是如何看待人生中的荣辱得失。首先，老子对"何谓宠辱若惊"提出了具有哲理的阐述——"宠为下，得之若惊，失之若惊，是谓宠辱若惊。"老子说，得宠是低下的。这句话怎么理解呢？从"宠"和"得宠"双方的地位上思考，我们可以体会到，得宠是一种被动的关系，所谓"宠"，是一种地位在上者对下的青睐和欣赏；而反过来，地位在下者对上，则不能称为"宠"。所以说到底，导致宠爱是低下的原因在于，关系双方地位的不平等，由此可知，荣辱皆不由己。

《菜根谭》中："宠辱不惊，闲看庭前花开花落；去留无意，漫随天外云卷云舒。"这句话可谓精辟地总结了老子对荣辱的哲学思想。老子所说的"宠辱若惊"，实际上是在告诫我们要看淡世俗荣耀和耻辱，从而"宠辱不惊"，直至忘我。

我们知道，荣辱皆不由己；无论受到何种荣耀和耻辱，都是外界给的标签，抑或是外界的态度，于本身而言没有任何意义，而对我们来说，最重要的不是外界聒噪的纷扰，而是自身所具有的真实价值的高低。一个人最高的满足不是从外界获得的，而是来自自己的内心。我们可以从《庄子·逍遥游》中看到：

故夫知效一官，行比一乡，德合一君，而征一国者，其自视也，亦若此矣。而宋荣子犹然笑之。且举世誉之而不加劝，举世非之而不加沮，定乎内外之分，辩乎荣辱之境，斯已矣。

对宋荣子而言，即使世人都称赞他，他也不会因此而更加奋勉；即使世人都责备他，他也不会因此而更加沮丧。他能确定内在自我与外在事物的分际，辨别荣耀与耻辱的界限。宋荣子的故事揭示了"荣辱"与"内在"的联系——对于自身的内在而言，没有什么"荣辱"是值得一提的，因为"至人无己，神人无功，圣人无名"。达到了自我实现的人，会更少地关注物质财富或者是地位，即无所谓荣辱，更可能去寻找自身内在的自在。

大家都很熟悉楚汉之争中项羽与刘邦的故事，而故事中的主人公项羽备受人们的讨论。项羽是项燕的孙子，楚国的贵族，项羽从小就才能出众，是力能扛鼎气压万夫的一代英雄豪杰。大泽乡起义不久，项羽在会稽郡斩杀郡守后举兵反秦；巨鹿之战后，以勇猛姿态率军入关中，以五诸侯灭暴秦，威震海内。秦灭后自立为西楚霸王，册封十八路诸侯。司马迁曾对这样一位武勇出众的军事天才评价道："大政皆由羽出，号称西楚霸王，权同皇帝。位虽不终，近古以来未尝有也。"他的出现，为中国的历史掀起了一场风云。

然而就是这样一位霸王，最终在楚汉战争中为汉王刘邦所败，在乌江自刎而死。项羽的失败，令人为之叹息，深究其失败的根本原因，就是太看重荣辱，讲面子流于形式，有雄才却目光狭隘。项羽曾说："富贵不还乡，如衣锦夜行。"就是说，富贵如果不还乡，就像穿着漂亮的衣服在夜里行走，毫无意义。由此可见，项羽一味地追求荣誉，只是想在世人面前炫耀，虚荣成嗜。垓下之战失败，乌江亭长劝项羽东渡，东山再起，项羽却以"无颜见江东父老"为由拒绝，在乌江自刎而死。看重面子到如此地步，是因为把自我看得太重；过分看重荣辱，在荣耀面前狂妄自大，在耻辱面前悲观绝望，这样的人很难持续地取得成功。倘若项羽懂得"宠辱不惊"的人生哲理，看淡荣辱，着眼于自身价值的实现，或许结果将截然不同。

综上可得，《道德经》中蕴含着绝妙的人生智慧，引导着我们以更加平和与巧妙的方法实现自我。其实，世事变幻无常，无论财富、权势，乃至生命都是如此，更何况在漂浮人生中的荣辱呢？假如我们以超越一切物相的眼光来看待世界，万物皆为一瞬，又何必沉溺于荣辱之中。一个人若能洞察出物质世界的虚伪变幻，又能认清精神世界的永恒价值，人世间又有什么困顿枷锁。

（宋亦婷　谢清果）

成败之相因

今人把"成败"当作一组对立的概念，但在《道德经》中"成"与"败"各有深意，鲜有并举，仅在第六十四章同时出现"民之从事，常于几成而败之"。老子所言的"败"蕴含着对复杂系统的敬畏心，所言的"成"蕴含着对功绩的不自居的态度、行为与结果之间的联系以及对道的体察。

以王弼本《道德经》为底本，本文从形而下的角度着手，解释《老子》书中"成败"这一对概念。《道德经》中"成"字共出现了 18 次，其中出现 2 次的有第二章、第三十四章、第四十一章，其余 12 次分别在第七、九、十五、十七、二十五、四十五、四十七、五十一、六十三、六十四、六十七、七十七章各出现一次。"败"字出现了 5 次，其中 1 次出现在第二十九章，其余 4 次集中出现在第六十四章。

从老子的原意来看，必定不是印刷几万册发到人们手里让大家修道修德。从文本中也可以很清晰地看到这一点，如"为学日益，为道日损，损之又损，以至于无为，无为而无不为。取天下常以无事，及其有事，不足以取天下。"（第四十八章），"无为"是老子思想的核心，而无为的最终目标是"取天下"。由此可见，他的目标读者是当时的统治者，《道德经》的核心旨趣是"君人南面之术"。但《道德经》成书早于百家争鸣，面临的学术辩论的压力并不很大，所以许多道理可以谈得比较抽象，这也给后人留下了广阔的解释空间。相比于尼采说老子的思想"像一个不枯竭的井泉，满载宝藏，放下汲桶，唾手可得"，老子的智慧更好比一座水库，任何人有需要都可以挖一条水渠，将其中之水引导自家的田地。所以，作为"小人"的我们仍然可以从"君子之书"中获取一些智慧和启示。

对于《道德经》中"成"与"败"的概念，今人似乎涉足甚少。关于"败"的研究专论，谢清果教授有一篇《老子的失败观》，下文会有引述。而对"成"的研究大多只是限于如何走向成功，如"老子思想强调的'道'与'无'对青少年的成才成长有重要的借鉴价值，这种借鉴价值主要体现在目标制定、行为习惯、工作态度三个方面。理解老子思想中的自知、坚持、厚德、贵柔、博学、守静等智慧，是走向成功的根本所在"①，"老子所著《道德经》是我国历史上首部完整的哲学著作，老子思想对现代大学生仍富有借鉴意义和时代价值。本文运用老子思想，主要从四个方面来阐述大学生的成功之道"②。

当代的有关著作中，也没有对"成""败"的专门研究，任继愈先生在《老子绎读》中专设"索引"一章③，分为"重要名词索引"和"内容分类索引"，均未见有"成""败"出现。陈鼓应先生在《老子今译今注》④中涉及"成""败"均只做翻译，未有深入探讨，也未为其专设注释。古人也未见有重点单独论述"成""败"的。例如对"为者败之"（第二十九章）的解释，"为之则伤自然，执之则乖变通"⑤，"不可为者，言不可用干戈而取之也。若以此为之者，必败也，以此纵有暂得而执之者，亦旋而失之也"⑥，"物有常性而造为之，故必败也"⑦。

谢清果教授的《老子的失败观》⑧一文中有关于"无为"与"无败"论述："像'天下'这样'神器'（指帝位，最高的权势）不是可以靠阴谋诡计而获得的。天下是天下人的天下，天下不可掠取，但天下可以归附"，故"只有保有'天下神器，不可为也'的敬畏心态，才有可能使自己立于不败之地"，还深入剖析了对"败"的态度。在此基础上，笔者在"败"的部分中更进一步地说明作为预判的"败"、为什么要对天下神器保有敬畏心以及"败"在当代日常中的表现。

一、老子论"败"

老子所言的"败"，是基于"天下神器"的复杂性和人本身的局限性，对"有为"下的判断。认为面对复杂系统时轻易地"有为"，结局将会是"败"。这种对复杂系统的敬畏心和人对此应有的谦卑态度，不仅适用于治理国家这样的大事，同样适用于处理人际关系这样的小事。

① 马琳：《浅释〈老子〉中的成功之道》，《内江师范学院学报》，2008年第7期，第12—15页。
② 郑仕玲：《老子思想与现代大学生成功之路》，《文教资料》，2011年第19期，第185—187页。
③ 任继愈：《老子绎读》，国家图书馆出版社，2015年，第118—204页。
④ 陈鼓应：《老子今译今注》，商务印书馆，2016年。
⑤ 司马光：《道德真经论》第二十九章，《老子集成》第二册，第546页。
⑥ 王真：《道德经论兵要义注》第二十九章，《老子集成》第一册，第570页。
⑦ 李霖：《道德真经取善集》第二十九章，《老子集成》第四册，第156页。
⑧ 谢清果：《老子的失败观》，老子道学传播与研究。

（一）"败"来源于事物的复杂性

20 世纪以来大量的科学发现已经一再表明，不确定性和确定性一样，都是客观存在。① 复杂性科学（science of complexity）是一种新兴的边缘、交叉学科。复杂性科学的出现极大地促进了科学的纵深发展。使人类对客观事物的认识由线性上升到非线性、由简单均衡上升到非均衡、由简单还原论上升到复杂整体论。② 它不是立足于分析而是立足于综合，它不是如形而上学思维那样把分析与综合分为截然不同的两个阶段的单向性思维，而是把综合与分析通过反馈耦合形成双向性思维。传统的思维方式是先分析后综合，先考察各部分的性质和规律，然后综合描述整体性质。这对于内部联系不紧密、相互作用较弱、局部行为与整体行为相差不大的事物是基本适用的。但对于多因素、复杂性系统，必须运用系统思维，在综合的指导下进行分析，使每一次分析的结果反馈到综合之中，分析和综合彼此渗透，从系统各要素的相互作用、反馈机制和自我调节功能上考察事物的相互联系，从而把握事物的整体功能。③

《道德经》第二十九章有言"将欲取天下而为之，吾见其不得已。天下神器，不可为也。为者败之，执者失之。故物或行或随，或歔或吹，或强或羸，或挫或隳。是以圣人去甚，去奢，去泰"，其中"故物或行或随，或歔或吹，或强或羸，或挫或隳"即已经认识到"天下神器"具有高度的复杂性。陈、李、任、傅等学者对"败"的解释相似，皆做"失败"解。"天下神器"依陈、李等大家的意见，大约是"天下人"或"天下万物"的意思。对这样一个复杂系统不是我们用单纯的因果关系和线性思维能应付的。德国心理学家迪特里希·德尔纳在《失败的逻辑》一书中指出，在未了解一个复杂系统的所有连锁因素之前就采取行动，即使我们怀着善良的意愿，也难免铸成大错。"天下神器"就是一个极其复杂的系统，即使在科学昌明的今天，我们仍然不能完全做到"事与愿符"。最典型的就是在经济领域。如出于保护穷人福利的最低工资法却使得穷人的处境变得更糟了；1964年旧金山地震加大火导致一半建筑物被毁，当局出于公平考虑的房租管制却加剧了不公平；出于保护女性权益的同工同酬制度却减少了女性就业的机会……类似的例子不胜枚举。正是认识到了"天下神器"的复杂性，老子认为"为"的结局就是"败"，所以给出的方案是"去甚，去奢，去泰"。陈等大家对此意见也较一

---

① 方美琪：《社会经济系统的复杂性——概念、根源及对策》，《首都师范大学学报》（社会科学版），2003 年第 1 期，第 101—105 页。

② 宋学锋：《复杂性、复杂系统与复杂性科学》，《中国科学基金》，2003 年第 5 期，第 8—15 页。

③ 魏宏森：《复杂性研究与系统思维方式》，《系统辩证学学报》，2003 年第 1 期，第 7—12 页。

致，即"去掉极端的、奢侈的、过度的措施和行为"①；河上公解作"甚谓贪淫声色，奢谓服饰饮食，泰谓宫室台榭"。这些都是要不得的，也就是要"无为"。宋学锋还总结了复杂系统具有初值敏感性，即所谓的"蝴蝶效应"或积累效，是指在混沌系统的运动过程中，如果起始状态稍微有一点改变，那么随着系统的演化，这种变化就会被迅速积累和放大，最终导致系统行为发生巨大的变化。②"上有所好，下必甚焉"，统治者的言行举止都是下层的向往的榜样，一旦统治者"甚、奢、泰"，可预测的后果就是朝野风气堕落，更何况经过复杂系统酝酿后的不可预测的后果。复杂性必须用复杂性的方法来研究。③对于已经研究清楚的领域，当然可以放手施为，但对于未探明的领域，老子主张"是以圣人无为，故无败"（第六十四章）。无为就是让复杂系统自然运行，尽量不去干涉，以免引起难以预料的后果。

（二）无为不败：对复杂系统抱有敬畏心

老子虽言"败"，却也紧紧围绕着"无为"这一主题，有着深刻的内涵，不仅仅是表面上"失败"的意思。老子是在用"败"来告诫统治者不要胡乱作为，面对复杂的"天下神器"要保持充分的敬畏心和谦卑的态度，有意识地让自己"处下"，而不是认为大权在握便可以为所欲为，否则不仅身败名裂，更会连累天下苍生。所以从统治者角度来讲，先要做到"自知"，明白自己所处的时代环境和扮演的角色，进而明确"无为"的限度，如此才能避免落入"败"的局面。

不败并不等同于赢，最终无论输赢都只是过程的副产品，而不是追求的目标，真正要做的就是尊重复杂系统发展需求，不去扰乱系统的自然发展，即"辅万物之自然而不敢为"，结果才会是自然而然的。"天地之间，其犹橐籥乎？虚而不屈，动而愈出。多言数穷，不如守中。"（第五章）老子认为复杂系统有自己的一套运行法则，看起来空空荡荡，却有无穷的可能，故统治者要做的就是"守中"。任继愈认为"中"与"冲"相通，"冲"即虚。"守中"即"守住虚静的原则"④，也就是无为的意思。

（三）焦虑："败"在当代的表现

今天阅读《老子》的我们，想要从中借鉴智慧的话，就要认识到老子所说的具有深刻意义的"败"，并且把它和"无为"放在一起看。

① 陈鼓应：《老子今译今注》，商务印书馆，2016年，第191页。
② 宋学锋：《复杂性、复杂系统与复杂性科学》，《中国科学基金》，2003年第5期，第8—15页。
③ 苗东升：《论复杂性》，《自然辩证法通讯》，2000年第6期，第87—92页。
④ 任继愈：《细说老子》，上海三联书店，2009年，第30页。

首先是规范自己的言行，正如蒲松龄在《辛十四娘》中所说："轻薄之态，施之君子则丧吾德，施之小人则杀吾身。"人际交往中，我们的一言一行都可以看作是对复杂系统的输入，产生的后果常常是难以预料的。不仅因为人与人之间文化背景和价值观等的不一致会导致误会，说者无心听者有意，也许无意间的一句话就可能伤了人，或是让别人记恨上。所以不要有太频繁的动作，而是要"慎终如始"，这样才能避免"几成而败之"（六十四章）。具体来说就是要在与人交往时始终注意距离感，即使关系很近了也要保持得体的仪态，换言之就是要有分寸，否则很难保持稳定持久的关系。适度的距离感可以给自己和地方都留足余地，即使有了矛盾冲突也不至于伤了面子。当然，始终保持距离感是一件体现修养的事情，要"为无为"，不是一朝一夕就能修炼到家的。这也再次体现了老子的思想，"为"是容易的，"无为"才是难的。

其次是要对复杂系统输出的结果保持冷静审慎的态度和充足敬畏心，不轻易起情绪，下判断。信息化的当今社会，复杂程度比之老子时代不知翻了多少倍，就像一张巨大的网，每一个节点都在与周围的点互动。每一个现象都不知有多少个输入源、经过多少次加工，使人认清真相的难度越来越大，甚至变得不可能。更何况有些事情就是纯粹的概率，没有什么原因，就是随机性在起作用。但人心是需要确定性的，必须给现象找个原因，必须给事件找个解释。当社会上某些现象原因不明或解释不清时，焦虑就由此产生。

焦虑的表现之一就是迷信。而所谓迷信通常的解释就是在没有道理的地方寻找道理，在没有意义的地方找到意义，在没有规律的地方发现规律，在没有因果的地方强加因果，这轻则可能引发一些看起来很荒诞的行为。焦虑的更严重的后果是寻找替罪羊，这会造成社会资源的浪费和错配，甚至酿成许多悲剧。比如把网络和游戏说成是电子海洛因，激发了大众的潜在焦虑，一些所谓的戒除网瘾的诊所由此滋生，有些家长不惜把强迫孩子去参加治疗。这是一种典型的引发了家长群体焦虑而做出的不理智，也不负责的事。但网络和游戏只是教育缺位的替罪羊，孩子沉迷网络游戏时，父母应当查查家庭和学校是否有教育问题，而不是迫不及待地如同驱邪一般地把孩子送去治疗来解决。

二、老子论"成"

今人往往"成""败"并举，而老子所说的"成"很少是与"败"对应的，另有一套用法，与前述的和复杂性相联系的"败"的关系不大。《道德经》中的"成"按用法大致可以分为三种：一、形容取得成就后的状态（第二、九、十七、三十四、七十七章）；二、指出行为和结果之间的通路或行为导向的结果（第七、十

五、三十四、四十七、六十三、六十四、六十七章）；三、描述客观事物或现象（第二十五、四十一、四十五、五十一章）。

（一）形容取得成就后状态的"成"

老子这种用法的"成"的上下文明确表达对取得的成就的态度：不居功。"功成而弗居"（第二章）、"功成身退"（第九章）、"功成事遂，百姓皆谓我自然"（第十七章）、"功成而不处"（第七十七章）。这都指出了成就功业后要及时抽身，不矜名，不为功绩所累。陈鼓应认为，老子理想中的政治情境是：一、统治者具有诚朴信实的素养。二、政府只是服务人民的工具。三、政治权力丝毫不得逼临于人民身上。①

老子主张的"不居功"的态度在第七十七章有最全面而深刻的表述。第七十七章对比天道与人道，天道重平衡重和谐"天之道，其犹张弓与！高者抑之，下者举之；有余者损之，不足者补之"，又言人道之不公，"损不足以奉有余"。这破坏了整体的平衡与和谐，有道者应向天道看齐，要"损有余而补不足"。有道的统治者应注重整体的平衡与和谐，而不是狭隘地只盯着自己的"余"。先不认为自己应当"有余"，所以能够损自己之有余而补他人之不足，抑或进行财富再分配。要说明的是，老子这里并不是说要均贫富。人的才能、努力、境遇各不相同，对社会做出的贡献也不同，得到的回报也不应当相同，也就是说"有余"和"不足"是就个人的付出与回报而言的，而用于不是人与人之间相比绝对标准。例如，同样是月收入十万元，在某些高级技术人才身上可能就属于"不足"，不能与其贡献相对等；而在一名普通公务员身上可能就属于"有余"，纪检部门有理由调查其是否腐败。这里并不是说职业的贵贱，职业之间是平等的，但不可否认收入有高低。贡献大的自然应该多得，财富一定程度上的不平均对社会是有益的。老子反对的是"损不足以奉有余"，即有余者的富贵是通过损害他人利益巧取豪夺来的，这当然要制止。老子强调的是整体的平衡与和谐，人们能得到与之付出相对等的回报当然是和谐的必要条件。允许适度的不平均才能带来平衡与和谐，绝对的平均只会带来灾难，正反映了"反者道之用"的道理。

（二）指出行为和结果之间的通路或行为导向的结果的"成"

老子在这类"成"中指出，达成目标的通路往往是把自己置于目标的反面，刻意追求反而得不到。如"以其终不自为大，故能成其大。"（第三十四章）和"民

---

① 陈鼓应：《老子今译今注》，商务印书馆，2016年，第143页。

之从事，常于几成而败之"（第六十四章），没有认为自己伟大的预判和执着，把自己摆在谦卑的地位，所以不会总想着做大事而放不下身段去做小事做易事，在过程中自然无为，如治未病。把该办的事情办好了，对不该办的事情没有多余的动作，不因为事情快办成了而放松警惕，始终保持谨慎，因此能成就大事。也就是始终要能够清晰地认识自己，不被所处的环境定义自己的意义，不被事情的进展干扰自己的心境。

又如"不敢为天下先，故能成器长。"（第六十七章）李零认为此章是论兵，在讲用兵之道。"器"依傅佩荣解，是"众人"之意。只有保有"慈、俭、不敢为天下先"三宝，而勇、广、成器长是三宝的表现。"学我者生，似我者死"，如果不以三宝为根基而只是学学表面功夫，舍本逐末，那老子说得明确，即"死矣"。

还有"非以其无私邪？故能成其私"（第七章）、"保此道者不欲盈，夫唯不盈，故能蔽不新成"（第十五章）、"是以圣人不行而知，不见而名，不为而成。"（第四十七章）这些章句所表达的意思也都相近，就是倡导要统治者不居成就功业之名，清静无为。

（三）描述客观事物或现象的"成"

全篇18处"成"中最特殊的在第二十五章，总括地描述道的状态——"有物混成"。道的混成表现在多个方面：道与"故有无相生，难易相成，长短相较（第二章）"不一样，道"独立而不改"，没有也不需要与之相对应的东西。道本身就是圆满自足的、无声无形的，而且自有一套运行规则，不受他物干扰，包括时间和空间。因为既然独立而不改，那么也就是永恒的，没有过去、现在、未来，时间对道而言没有意义。老子还说道"周行而不殆"，循环运行不停息，既然是运行，那就要有运行的空间，但道又不受限于空间。道广大无边，向远处延伸，远到极致超出了空间的范围，但又不能消失，于是返回到本源。如果说空间是无穷大，那道就是量级更高的无穷大，时间空间所有的一切都在道的包裹浸润之中，而所有一切既都在道之中，又都有含有道，即庄子所说的"道在屎溺"。道的所作所为都是没有目的、没有指向的，也就是"道法自然"，一切都是自然而然，既不会多做一分，也不会少做一分。

陈鼓应、傅佩荣、任继愈等对此章的见解主要在于阐述和深挖道的状态，我进一步认为，老子对道的状态的认识是"无为"主张的基础和出处，甚至是老子哲学大厦的根基。老子师法天地，本质上就是体悟道，并且向道学习，于是提出无为而治的政治主张。因为世间最高级的就是道，天地万物由道而生，自当遵循道，统治者要搞好政治也就应当向道学习。要学习当然要先弄清楚道是什么样的，也就是体察道的状态。老子经过自己的感悟，总结了道的特性：自然，也就是没有目的更不会刻意用什么手段。统治者要做到的"无为"也就是"自然"的一种表现。"域中有四大，而王居其一焉"（第二十五章）（参考本多作"人亦大"，但在当时的语境下，人也是对统治阶级的称呼，本质上差别不大）把王与天、地、道并举，而不与其他猪狗牛羊之类的生物等并举，原因正是在于"王"能主动体察道、主动向道学习并且有能力将学到的落到实处，而不像其他动物对道只是日用而不知。此外，更是有针对性地提醒当时乱世中的统治者：他们虽然权倾天下，但也只是四大之一，需怀谦卑之心向天、地、道学习，不可肆意妄为。

由此可见，老子的智慧在当代仍然熠熠生辉，对为人处世的方式有重要的参考价值，值得用心学习。心中有老子，认真体察生活，处处都能发现老子的智慧。

（江财湘　谢清果）

"贵""贱"的价值

《道德经》中所体现的价值观至今仍对我们有重要的启示。无论是贵道、贵德，还是贵身，对当下的社会都有着重要的影响。

《道德经》是中华元典，短短五千余言，所涉及的范围却十分广泛。读《道德经》，能够学到的知识是多元的，不管是人生观、世界观、价值观，还是处世哲学、治国方略都能在学《道德经》、读《道德经》的过程中得到提升。而笔者从"贵""贱"出发，以窥《道德经》中体现的价值观。

以王弼本为例，"贵"字在《道德经》中一共出现了 22 处，其中大多数可以解释为"以……为贵"，而"贱"在书中则只出现了 3 处，第三十九章的"……以贱为本"（2 次），第五十六章的"不可得而贱"（1 次），这三处的"贱"都直译为低贱。虽然"贵"出现的次数不多，"贱"出现的次数更少，但是从这些地方还是可以粗略地看出一些老子所持有的价值观。

一、贵道

老子说自己愚笨但是"独异于人，而贵食母"，"母"是道的比喻，"食母"就是养育万物的道，老子说自己唯独与他人不同的，最关键的就是"贵食母"，也就是以道为贵，亲近于道。在第六十二章中，"古之所以贵此道者何？不曰以求得，有罪以免邪？故为天下贵。"说的天下人都应以道为贵，因为求道庇护会得到保护，犯了罪过也能得到道的宽恕。

二、贵德

在道之后的，便是所谓的"德"，它的重要性在老子看来也是非常突出的，在第五十一章中，"道生之，德畜之，物形之，势成之。是以万物莫不尊道而贵德。道之尊，德之贵，夫莫之命而常自然。"说到万物生于道，育于德，而且不被道和德所干涉，所以万物都应当遵道贵德。

三、贵身

在"道""德"之后，还有一些事物被老子认为比较重要，其中之一便是"身"，也就是自己的身体，老子说"域中有四大，而王（人）居其一焉。"（第二十五章）在老子看来，人的地位几乎可比肩与"道""天""地"，所以人的身体也是十分重要的。在第十三章中，老子谈到"贵大患若身"和"贵以身为天下"，就是说的是人身体的重要性，希望世人可以把"宠辱"这样的大患看的和身体一样重要，还说到若能把治理天下看的和身体一样重要，就可以把天下交到这样的人的手中，足可见老子对身体的重视程度。但是现如今很多人，尤其是以年轻人为首的人群，常常把身体放在许多事物的后面，他们总是在透支自己的身体来熬夜，来拼搏。老子虽说讲究清静无为，但是他并不是反对努力，但是努力不能以损伤自己的身体为前提条件，这样以老子的观点来看的话未免有些损大得小，得不偿失，也不符合天道的损有余补不足的特点。所以我们应当在保全自己身体的条件下来努力地拼搏。

四、玄同

老子还认为"玄同"也是比较重要的。第五十六章中"知者不言，言者不知。塞其兑，闭其门，挫其锐；解其分，和其光，同其尘，是谓玄同。故不可得而亲，不可得而疏；不可得而利，不可得而害；不可得而贵，不可得而贱，故为天下贵。"谈的就是玄同的重要性。这里的"玄同"与第一章中的"有""无"所构成的"玄同"是不相同的，此处的玄同指的是处世近物的原则，说的是一种和谐的处世原则，它的重要性也是"为天下贵"。

五、不贵难得之货

老子崇尚"不贵难得之货"，在第六十四章中说到"是以圣人欲不欲，不贵难得之货，学不学，复众人之所过，以辅万物之自然而不敢为"。老子希望大家不贵难得之货，这其实说的人的思想境界，对这些所谓的"难得之货"的认知，无论世界上最贵的宝石标价几何，若是你的内心不以之为贵，那么那块宝石对你的价值又和路边被人不屑一顾的石头又有何区别呢？由此可见，老子的观点与供求关系的经济学理论并不相悖，而应该说它们是从不同的角度解释世界万物的价值。

六、价值的相对性

老子认为事物的价值也是相对的，在第三十九章中，"故贵以贱为本，高以下为基。是以候王自称孤、寡、不谷。此非以贱为本邪"说的就是贵的基础是贱，它们是相辅相成的，没有绝对的贵，更没有绝对的贱，就像第二章的"故有无相生，难易相成，长短相较，高下相倾，音声相和，前后相随"说的就是它们的相对性。

综上所述，虽然《老子》成书甚早，但是书中所体现的对世间万物的价值认知，也就是老子的价值观对现今的我们依然有非常巨大的借鉴意义，我们可以以此为激励，在物欲横流的世界中保持自我的清醒，用合适的眼光看待世界，用合适的方法改造世界。

（张奇彬 谢清果）

"愚""智"分野

　　老子《道德经》一书充满了朴素的辩证法思想，其中"愚"与"智"的关系历来为人津津乐道。笔者从《道德经》原文出发，梳理关于"愚""智"及二者关系的章节，并结合历代文人墨客的阐释，进行了系统性的总结。笔者主要以老子对"愚""智"态度为切入点，再思考"愚""智"问题在当今生活中发挥的作用。

　　老子著《道德经》五千言，言有尽而意无穷，其中蕴含的深刻哲理，使古往今来一批批文化学者投入到《道德经》的研读之中。然而，《道德经》言："绝圣弃智"（第十九章）。文人学者对《道德经》的解读恰恰是追求"智"的行为，这是否与老子"弃智"本意不符；倘若文人学者不去追求"智"，其中一个重要方面便是不去学习知识，那么《道德经》根本不会流传下来，其中的"绝圣弃智"思想自然也不会为人所知。本文试从"愚、智"二者之间的矛盾出发来阐发《道德经》的微言大义。

　　据王弼本《道德经》，"愚"字共出现 3 次，"智"字共出现 8 次。虽然出现次数并非很多，但是"愚、智"思想是老子阐述政治思想的重要载体，也就是老子政治思想的重要方面。

　　许慎《说文解字》中对"愚"的解释为："从心、从禺。禺，猴属，兽之愚者。"所以，"愚"这个字的理解便是人的心类似于禺，便是愚笨。而老子却反其道而行之，用"愚"字阐释"道"的高深境界。对于"智"字，通常的解释是：聪明，见识。在《道德经》一书中，"智"字作为"愚"的反面变成了一个贬义词，所谓"智慧出，有大伪"（第十八章）是也。但《道德经》一书也绝非全然否定"智"、肯定"愚"。本文将对"愚""智"思想进行系统整理阐述，一窥老子的大智慧。

一、老子具有"愚民"思想吗

　　"古之善为道者，非以明民，将以愚之。"（第六十五章）对于这句话的通俗理解是：古代善于用道治理国家的人，不是为了使人民明智巧诈，而是要让人民愚悫质朴。[1] 其中的"愚"字，前人已有比较接近老子原意的解释。例如黄友敬、许道恒在书中这样解释："'愚'为老子的专用名词，是善为道者修炼大成，返朴归真，心灵没有疵垢，虽然'明白四达'（第十章）而若愚的大道至高境界。"[2] 谢清果在其著述中也引用了黄友敬在《老子传真》里的解释："修道有很高成就的人所具有的大道真善美境界，是返璞归真、同化于道的人生境界。"[3] 二者解释大同小异，能够清楚看到，"愚"绝非是愚笨之意，反而成为褒义词，代表了"一种淳朴、真质的状态"[4]，而且"老子自己以'愚人'为最高修养的生活境界"[5]。

尽管将"愚"字解释再怎么美化，不可否认老子的思想还是具有一定的"愚民"倾向。虽然不是将社会上的每个人都变傻，但是"愚民主义是有悖于自然和社会发展规律的，是不利于社会发展和人类进步的，也是不符合社会现实并难以实际推行的"[6]。这在历史上是有明确的史实记录的，历朝采用黄老之学，更多的是用其"无为而治"的思想，"积极无为"。西汉初年便是如此。但绝对没有哪个朝代采用"愚民"之法，国家没有可用之才，都是"愚民"，就算达到了老子"大道真善美"的境界，国家也不会发展进步的。"愚民"无论在现代还是古代都是不可取的。

再看其他提到"愚"的《道德经》原文。第二十章："我愚人之心也哉！"先摘录几则现代译文："真的是我比他们愚陋吗？"[7]"我真是愚蠢笨人的心肠啊"[8]"我剩下的只有一颗'愚人'的心"[9]。统览全章，老子将自己与他人对比，得出自己是"愚人"的结论。但在此章中，"愚"依旧是一个褒义词，"愚"依旧是淳厚质朴的人生境界，在此不赘述。

"愚"在全书中唯一一次作为贬义词出现，是在第三十八章"前识者，道之华而愚之始"。"愚"在此应理解为原意"愚蠢""愚陋"。可是老子将"愚"作为自己的独特语码加以利用，老子心中的"愚"已经偏向为褒义词，至少也是中性词。可见，老子虽然存在着一定的"愚民"倾向，但是老子本意是针对当时的诸侯争霸乱世的现象，希望人们返朴归真，社会重归和平统一。针对当时的现象提出"愚

---

① 张国春：《智慧的维度——〈道德经〉品悟》，人民出版社，2014 年，第 407 页。
② 黄友敬、许道恒：《老子》，海风出版社，2011 年。
③ 谢清果：《道德真经精义》，宗教文化出版社，2015 年，第 158 页。
④ 周德高：《轻叩众妙之门》，民主与建设出版社，2008 年，第 18 页。
⑤ 周德高：《轻叩众妙之门》，民主与建设出版社，2008 年，第 123 页。
⑥ 张国春：《智慧的维度》，人民出版社，第 407 页。
⑦ 陈仙月：《道德经译注》，宗教文化出版社，2013 年，第 44 页。
⑧ 李安纲：《玄参道德经》，中国社会出版社，2005 年，第 81 页。
⑨ 周德高：《轻叩众妙之门》，民主与建设出版社，2008 年，第 103 页。

民"倾向的思想，无可厚非。关于"愚"字，在《道德真经精义》中，谢清果对此有比较独特的见解，认为"愚"是"涵养人生至高的道德境界""提升人生智慧的指导思想""成就自我的高效方法"①，但这里的"愚"非"愚蠢"之意。

二、老子摒弃智慧吗

"智"字在《道德经》虽然只出现了 8 次，但是"知"字却出现了 54 次。在《道德经》较早版本中，"知"与"智"通用。如此算来，"智"字出现过 62 次。"知"与"智"字同源，后世版本中，"知""智"分化，主要是后世学者根据二者意义区别，加以区分。因此，"知"字本文暂不讨论。

老子关于"智"最为经典的一句话就是："绝圣弃智。"所谓"圣"，聪明也；所谓"智"，智慧也。断绝聪明，摒弃智慧，然后"民利百倍"。与上文的"愚民倾向"思想一脉相承。"无知"，从哲学角度来谈，回到了"无"的概念，老子眼中的"无"是世界的本源和本质，万物皆来自"无"，所谓"有无相生"是也。"无知"便是使人们回到最原初的本质状态，也就是"见素抱朴"。而从社会现实角度，老子认为正是"智"的增长，刺激了人们的欲望，于是出现了诸侯争霸的乱世。老子希望人们回到原初状态，摒弃智慧，"少私寡欲"，社会便会重归太平。

老子是反对一切"智"吗？也不尽然。且看其他关于"智"的描写："民之难治，以其智多。故以智治国，国之贼；不以智治国，国之福"（第六十五章），"常使民无知无欲，使夫智者不敢为也"（第三章），"智慧出，有大伪"（第十八章），"虽智大迷"（第二十七章），"知人者智，自知者明"（第三十三章）。"智"是使民众难以治理的罪魁祸首，用"智"治理国家反而不如"不以智治国"，等等。老子认为，"智"的存在使人们出生时的真诚质朴逐渐被虚伪的外衣蒙蔽，随着"智"的增加，人们离本源愈远，离老子所期望的"愚人"目标愈远，自然要"弃"。

但老子期望全社会没有"智"的存在，都是愚者一般的存在吗？这显然是曲解了老子的本意。何谓"智者"？狭义是指具有制作"难得之货"（即所谓新奇之物）技能的人，或者指有才智但很虚伪奸诈的人；其广义是指有才智的人，范应元释为"智巧之人"。有才智但是很虚伪奸诈，抑或是"虽智大迷"，自以为有小聪明其实大糊涂的人，才是老子真正反对的"智"。老子善于辩证法思想，从正反两方面思考问题。对于"智"而言，正用有利，反用有害。在老子看来，人们具有"智"的反作用是大于积极作用的，这也主要是受当时社会实政影响。因此希望"绝圣弃智"，以"无为"而治天下。

---

①　谢清果：《道德真经精义》，宗教文化出版社，2015 年，第 157—160 页。

三、智与愚的关系

用一个词语来概括一下二者的关系，便是"大智若愚"。

老子摒弃的"智"是小聪明、小智慧，小聪明终究反被聪明误，"机关算尽太聪明，反误了卿卿性命"，而对于真正的大智慧老子绝对是积极追求的。毕竟老子本身作为周朝的"守藏史"，拥有丰厚的学识，是真正的大智慧之人。孔子曾向老子学习"礼"的知识，老子智慧可见一斑。

而对于"愚"，老子也不是希望天下的人都成为一无所知的愚者。老子的"愚"，前文已经提到，是修炼大成后的返朴归真。真正有大智慧的人光而不耀，对于一件事有深刻的体悟却笑而不语，反而是看起来聪明实际上糊涂的人喜欢喋喋不休。老子希望天下百姓安分守己，不要有野心。

（王传辉　谢清果）

强弱之争

　　"强弱之争"是老子《道德经》一书的重要命题，其中的核心观点"柔弱胜刚强"更贯穿全文，是"大道无为"思想的一大论据。然而，从表面上看，"柔弱胜刚强"这一理论却似乎有悖常理，更兼有"以偏概全"之嫌。那么，老子究竟是基于怎样的考虑，来论证"强弱之辨"呢？古往今来，无数道学名家对它都有着自己的理解，前有王弼《老子注》从"明哲保身"的角度，强调"为人处世之理"；后有朱谦之在《老子校释》一书中借春雨"润物细无声"的例子，探索"治政之道"；而高明在《帛书老子校注》中提出"似弱实强"的观点，认为如此才能避免"盛极而衰"。有这么多道学大家珠玉在前，后人想要发表看法不免畏手畏脚。

　　在笔者来看，老子强弱观的重点在于对力量的使用方式。老子认为真正的强大在于"守雌"，在于润物细无声地施加力量，坚韧而长久。至于一味追求刚强，推崇强权与压制，反而会过刚易折，落入了下乘。简而言之，也就是"柔弱胜刚强"。

　　一、什么是"柔弱"

　　老子对"柔弱"的推崇是毋庸置疑的，纵观全书，柔、弱二字分别出现了 11 次与 10 次，其中更有 5 次作为"柔弱"合用，与"刚强"进行比较，而通过事例类比柔弱刚强的字句，更是多不胜数。那么，柔弱，究竟是什么呢？

　　《道德经》第七十六章有提到，"柔弱者生之徒"，意思是把把柔弱作为生命力的象征。"人之生也柔弱，其死也坚强；草木之生也柔脆，其死也枯槁"，无论是人还是草木，生命在活着的时候，总是灵动而弱小的，这种弱小，并非事物本身的弱小，而是强调弱小生物的适应力，体现在对强大外部环境的适应力上。一旦生机逝去，才会逐渐变得僵硬，不再能够适应环境，被世界所抛弃。可见，柔弱代表了生命的主观能动性，是人做出选择的能力体现，也是人生之所以精彩的关键。《天演论》里有这么一句话，"弱肉强食，适者生存"，虽然它过于强调争斗，与《道德经》"不争"的主旨相违背，但至少，在对"适应力"的强调上，二者也是一致的。适应力强，才更能持久，人之所以能够为万物之灵，不只是因为人所具备的智慧，更是因为人所具备的更强的环境适应能力。

二、为什么选择"柔弱"的处事方法

为什么哲学大家们都要强调"适应能力"的作用呢？以老子为例，《道德经》自始至终都在强调"道"这一天地运动规律的作用，世间万物是"道"的规制下，既对立又统一的发展变化，这种变化不以人的意志为转移，与"道"相对抗难以获得好的结果。《道德经》第九章讲"持而盈之，不如其已；揣而锐之，不可长保。金玉满堂，莫之能守；富贵而骄，自遗其咎。功遂身退，天之道"。好比事物总是盛极而衰，强大是难以保持的，事物发展到了极致就不得不转入下坡路，所谓"过刚易折"，就是这个道理。只有顺从"道"，适应万事万物的发展规律，不贪心、不争抢，才能够调整心态、保全己身，获得长久的发展。

三、"柔弱"不是软弱，而是担当

只有适应了"道"，才能更好地解决问题。《道德经》第七十八章有言，"天下莫柔弱于水，而攻坚强者莫之能胜，以其无以易之。弱之胜强，柔之胜刚，天下莫不知，莫能行。"天下没有人不知道，对待至强的方法就是一点一滴的蚕食它，但却没有人愿意选择柔弱的方法。为什么呢？我觉得答案在于"众人的非议"，柔弱的方法在不明智的人看来显得软弱，当大家都因为你的柔弱都看不起你时，坚守自己的"道"就显得越发艰难。但其实，对"道"的适应并不表示人的"屈服"，"柔弱"并非软弱，更是一种担当。"是以圣人云：受国之垢，是谓社稷主；受国不祥，是为天下王。"只有真正的强者才能俯下身子，不惧世人的非议，切身的承担世间的艰险。一味的"刚强"会粉身碎骨，一时的"柔弱"才能真正达成自己的目的。

四、"柔弱"之所以胜"刚强"

《道德经》第四章指出，"弱者道之用"，意思是世间规律的表现方式总是柔弱的。"天下之至柔，驰骋天下之至坚"，最柔弱的方法，可以驱使最强大的事物。顺应"柔弱"的人，不用直接的方法达成目的，而是启发、引导，促使事物自己走向其所期待的方向，从而自然而然地达成目的。而认可"刚强"的人，想要达成目的，就不得不推崇强权、压迫，从而激发人们的反抗，反而物极必反，难以

达成目的。因而"刚强"的剑，只有以"柔弱"的方法引向正确地使用，才能实现自己的价值。

这也是老子"守雌"的道理。刚强是"有为"的表现，与"道"相违背，注定不能成功。而柔弱却顺应规律，无为而治，合乎于道，自然而然的取得成功。《道德经》第二十八章认为，"知其雄，守其雌，为天下溪。为天下溪，常德不离，复归于婴儿"，"雄"是强大的体现，"雌"是适应的方法，只有强大的人遵从顺应天道的做法，不做违背规则的事情。这样才能得到众生的认可，成为"婴儿"。什么是婴儿呢？婴儿指的是"一种的无知无欲、与世无争的状态"，在这样的状态下，"毒虫不螫，猛兽不据，攫鸟不搏"（第五十五章）。人世间的各种灾祸都会远离它。可见，老子认为，只有强者遵从"柔弱"这样谦虚谨慎的人生态度，才能避免灾祸的到来，获得真正的长久。

五、"柔弱胜刚强"的本质在于"不争"

《道德经》第二十二章，"夫唯不争，故天下莫能与之争"。违背规则的人终将被规则厌弃，而顺应事物规律，不违背规则同他人争抢，自然而然地就会立于不败之地。但"不争"却也不代表"没有作为"，无所事事又怎能获得收获呢？"不争"的意义在于，在"维护社会的和谐，遵从人世的规则"的前提下施行自己的计划。这是一种"无为"的状态，事实上"遵从发展的规律"，促使事物都依照规则发展变化，而达到"无所不为"的作用。

"不争"在现代社会有着非比寻常的进步意义，老子将为了一己之私强取豪夺的行为看作破坏社会动荡的根源，"不争"则是维护社会和谐的关键。如果世人都能有柔弱不争的品格，在谋求自身发展，促进社会进步的同时，能够做到不争名夺利，争强好胜，那么人人都能获得内心的宁静，从而安居乐业。

综上所述，老子的强弱观不是单纯的讨论"强大与弱小"，而是更进一步，讨论力量的正确使用方法，从而维护大众的利益，也确保强者的长久生存。"柔弱胜刚强"的道理，本质上立足于百姓的利益诉求，希望社会能够保持和平安宁的和谐状态，这对缓和社会矛盾、构建和谐社会有着较强的指导意义。

（刘士畅 谢清果）

轻重的分量

　　老子《道德经》中关于轻重有很多描述，例如第二十六章"重为轻根，静为躁君，是以圣人终日行不离辎重。虽有荣观，燕处超然，奈何万乘之主，而以身轻天下？轻则失本，躁则失君"。这段话的意思是厚重是轻浮的根本，静定是躁动的主宰。因此君子终日行走，不离开装载行李的车辆，虽然有美食胜景吸引着他，却能安然处之。为什么大国的君主，还要轻率躁动以治天下呢？轻率就会失去根本，急躁就会丧失主导。

　　人法地，就是要效法大地的厚德载物，犹如草木只有把根深深扎入大地，从大地汲取营养才能茁壮成长。一个人如果头重脚轻怎么能走稳路？统治者也只有以百姓为重才能巩固其政权，故称"重为轻根"。

　　失去了大地的引力，万物就会漂浮到空中。失去了大地厚德的沉静，人就会失去根基偏离大道，以至于虚妄狂躁。只有沉静才能归其根复其命，从而主宰制止躁动，故称"静为躁君"。所以君子须臾不离大道之根，犹如大车稳稳重重，道德在身才能脚踏实地行走于社会，故称"君子终日行不离辎重"。

　　为什么有些拥有万乘之国的天子不以道莅天下？轻视民众会动摇国家的根基，违逆天道狂躁妄动还会失去天下，故称"轻则失根，躁则失君"。

　　大地厚重所以能养育并承载万物，犹如草木只有把根深深扎入大地，从大地汲取营养才能茁壮成长。一个人如果头重脚轻，怎么能走稳路？统治者只有以百姓为重才能巩固其政权，故称"重为轻根"。

　　重和轻是指物体的重量，静和躁是说思想上的重和轻，根是万物的根基，第十六章说"夫物芸芸，各复归其根"，还说"归根曰静，是谓复命"。

　　"是以君子终日行不离辎重"，以走路行车做比喻来阐释"重为轻根"。"虽有荣观，燕处超然"，以燕子南飞北归做比喻来阐释"静为躁君"。其实就是说虽然拥有豪华的宫殿，但却能如燕子那样顺时而动，超然物外，不迷恋安乐窝。

　　"辎重"本是军事用语，行军打仗时由运输部队携带的军械粮草被服等物资，兵马未动粮草先行。后扩展到社会的各个方面，泛指一切后勤保障。

　　老子把大地和君子的深厚德行比作是君子的辎重保障，君子终日要须臾不离大道不忘修德，犹如大车稳重前行，道德在身才能脚踏实地行走于社会，故称"是以君子终日行，不离辎重"。"奈何万乘之主，而以身轻天下？轻则失根，躁则失君"，从反面对照某些失德君王的作为和后果。

　　"乘"指的是兵车，古时一车四马为一乘，周代制度规定，天子地方千里，能出兵车万乘，因此"万乘之主"指的是掌管天下的天子。

　　上一句说"君子终日行不离辎重"，而有些拥有天下的君王不仅失道失德，而且还轻视天下的百姓。轻视民众会动摇国家的根基，违逆天道狂躁妄动还会失去天下，故称"轻则失根，躁则失君"。

　　这些是老子《道德经》中对轻重的解读。

（栾寅泽　谢清果）

得失之心

"得失"观是《道德经》哲学思想的重要命题之一。得与失两个范畴具有对立统一的性质，即具有相互依存、相互转化的辩证关系。老子的得失观具有调节为人处世心态和引导实现人生目标的双重作用，意义深远。

在倡导复兴中华优秀传统文化，增强民族文化自信的背景下，近年来，《道德经》研究与传播的热潮已然出现。为了深入研究《道德经》，并结合时代需要，阐发出其蕴涵着的"理身理国"的核心价值。

以通行的王弼本《道德经》为例，书中"得"字共出现34次，"失"字出现17次；而"得"有29次、"失"有16次作为相互对应的概念（得到，失去）出现。这说明得与失诚然已成为《道德经》中不容忽视的一对重要概念。

早在2500多年前，老子就对祸福相依、得失相和的朴素辩证思想给出了具有哲理的阐述——"祸兮，福之所倚；福兮，祸之所伏。"（第五十八章）用现在的话来说，每一个事物之中都蕴含着得与失两个方面，所以对于每一个事物的判断都不能简单给出结论，而是要以二者相互之间的依存与转化为前提。生活经验告诉我们：祸是一种失，而福是一种得。一得一失，不过是"同出而异名"（第一章），都是事物存在的状态之下不同属性的展现。但是，祸并非绝对的祸，福也并非绝对的福。而是如老子所言，祸正是福里所潜伏的，正如失败是成功之母一样。诚然，祸作为一种不幸，给人造成情感和财富等方面的损失或不理想状态，是一种失去，被剥夺的窘境。但是正是这种困境发人深省，让人警觉，在哪里摔倒，就在哪里爬起，再出发，终有成功的一天。相反，福作为一种快乐的状态，给人带来心灵的喜悦和身体的满足，自然是一种得到，而这样的状态也非必能持久。时过境迁，那些带来成功的条件与环境可能发生了变化，当事人如果不加以顺应，及时调整行为，则可能招致失败，而沦为祸了。从这个祸福倚伏的经典论述中，我们得以管窥老子得失观的价值。

为此，本文拟着重从长期以来被学者忽略的"得失"入手，系统梳理老子得失观的深刻内涵，并进而探讨其对人生、对社会的弥足珍贵的指导价值。

一、得失的辩证关系——相互依存、相互转化

"得"在字典中的第一个意思就是：获取（跟"失"相对），而二者似乎一直是作为相互独立的反义词出现。然而，在老子的观点中，却并非如此——"曲则全，枉则直，洼则盈，敝则新，少则得，多则惑。"（第四十四章）在老子的世界中，天地之间是有一个平衡状态的——"天之道，损有余而补不足"（第七十七章），因此，事物低于这个平衡标准的存在形式，或"曲"，或"枉"，或"洼"，或"敝"，或"少"，都是事物外化的一种"失"。然而在这种外化的形式之下，事物的本质却可能截然相反："全""直""盈""新"……如此种种都是高于自然的平衡标准的"得"的体现。故而在老子看来，在很多事情的评价与处理上，"少"反而胜过"多"，成为一种别样的"得"。这是为什么呢？其实，老子是在强调得与失的相对性。曲不是全，却能够成全；而全正是在曲之前进中成就的。就如同日出日落的循环反复，成就了万物的生长。试想既然太阳的运动是近圆形的，说明其运动并不是直线，而是曲线。正是曲线成就了太阳完美的圆形运动。或者说，以人为例，人不能只工作不休息。表面上看休息是牺牲了工作时间，似乎没有创造，而正因为工作的停止，即休息，人才能继续工作，从而成就人生理想。因此正是休息之曲，成就了人生之圆满。再者，我们以少与多为例。多是一种得，而少是一种失。老子却说"少则得""多则惑"，意思很明确，恰当的"少"是合适自己的选择，表面上似乎并不"多"，而实际上正因为其"少"，事物获得自己持续发展的条件。比如仙人掌对水要求不多，如果过量浇水，就可能导致死亡。因此，并不是所有的"多"或"得"是好事，有时反而是坏事。老子启迪世人，应当以"千里之行，始于足下"的精神，不贪多图快，才能行稳致远。

老子还说："得之若惊，失之若惊"（第十三章）；"同于失者，失亦乐得之"（第二十三章）。在这两处论述之中，前者强调的是"得""失"的对立性，是事物两种完全不同的状态，但是这两种状态对于一个人来说，并没有本质的差异，因为无论得或失结果都是"惊"。这里，老子强调了得与失有时是具有共通性的，其结果是一致的。而后者则更关注二者的统一性。老子强调的是种瓜得瓜，种豆得豆。一个人以"失"的方式来作为，那么"失"终究也就与之相伴的，好像"失"也青睐他一般。显然，老子告诉世人，得或失是人自找的。一个理智的人，有道的人，应当会明于取舍，分清得与失。老子曾指出"天道无亲，常与善人"。其实，天道并没有亲疏贵贱，但为什么给人一种错觉似乎道更喜欢善为道人的人。其实，

得与失唯有自招，与道何干？但是，历史告诉我们，善为道者能够得善果，此所谓"祸福无门，唯人自招""得道多助，失道寡助"。人自助之，方能人恒助之。由此观之，"得"与"失"的考察要注意在不同层面上的差异。如果就一时一事的得失而言，那么此时得失只不过是我们仅仅着眼某一个个体在某一件事的某一方面的利益实现程度时做出的判断，并非对事物整体的反映。而如果从长远与整体来看，此时的得，此地的得，可能造成彼时彼地的"失"。所以，我们有"得不偿失"一说。在世人的思想中，他们判定一个事物是得是失的时候，他们其实是在把"得失"在潜意识中量化来衡量的。此中的"得失"被我们强行以"多少"来衡量，唯其如此，我们才可以对事物的得失的状态做出判断。这里我们可以举一个耳熟能详的例子——

近塞上之人有善术者，马无故亡而入胡。人皆吊之。其父曰："此何遽不为福乎？"居数月，其马将胡骏马而归。人皆贺之。其父曰："此何遽不能为祸乎？"家富良马，其子好骑，堕而折其髀。人皆吊之。其父曰："此何遽不为福乎？"居一年，胡人大入塞，丁壮者引弦而战，近塞之人，死者十九，此独以跛之故，父子相保。故福之为祸，祸之为福，化不可极，深不可测也。[1]

这一"塞翁失马"的故事完美地揭示了"得"与"失"的关系——一件事的"得"可能蕴含着下一件事的"失"，反之亦然。也就是说，在事物发展的长远范围内来看，所谓的"得失"最终又会回到一个平衡的状态，只不过不是在一件事本身的范围内得到平衡，而是在一个人或多个相互关系的人之间得到平衡。因此，在社会与时间的意义上，没有什么"得失"是值得一提的，因为"飘风不终朝，骤雨不终日"（第二十三章）——天地是亘古不变的永恒存在，天地尚且不能在静态之中维持一个稳定的状态，何况某一个人、某一件事在一时间、一方面的得失呢？况且在整个社会的角度来看，发生在所有个体身上的"得""失"最终还是会走向平衡，以此来维持社会的稳定与发展，那在发展之中所有的变动就都是不可避免的过程，也都是不足挂齿的调整而已。如果能够想到这一层，心里就容易释然了，放下了。

二、应对得失的心态——淡化比较、关注内心

在得与失的平衡之中，人很容易陷入两个极端——急功近利、一味追求结果；

---

[1]　刘安：《淮南子·人间训》，燕山出版社，1996年，第468页。

破罐破摔、不在乎任何后果。老子对这两种心态都持否定态度：老子说的平衡"不是盲目乐观、夜郎自大，也不是不思进取、安于现状"①，他认为对待得失最理想的心态就是"知足"。

老子曾说过："祸莫大于不知足，咎莫大于欲得"（第四十六章）；"为者败之，执者失之"（第六十四章）在老子心中，奢望得到太多的东西，就是一种灾祸。贪得无厌，终会为人所厌，而导致失败。此时，过去得到终将失去，而且可能一败涂地，再无翻身可能。因此，要谨慎对待得失。

老子也说过："不贵难得之货"（第三章、第六十四章）"难得之货令人行妨"（第十二章）。这两处关于"难得"的论述则进一步表达了老子对"得"的认识——越是难于得到的东西就越能激发人们的攀比心理与贪婪之心，而社会的不和谐因素也正起于此，即偏向于得而忽略了失的社会心态必定导致失衡与动荡。换言之，对于一切的利益，采用"恬然无欲、返璞归真的思想，不为个人名利等外物所累"②从而了解自己的内心、寻求自己真正想要的东西，这才是一个睿智的人的生活心态。难得的"得"，强调了"得"的艰难，强调人追求的执着，越是稀奇的事物越容易引发人们的关注与争夺，而争夺又引发了无灵敏的阴谋诡计，彼此倾轧，导致两败俱伤。还不如不争，不去贵"难得之货"，这样，表面上好像是"失"，其实，人才能获得真正的安静，赢得安定的发展空间。

人的精力是有限的，过多的欲求只会浪费自己的生命、让自己一事无成。同样的，所谓"多则惑"（第四十四章），我们运用在生活中，比如每一件事都有一点"所得"的人，也大都是在诸多领域略通皮毛的人。这种人看起来风光无限，其实他失去的内涵远远大于他表面的风光，因为他的贪欲已经侵蚀了他的生活智慧，在真正深入思考问题的时候，他始终会处于一种似懂非懂的"惑"的状态，而这样的人生态度势必不是长久之道。

而在老子的思想体系之中，一切事物都是处于运动的状态。就是万物的本源——道，亦是"周行不殆"，在不断地周转中。此外，道乃"有物混成，先天地生"（第二十五章）。道是混成万物之物，在天地之前就存在。而在生天地之后道又内在于万物之中。道可以表现为在与我们处于同一条水平线的时空之中的一种实在的、运动的状态。老子强调"为而不争"，而且"夫唯不争，故天下莫能与之争"，如此，其实将得与失美好地结合起来。不争好像是一种失，但最终却是别人无法与之争，即"得"。从这个意义上讲，消极避世，觉得自己超脱于得失之外而

---

① 高长峰：《浅析老子思想中的知足与知止》，《学术探索》2014年2月下，第323页。
② 蒋朝霞：《祸莫大于不知足，咎莫大于欲得》，《中国道教》2005年第4期，第57页。

不思进取的人，在老子眼中只不过是采用一种逃避的心态应对人生中起伏波动的人，即其从本质上对得失的认识就有所偏颇。"反者道之动"，不断超越，是道的本质。人法道，也就应当如此。

因而，老子所倡导的"知足"只是净化人心中杂念的一种方式、是让人在达成目标的过程中淡化结果、看淡得失的一种积极的心理暗示与心理调节。所谓"知足"，其实是"进取之道，适可而止是为了更好地进取，懂得适可而止就不会遇到危险"。①

三、追求理想的方式——失为手段、得为目的

最后让我们回到老子分析"得失"的终极目的——达到"得"的结果。也就是说，过程中的一切对得失的理解、对心态的调适，都是为了达成最初的目标。

老子不排斥"失"，却也不否认一味地失去只会导致失衡。他曾说："故失道而后德，失德而后仁，失仁而后义，失义而后礼。夫礼者，忠信之薄而乱之首。"（第三十八章）这里接连不断的"失"是整个社会的"道德"走向了一种滑坡，没有"得"的平衡，使得社会道德流于表面化、符号化，失去了本质的美德。因此在第三十九章的论述中，老子甚至在文字上也给自己的论述找了一种平衡——"昔之得一者，天得一以清，地得一以宁，神得一以灵，谷得一以盈，万物得一以生，侯王得一以为天下贞。"一连串的"得"似乎是要扫去前一章"失"的阴影，也说明了老子真正的社会期望，就是万物在动态的平衡中"得"道，可以有"失"，却不可执着于"失"。从正面来说，要复归于道，比如积德进道。

老子说："是以圣人后其身而身先、外其身而身存。非以其无私邪？故能成其私。"（第七章）这是经典的"以退为进"的逻辑，也是贯穿整本《道德经》的处世准则。这似乎更能解释老子理想的"得失"状态。在这里，我们不妨把"得失"看作一对时间上的概念，先发生者为前提或动因，后发生者则是决定了事物最终状态的结果。先有"后其身""外其身"，才能旁观者清而又不引人嫉恨，看似是一种退让与失去，其实却是在养精蓄锐、充实自身，希望以此达到"身先""身存"的目的。老子觉得，"一个人在复杂的社会环境中，要安身立命，图谋发展，除了要保持内心方正外，还必须审时度势，打破常规，巧妙应付，有时甚至要不惜走迂回曲折之路，做必要的妥协与让步，从而保证不让自己身陷危境。"②

而即便是在功成名就，得到了自己想要的东西之后，老子依然倡导我们要保持平常的心态——"故不可得而亲，不可得而疏，不可得而利，不可得而害，不

---

① 高长峰：《浅析老子思想中的知足与知止》，《学术探索》2014年2月下，第323页。
② 焦平贵：《柔弱胜刚强——老子智慧与领导艺术》，《领导科学》2009年7月下，第22页。

可得而贵，不可得而贱，故为天下贵"（第五十六章）；"生而不有，为而不恃，功成而弗居。夫唯弗居，是以不去"（第二章）。其实，这个道理很简单，就像当你帮助了一个人的时候，他自然会感激你；如果你每天在他耳边提醒你对他的恩德，他反而会觉得你是故意向他索要好处，这时，他心里不仅没有记住你的好，甚至会比你帮助他之前多很多对你的不好。先暂且放下自己的"功劳"，磨炼一种"心无贪念、惠济众人"①的为人情怀，而后大家便会想起你的善举，你反而会在更大程度上赢得地位与尊重，最后达到"不去"的目的。

可以说，在整个处世过程之中，老子始终着眼于结果，也正是这种对结果的追求促使老子思考如何在不抹杀目的性的前提下，使人在"自然生存、社会生存和精神生存"②三个层面做到全面发展。因此才有了老子以柔克刚、以静制动、以失换得的逆向思维。

由此可见，《道德经》蕴含着成功者的智慧。一个人要拥有相当的内涵和见识，才能理解老子"以退为进"的良苦用心，才能敢于以小"失"换大"得"，在得失之间取得心灵的平和与事业的成功。

（吕姝凝　谢清果）

---

① 鱼志清：《说知足》，《老年教育》2014年1月，第21页。
② 丁原明：《老子的生存哲学》，《哲学研究》2003年第3期，第40页。

附 录

老子与谁论道

陈起兴

　　自古至今，关于老子《道德经》的译注和论著汗牛充栋，对《道德经》思想的理解，自然五花八门、异彩纷呈，每个解读者也都自认为自己最懂老子，是老子的知音。可是，这些"知音"之间，似乎存在巨大的反差，让人莫衷一是，如入云雾之中，迷失了方向。因此，若要在其中辨别孰真孰伪，孰是孰非，真是件吃力不讨好之事。这么说，并非认为可以主观臆解《道德经》。但若要不至于偏离《道德经》思想太远，必先弄清楚一个思想前提，那就是要先弄明白《道德经》到底是为谁而写，老子与谁论道？倘若连老子的论道对象都不清楚，那就很难说不会偏离方向。

　　譬如，把老子的"无为"理解为无所作为的消极思想，是因为把老子思想用之于普通大众，而普通大众与老子的教育对象有着天壤之别，他们根本不具备接受老子教育的条件，达不到"无为"的境界，只能是无所作为了。这是俗人自己的误解，怎能责怪老子呢！再如，老子讲"上善若水"，如果把它运用到普通百姓，那就通常理解为，好人就像水一样温柔，再沿着温柔—不争—不辨—无为—宽恕，这样一条世俗人伦的脉络阐释下去，《道德经》就彻底地被降格解读了。这是因为不了解"水"的特性所致，要知道，"水"至柔至刚，它虽有随方就圆的柔性，又具备滴水穿石、无坚不摧的坚韧；"水"至微至大，它无孔不入，无处不在，弥纶环宇；"水"变幻莫测，或坚冰或云雾，飘忽于天地之内，往来于有无之间；"水"丰功至伟，它周济天下，哺育万物，是万物生命的源泉。试问，人世间什么人具备水的功能？不具备水的功能，没有水的巨大能量，又如何效法水德！

一

因此，如果不了解老子论道的对象，随便断章取义《道德经》中的思想用于普通百姓的教育，这样"以其昏昏"，是不可能"使人昭昭"的，甚至会贻误他人，误入歧途。所以，要弘扬老子思想，必先了解老子与谁论道问题。据《史记·老子韩非列传》记载，老子姓李，名耳，字聃，是楚国人，家住苦县历乡曲仁里，今安徽亳州涡阳县。从中可见，老子没有什么复杂的人生经历，没有担任过高官，也没干过什么流传于世的丰功伟绩。其职业是周天子的"守藏室之史"，即相当于现在国家图书馆馆长。周昭王时期，周朝衰败，老子被迫离开，西出到函谷关时，被关令尹喜强留写下了《道德经》五千言后就离去，至于他去了哪里，至今仍是一个未解之谜。

从司马迁的记述，我们无法判断《道德经》是老子被关令尹喜强留在函谷关时所写的，还是老子在担任周天子图书馆馆长期间就已写完成。自然也就无法从《史记》这段记载中得知老子与谁论道。但有一点是肯定的，《道德经》若成书于"守藏室之史"，那它在流落民间之前就是皇家秘籍，普通人是看不到的；如若成书于函谷关，那它除了老子本人和尹喜，并无第三人知道《道德经》内容。或许认为，《道德经》是因为尹喜之故而写成，那老子是与尹喜论道。但从文章内容来看，显然不是为尹喜而写，老子不是与尹喜论道。

虽然后来老子被道教尊为教祖，尊称老子为"太上老君"，并以《道德经》为道教主要经典，但《道德经》并非为道教而作，老子也并非道教的始祖。道教的创始人，是东汉张道陵，距今1800余年的历史。他所创立的"五斗米道"为中国道教的定型化之始。张道陵遂被道教徒奉为天师，因而又叫"天师道"。道教作为一种宗教，有其神仙崇拜与信仰，有教徒与组织，有一系列的宗教仪式与活动，其主要派别的传承是大致清楚的。只是道教在理论上大量吸纳了《道德经》思想，奉"道"为最高信仰，认为"道"是化生宇宙万物的本原。由此，《道德经》作为道教基本教义的重要组成部分，被道教当作重要经典，老子也被道教尊为道德天尊的化身，被供为太上老君。

二

上述可知，《道德经》的真正教育对象并不明确，既不是道教中的人，也不是普通百姓。那么，他是为谁而写呢？我们先统计一下文中（以《道德经》①通行本为范）关键字出现的频率："道"76次，"天下"60次，"德"43次，"圣人"29

---

① 陈国庆、张爱东注译：《道德经》，三秦出版社，1995年。

次，"万物" 17 次，"无为" 13 次，"玄" 11 次，"天地" 10 次，"侯王" 5 次。当然，关键字眼，只是文章内容的表层体现，不能以此作为判断老子与谁论道的必然依据。但若结合全文内容思想，可以毫无疑问地说，老子所谈论的不是普通的知识、学问，而是天道、大道等超自然的宇宙本体，他所揭示的是宇宙和世界最根本的问题——关于天地万物如何生、如何化等哲学命题，哲学被称为"科学的科学"，"思想的思想"。"道"之概念，是老子哲学系统中之无上（最高）范畴，他还以"一""无""大""母""朴"等不同字眼来描述"道"，而且开篇就谈到"道"与"天地、万物"，指出："道，可道，非常道。……无，名天地之始；有，名万物之母。"（第一章）且说这个"道"是"玄之又玄"，是"众妙之门"。其立论何其宏阔高远！其思想何其博大深邃！面对如此高深玄妙之道，岂是凡俗之人随意揣测所能理解！

其次，出现最频凡的关键字是"天下""德""圣人""万物"等。可见，老子所谈论的是天下范围内的大事，包括自然万物，而人是天下万物中最灵秀珍贵的动物，"圣人"又是有德之人，是"大德""玄德"之人，是人中之王、人中之龙。因此，老子所谈论的是天底下最高层次的人和事，不是普通琐事，不是小事，同时又与每个百姓息息相关。如果说"道"是抽象的概念，而天下、德、圣人、万物、天地则是"具体而实在"的事物。所以，老子论"天道"最终落实到"地道"和"人道"，以人事活动反映和体现天道。那么，他如何以人事论天道呢？

"有物混成，先天地生。寂兮寥兮，独立而不改，周行而不殆，可以为天地母。"（第二十五章）老子说，道的存在太久远，在天地创生之前就已存在，那时候的"道"是一个混沌未开的状态，它好比是天地万物的母亲，天地万物都由"道"所生的。道如何生成万物？老子指出："道生一，一生二，二生三，三生万物。"（第四十二章）这里的"道生一"，并非指"道"生出另"一"物，是指道一而已，道即是一个整体的存在，因此"一"是"道"的别称，"一"与"道"通常互称。"一生二"指"一"都有阴阳两面，或阴阳二气。万物各具有阴阳二气，阴阳二气相互鼓荡就成为"和气"——气的混成流动状态，或说"三"即是阴阳二气结合所成的"和气"，即"万物负阴而抱阳，冲气以为和"（第四十二章）。道在展开过程中，赋予万物源源不断的生命力，以此生成长养万物。为了人们便于理解"道"是如何生养万物的，老子以平常人所见的母性生殖为喻，如"谷神不死，是谓玄牝。玄牝之门，是谓天地根。绵绵若存，用之不勤。"（第六章）这个世界只要有"阴阳二性"的存在，就可以无穷无尽地生出世界万物。可见，老子说教，深入浅出。老子"道论"丰富多彩。

再者，《道德经》通篇所言，是围绕"圣人"如何治理"天下"而展开的。圣人，指有道之君王，是拥有天下、具备圣人之德的君王。老子论天下，其目的是教导侯王（君王），要成就圣人之德，就要效法天地之道来治理天下，使天下百姓自然归依，以实现安定和平的社会生活为目标，即"执大象，天下往；往而不害，安平太。"（第三十五章）为了实现天下归依这样的理想目标，老子谆谆告诫治国之侯王（君王）不要轻易动用军事，不要以武力治国，如"将欲取天下而为之，吾见其不得已。天下神器，不可为也，不可执也。"（第二十九章）这个"为"和"执"是指君王凭借个人意志、不顾百姓疾苦而肆意妄为，轻易动用武力（兵事），因为兵事是天下最神圣的利器，不可随意动用，"国之利器不可以示人。"（第三十六章）如果君王轻易动用武力，称雄称霸，最终遭殃的是天下百姓，自然不可获取天下百姓的心，"取天下常以无事，及其有事，不足以取天下。"（第四十八章）第五十七章又再次申明治天下不可多事（轻易用兵），指出："以正治国，以奇用兵，以无事取天下。……故圣人云：我无为而民自化。"这里强调"以奇用兵"，是说当战争不可避免时，希望通过"奇计"或"奇兵"以尽快结束战事，从而回到"无事取天下"的正道上来，老子又引用"圣人云"重申以"无事"（无为）治国的观点。

在国际交往中，老子主张大国者居下，即大国要放低姿态，不要主动去侵略（占）小国。通常情况，小国由于国力不足，不会主动与大国交恶，只有在被大国（或强国）欺负的时候，被迫抵抗反击。因此，大国（强国）的"作为"就决定世界太平与否的关键，"大邦者下流，天下之牝，天下之交也。"（第六十一章）如果大国甘于处下不争，就会使天下小国依附于自己，就像天下的子民归依在伟大母亲身边。"圣人之道，为而不争。"（第八十一章）老子所说的"不争"主要是针对强者而言，要成为世界圣王，不可有称霸的野心和行为。"故贵以身为天下，若可寄天下；爱以身为天下，若可托天下。"（第十三章）如果君王能以天下百姓的身体为贵，真正爱惜天下百姓的生命，就不会轻易发动战争，才能放心把天下百姓、天下大事托付给他管理。"是以圣人抱一为天下式。"（第二十二章）圣王以道治理天下，以道作为衡量天下万事的示范、准绳，以此领导天下百姓取得事业的成功，百姓则感受不到君王强力的领导作用，故能自由、安宁地生活，"功成事遂，百姓皆谓：我自然。"（第十七章）

《道德经》中5处提到"侯王"，自然是针对国家统治者而言的，如第三十二章："侯王若能守之，万物将自宾。"第三十七章："侯王若能守之，万物将自化。"三十九章："侯王得一，而以为天下正。"侯王若能守住"道"，不离于道，顺自然而行"无为"之治，万物自然而然地都会归附于道，都能按照自己的规律去运化，天下也就走上了正道。老子强调"无知无欲"，源于"自然无为"之"道"的客观要求，是对人为智巧多欲的纠偏。上行下效，上者（治国者）少私寡欲，下民则自然回归质朴、善良的本真生活状态。因此，老子最后提出了"小国寡民"的政治理想。小国寡民是含有原初民的生活状态，老子的社会理想难免受到社会历史条件的限制。但是，他通过对背离大道的虚伪的"仁义礼智"进行了抨击，呼唤人们以虚静的心境超越春秋时期混乱的社会状态，返回到自然、淳朴、本真、自足、自主的生活方式，也就是"道"的生活状态，则不啻是个救世良方。

<h2 style="text-align:center">三</h2>

通过上述分析，我们不难明白，老子所说的"无为"，谁无为？是圣人"无为"；无为之治，谁治？君王之治。"我无为而民自化"，我非民；"圣人无常心，以百姓心为心，"圣人非民。因此，《道德经》不是写给天下百姓的，而是写给拥有天下百姓的君王的。由此而称老子乃天子之师，《道德经》乃圣人之教，教君王行圣人之道，不无道理！同样，孔学也是写给执政者的，"修己以安百姓"，不是让百姓修，而是君子或君王自己修。"一日克己复礼，天下归仁，"不是让百姓克己复礼，而是君子或君王克己复礼。后来《大学》讲亲民，明明德，治国平天下，也不是给百姓写的。

综上可知，《道德经》是君王之书，圣人之学，老子思想对普通民众只有启发意义，而不能作为普通民众的指南书。譬如老子"贵柔"，其思想有"扶阴抑阳"倾向，与儒家的"扶阳抑阴"明显相反，那是因为老子教育对象是侯王圣人，侯王、圣人掌管国家大权，其"阳气"太盛，需要"损有余而补不足"，这才符合"天之道"；百姓相对于侯王圣人而言，处于被统治的低位，是柔弱者，若再把"贵柔"运用到普通百姓身上，无疑是把百姓教育成为逆来顺受的顺民，那是"损不足以奉有余"的"人之道"，而非"天之道"。老子论道有"天道"，有"人道"，但是二者立足点不同，不可混为一谈，更不能简单地以"天道"标准去要求普通大众。

关于非恒道的论证

董海胜

　　从河上公、王弼、憨山大师，到当代很多名家大师们都是用"非常道"来解读《道德经》，有两种主流版本是"道，可道，非常道"或"道可道，非常道"，断句中标点有不同，但相同的地方都是"非常道"。有一次，《道教》微信平台上登出一篇文章，题目是：《道德经》被误传两千多年，文中指出《道德经》有700多处被修改，其中指出：非常道，是人为修改后的章句之一。现在市场上流通大部分是"非常道"的版本。正确与否，值得推敲与深思。从古至今，众多译注者文化素质高度不同角度不同，《道德经》译注就五花八门，解释都不一样，而且都自认为自己的译注是老子的真解。虽然帛书版本上"道，可道，非恒道"，但并没有对可道与"非恒道"进行概念解释。《道德经》是中华民族乃至人类社会发展史上最高智慧的结晶，却有"非常道"与"非恒道"两种以上版本同时存在。令人遗憾！"非常道"与"非恒道"两者只有其中之一是老子的原著，而另外一个就是错误的，不可能两者都是对的。有的学者认为常与恒意思相近，差别不大。常与恒是对道的定语，是对道内涵的界定。常与恒含义不同，用来修饰道，问题就相当严重。差之毫厘，失之千里。"非常道"与"非恒道"，哪一个正确？哪一个符合老子的哲学思想？以下是几方面的思考与论证。

一、道的概念解析

　　老子曰："大道泛兮，其可左右，万物恃之以生而不辞。"（第三十四章）这句话的内涵就是万事万物有各自本身的生长发展之道。万事万物各显特点与神通，肩负并完成其使命，遵循其本身的生长发展之道。什么是道？道就是万事万物生长发展客观规律的总称。人的一生，从无到有再从有到无，一轮生命的旅程开始与终结，都是道的作用与指引。不同的人有不同的性格特点与理想抱负各自有不同的运行规律，就会有不同的命运与结局。即不同的人有不同的本身生长发展之道。正确理解道在万事万物中的作用过程，就要正确地辨析什么是可道与非恒道？两者的区别与联系。道是事物（万事万物）客观规律的总结，那么这个客观规律在什么样的情况下是可以说得清楚与明白，这能够说得清楚与明白被总结成规律，一定是已经发生过的，而不再被改变。已经发生过的事物客观规律就是可道。那么，什么是非恒道？非恒道则是事物现在及未来正在发生变化的客观规律。随着时间的变化与推移，道在可道与非恒道不断转换中前行。非恒道转换成可道，可道是非恒道的基础，自始至终地贯穿于事物生长发展全过程之中。道就在身边，道就在眼前，迎之不见其首，随之不见其后，其上不皦，其下不昧。

可道，是已经发生过的事物客观规律就不再被改变的，是永恒的，所以说可道即恒道。用时间的概念对可道与非恒道进行划分与定义，更好地去认识或掌握事物从无到有的生长发展全过程，才能总结其客观规律，做到"道冲而用之，有不盈也"。可道与非恒道不断地变化与转换，就是道自始至终作用于万事万物之无穷魅力。

可道，是已经发生过的事物生长发展的客观规律。如定理、公式、经验、书本，还有人的性格特点等等都是在过往的时间里进行判断与分析的结果。只有对过往的事物进行分析与判断而总结出规律，才能称为可道；而对事物未来的分析与判断只有在可道基础上进行可能性预测，具有不确定性，变化莫测的复杂性，这就是非恒道。以现在为界，你过去所发生的一切都是可以说清楚的，是由过去的努力与付出决定了你今天所取得的成绩，或大或小，或成或败。这就是可道。每一个人是努力奋斗，还是蹉跎岁月，自己心里都十分清楚。是努力奋斗，就会有机遇，就会有所成就；是蹉跎岁月，就会失去机遇，就会一事无成。这一点其实每一个人自己心里比谁都清楚；这就是非恒道。非恒道是建立在可道的基础上，你的可道如何，非恒道是可以预测与判断的。

二、常与恒的区别

从程度副词上讲，常是指较短时间内发生频率较高的量度，可以是百分九十以上，但不代表百分之百。例如，一个人上班从不迟到，今天却迟到了，有人便说：他经常都很准时，唯独今天迟到了。常不仅是副词，而且是会产生变化的动词。常，或经常，或常常，是变化中的，有不确定性。

恒，是不变的，不会发生任何改变，是代表事物的结论。在程度上是百分之百，没有可以变化的因素，不具有动词的性质。

在日常生活中，人们习惯行为中，常与恒的区别是显而易见的，其性质与结果非常严重。比如，一对恋爱中情侣对话是这样的。姑娘拉着小伙的手含情脉脉地问：你会对我好吗？小伙点点头回答：我会常对你好的。姑娘听后甩开小伙的手说：你原来对我不是真心的。小伙赶紧赔礼道歉说：不，是真的；我对你爱是永恒。从这段对话中可以看出，常与恒差别有多大，结果有多严重。

对"道，可道，非常道"的结构解析，有的版本译注：第一个道是名词，第二个道是动词。这样解释就把道真正的内涵弄糊涂了。把道当"说"字解。道是事物生长发展过程中的客观规律，不是习惯中"道出来的道"。整篇《道德经》中道字约有 76 处之多，都是对道概念的阐述与论证，怎么可能有动词性质的道呢？道呵，窈兮冥兮，其中有精，其精甚真，其中有信，就是对非恒道概念的阐述。

非常道，有的译注是这样解释的：道是可以用言语来表述的，它并非一般的道。按照这样解释断句就是：非常，道；把非常作为形容词去形容道。什么是一般的道，什么是并非一般的道这概念稀里糊涂，又如何理解？道是事物生长发展的客观规律，怎么会有一般与并非一般之分。很多人反映对《道德经》章句读不懂，看不明白，主要原因译注本身解读就模糊不清，甚至错解。如果非常道是正确的话，从非常道结构来看，非是对常道的否定。那么可道就是常道。用常道来定义永恒不变已经发生过事物的客观规律，当然是错误的。再从哲学的角度去分析，如果是非常道，所对应的就是常道。那么就是"道，常道，非常道"。什么是常道与非常道？二者的相互关系如何？是否能构成二元哲学的矛盾体？这个"常"字是一个有变化性质的动词，与没有变化性质的"恒"字差别就太大了。常道与恒道的定义就完全不同了。恒道，是指事物生长发展过程中已经发生的客观规律。即可道。由此可以判断常道是错误的。所以说用"道，可道，非常道"，不能再去解释《道德经》。

以非常道或"不一般的道"去认识事物，给人们产生难以捉摸或模糊不清的错觉，削弱人们的勇气与意志，导致人们迷失前行的方向，其结局不可设想。一个人或一个社会首先一定要解决"我是谁，为了谁"的问题。我是谁，认清自己，是可道，为了谁，目标明确，是非恒道。只有目标清楚与方向正确，明确了前行的道路，才有奋斗的动力。人没有目标与信念，看不清自己所要走的道，就十分危险。道是"是"，不道是"非"，道的正确与否，就是成功与失败的选择。人类社会的发展，人民是社会发展的主体，就是道之主体，为人民服务就是道之方向与重任。历史实践证明，尤其是历史重要的转折关头，依靠广大人民群众社会发展之主体，社会才能发展与进步。

有的学者说：道是说不清楚的或道不可言。老子曰：上德不德，是以有德；下德不失德，是以无德；宠辱若惊，则大患若身；上善若水，水善利万物而不争；圣人恒无心，以百姓之心为心。试问，老子说得不够清楚吗？"道生之，德畜之，长之育之，亭之毒之，养之覆之。生而不有，为而不恃，长而不宰，是谓玄德。"（第五十一章）这就是万事万物生长发展之道。老子说得如此明白通俗易懂，一点都不玄乎。

三、非恒道的论证

道，分恒道与非恒道，可道即恒道，与非恒道形成对立统一的矛盾体，贯彻于万事万物的生长发展之中。老子思想中的哲学体系在《道德经》中体现得淋漓尽致。天与地，无与有，上与下，难与易，前与后，多与少等等都是哲学的一分为二。那么道的概念也这样分的。老子为什么把"恒"字改成"可"字，就要正解理解什么是恒道？恒道，是指事物生长发展过程中已经发生的客观规律。这个客观规律是不变的，可以传诵或讲解的，即称为可道。只有过去发生的事物，才能去总结其规律，才能去传播去学习。非恒道，则是事物现在及未来生长发展过程中正在变化的客观规律，是在可道的基础上变化中的非恒道。可道，是认识非恒道的基础；非恒道，是发展变化中的可道。可道，不能代替非恒道，将可道照搬应用到非恒道中去，这是人们认识中容易常犯的错误。故曰：道，可道，非恒道也，这才是对《道德经》的正确解读。

可道与非恒道是事物生长发展过程中一对相互依存的矛盾体。可道与非恒道有什么关联？有什么区别？对道的认识是至关重要的。把可道与非恒道混为一谈，是极其致命的错误，对事物发展会产生严重的偏差，导致事物命运的改变与误判。认识万事万物之道的关键，就是要理顺可道与非恒道的相互关系，正确认识把握道的演变方向及时总结成客观规律，将道的概念运用到世界万物与社会实践中去，方可做到无为而无不为。正确认识可道与非恒道，这二者的概念没弄清楚就无法解读《道德经》的真正内涵。

与此对应的：名，可名，非恒名，而不是非常名。可名是事物过去已经发生规律的名称。非恒名是事物现在及未来正在发生变化规律的名称。道无名有，道为"0"，德为"1"，无中之有，有中之无，万事万物不断地螺旋式地发展生生不息而前行，构成了人类乃至宇宙伟大的历史长河，一代又一代，岁岁年年。"湛兮，似或存，吾不知其谁之子，象帝之先。"有词曰：此去经年，应是良辰好景虚设。便纵有千种风情，更与何人说？

在可道的基础上正确地把握非恒道的发展方向。道生之，德畜之，物形之，势成之，万物莫不尊道而贵德。如何去认识事物的生长发展之道，就应该"恒无欲，以观其妙"。在人类社会发展过程中，人民是道之主体，一切有利于广大人民群众的方针与政策及行为，就是道的运行方向。如果有违背人民的意志，损害人民的利益，就会造成社会的腐败与倒退。相对每个人在社会生活中如何把握道的方向，实现自己的梦想，在物质上要"去甚、去奢、去泰"，在精神上"少私寡欲，见素抱朴"，才能做到"修之于身，其德乃真"，方可达到"爱以身为天下，若可托天下"。依照可道的足迹，找寻未来非恒道的发展方向，及时做出正确的决策，就能达无为而无不为的最高境界。

每一个人都有自己的本身生长发展之道，从家庭条件、教育程度、社会环境、兴趣爱好与奋斗信念，可以判断其生长发展之道。如果能掌握自己的本身之道，就明确了自己努力的方向，不再迷茫徘徊。实践证明，一个成天赌博的人，不可能有所成就；一个游手好闲的人，肯定一事无成；一个没有品德的人，其行为就是损人利己之事；一个自私自利的人，不可能会去帮助别人。什么样的人庸碌一生，什么样的人成就一生，其实都十分清楚明白。一个乡镇，一个城市，一个国家，各自有不同的生态环境，不同的地理位置，不同的资源特色，即不同的可道，就会有不同的经济发展方向不同的社会制度体系，即不同的非恒道。

可道是事物过去已经发生的客观规律，非恒道则是在可道基础上事物现在及未来正在变化的客观规律。万事万物都是在可道与非恒道的变化与转换中生存与消亡。通俗地理解，可道是一个人过去式的总结，非恒道是一个人现在将来式的走向。一个人的过去、现在及将来构成了道的运行轨迹与方向，即人生的命运。从可道的基础上，能够预测非恒道的发展方向，其命运如何都是自己奋斗与汗水的多少来决定的，道生德养万物长，前程是自己把握的，故老子曰"夫唯无以生者，是贤于贵生"。

有的学者认为《道德经》原本就是非恒道，是因为避讳刘恒而改成非常道。那么既然非恒道是对的，现在就应该得到纠正。《道德经》千人千解，到底听谁的？难道"指鹿为马"，也能宽容与理解吗？你讲你的非常道，我说我的非恒道，听者糊涂，学者迷茫，是不利于《道德经》的传播与弘扬，必须要有统一的观点与版本，正本清源是当务之急，共同努力还原老子真实的思想与理想，是责任与使命。《道德经》是治国之本，修身之要，它全面阐述了人与自身、人与人、人与社会、人与自然的相互关系，是一部社会生活中百科全书与人类智慧的无穷宝藏。

后记

孔子说："学而时习之，不亦说乎？"

老子说："为学日益，为道日损，损之又损，以至于无为，无为而无不为。"

孔子与老子是中国历史上的双圣，他们各自成家立派，又相互交流，开创了后世儒道互补的先河。孔子坚持"学而不厌，诲人不倦"的力行精神与传道智慧。老子则亦深知其所著《道德经》必将遭遇到这样的困境："吾言甚易知，甚易行，而天下莫之能知，莫之能行"，但他依然自信地说："知我者希，则我者贵。"因为他坚信道"为天下贵"，道是可传不可授，道是要自己去行，去修，方可领悟。

老子之道乃理身理国之法宝，但它不是僵化的教条。道始终在路上，在周行不殆之中。它在所有的事、物、理上体现上，它无形，无名，无象，无状，但它却是万物万事背后"疏而不失"的恢恢"天网"，"天道无亲，常与善人"，善人者以道为宝，而不善人者亦得到道之所保。道在一切事物之中，但不等于道都彰显出来。道的彰显需要人去学，去悟，去实践。诚然，"人能弘道，非道弘人"。

老子之道是人类智慧的最高结晶，是中华先祖修身养性，治国平天下的理性总结。它深刻揭示了天地万物的生存发展之道，尤其是鲜明地指出人类应当秉持"玄同"智慧，去履践"小邦寡民"的人类命运共同体，要发扬"大者宜为下"的谦让精神，尊道贵德，过"相忘于江湖"的恬淡人生。

本书取名《和老子一起思考》，其用心在于学习老子，不是要仰望老子，而是把老子当成一位历尽沧桑的智慧长者，通过他的作品——《道德经》，与他进行跨越历史的对话。而对话其实是在自我的心灵深入，将《道德经》化为自己的思想，并与自己的前见进行对话，不断说服自己正确地"惟道是从"，努力以"唯施是畏"自守，并以自己人生的成败荣辱加以验证，从而使《道德经》鲜活地体现于生命世界之中。而要做到这一点，基础性工作便是熟读《道德经》文本，在反复通读的基础上，进而开展围绕《道德经》中的基本概念、基本词汇、核心章句的钻研，力求系统性地阐述相关思想，而不浅尝辄止。本书正是我带领团队，围绕《道德经》中的一些关键概念，如道德、天下、无为、知足、利器、虚实、正反等，加以较为全面的爬梳，力求深入浅出地加以阐释。如此，既可以让自己更明白《道德经》的智慧，也可以帮助读者从简单了理解《道德经》章句，上升到能够系统地回答老子对相关问题的理解，让读者能够贯通理解《道德经》整体思想与微观见解。

当然，本书只是阶段性成果，许多问题限于时间、精力和能力，虽然想做到透彻，但还未能全面实现，权当是与读者朋友交心的一个媒介，期待读者朋友能够给我们指导与帮助，让大家能够在学《道德经》的路上，更上一层楼。欢迎加入我们开办的"老子道学传播与研究"微信公众号，大家可以交流学《道德经》、用《道德经》的体会。

编者

2019 年 1 月 5 日